科学发展导论

基于省域经济社会发展的理性审视

韩未名／著

社会科学文献出版社
SOCIAL SCIENCES ACADEMIC PRESS (CHINA)

前　言

　　进入 21 世纪，中国经济持续高速发展，几乎超出所有人的预料。与此同时，中国的资源环境问题、经济社会安全问题凸显，也超出了人们的预料。总之，发达国家在 20 世纪工业化、城市化过程中出现的弊端几乎在当代中国再次出现。这种现状引发了人们的忧虑、质疑、焦急甚至恐慌。党中央高屋建瓴，及时提出了"坚持以人为本，全面、协调、可持续的发展观"。本书就是在这个大背景下，围绕工业化、城市化进程中出现的问题，着眼于全局，着力于局部，从循环经济、城市发展、知识产权、安全保障、民生就业和节约型社会建设等六个方面进行理性审视的一个研究成果。从科学发展的维度讲，循环经济是路径，城市化发展是方向，知识产权是保障，经济社会安全为预警，民生就业是根本，节约型社会建设是主线，六位一体构筑了省域经济社会理性发展的基本内容。

　　写这本书，我感触很深，感想颇多。众所周知，要解决资源环境问题，首要的是改变现有经济发展模式和生产方式。循环经济是以资源的高效利用和循环利用为核心的清洁生产型经济，它是人类为实现可持续发展，经过 30 多年探索，于 20 世纪 90 年代初推出的一种新型发展方式。它的"减量化—再利用—资源化"闭环式生产方式，使其对经济的规模、集约化程度和科技含量都有较高要求。中国发展循环经济因受生产规模、企业技术、法规制度的制约与滞后，特别是交易成本制约（因循环经济下的再生资源成本远高于自然资源价格，在自然资源价格不能真正反映其价值的情况下，循环经济产品没有市场竞争力）而举步维艰。但不管怎样，湖南都需要将其"减量化—再利用—资源化"的核心价值理念注入正在构建的新型工业化城市化建设。

　　2001 年湖南启动城镇化发展战略以来，其对经济的辐射带动作用明显，成为经济又快又好发展的火车头。但城市化是在工业化基础上，以人口为龙头，各种生产要素按比例地从农村向城市流动和集中的过程。因此，只有当工业与城市通过资本等要素积累创造出新的就业岗位后，农村人口才能流入，并与生产要素相配套。当农村人口流入与生产要素不匹配、不协调时，以失业及交通、住房、教育、医疗等公共服务全面紧张，资源、环境、治安全面告急为表现形式的"城市病"就会凸显。湖南在城市化进程中，就出现城乡收入差距拉大、东西发展差距拉大、低素质国民源源涌现、失业增速高走、社会保障滞后和治安水平下降等失衡现象。水污染严重，矿产资源持续减少，空气污染难有改观。消减城市病，避免拉美国家城市化陷阱，保证其健康有序发展，不但要从战略上谋划，更需要政策、制度、管理以及执行力上的探索。

1985年，国家知识产权局开始按省进行专利受理和授权累计统计，由此拉开了中国知识产权建设与保护的序幕。知识产权作为一种战略资源，已被发达国家所垄断，并成为其制约发展中国家发展的智力武器。湖南知识产权发展一直居中部地区前列，居全国中上水平，尤其知识含量高的发明专利更取得了较大成绩。但需要看到，湖南专利成果较多但转化率不高，专业推广人才缺口大，使许多有价值的专利没有为湖南经济社会起到聚集财富、保驾护航的作用。研究它，是为了充分用好用足湖南的智力优势，实现经济社会的跨越式发展。

关注经济社会安全问题，既出自本能，更是职业责任。经济社会安全问题既敏感又受人瞩目。之所以敏感，是因为它承载着一定的负面信息；之所以受人瞩目，是因为它关联到百姓利益与经济社会安全。研究这个问题，我感触颇深，感慨颇多。湖南作为"有色金属之乡"和"非金属矿之乡"，目前已有金、钨、铁、铜等20多种矿产持续减少，不能自给；冷水江、耒阳、资兴等五座资源型城市资源枯竭，转型在即；废气、废渣、废水带来的重金属污染依然严重，并曾多次引发群体性事件。如果说资源环境安全让人揪心，那关注食品安全问题更让人无奈和无助。调查的屡屡碰壁及推诿以及相关稿件不能刊用使我无语，一些职能部门和领导的特供让我愤懑，特别是监管机构的重叠与频繁变更，为保就业、保增长宁肯牺牲健康的认识观念，以及大事化小的不作为行政，将是我继续对这一问题进行关注和研究的理由。

　　湖南是农业大省，也是人口大省，民生就业一直是政府的第一要务。对这个问题的关注，不仅因为它是民生之本和稳定之源，还因为通过就业分析，可展现人口、素质、产业、结构等状况以及揭示出湖南工业化、城市化发展程度与发展后劲，做到胸中有数、未雨绸缪。

　　湖南长株潭城市群是全国两个"资源节约型、环境友好型"社会建设综合配套改革试验区中的一个，因此，更应该研究节约型社会建设问题。尽管 2005 年党中央就提出建设节约型社会，但现实情况并不理想。我常常为身边的浪费和人们对浪费的麻木态度而感到不解和焦虑。卫生间的长流水、走廊里的长明灯、冬天夏日空调的过度设置、拥堵的小车长龙和与之形成鲜明反差的载人率，这一切都告诉我们，建设节约型社会任重道远。作为一个社会科学工作者，只有通过手中的笔去呐喊、去呼吁、去探索、去推动、去追求。

韩李名

2013 年 1 月 20 日于长沙浏阳河畔

目 录

CONTENTS

第一章　循环经济论

第一节　循环经济基本理论

人类自进入工业社会以来，就不断被工业化带来的环境污染和资源匮乏所困扰。为节约资源、减少污染，人类进行了长期的探索，直到 20 世纪 90 年代初，人类社会才在可持续发展思想指导下，提出了循环经济的概念。循环经济是以资源的高效利用和循环利用为核心的清洁生产型经济，是实现人、自然、经济、社会和谐发展和可持续发展的经济模式。循环经济的发展，标志着延续 200 多年的传统经济发展模式将被扬弃，一种新的经济发展范式和经济增长方式兴起。这不仅是一次全球性发展观念和生存方式的革命，也是人类社会造福当代和未来的一次重大战略选择和战略行动。

一　循环经济思想的形成

循环经济基本理论是一个年轻的理论，并且仍在继续发展和丰富之中。但它作为经济学的一个分支，也和其他理论一样，经历了一个曲折的发展过程。它是在人类把自然界当做取之不尽、用之不竭的资源库和抛弃废弃物的垃圾场，遭遇大自然无情报复后反思的结果，也是人类在与自然界交往中，逐渐认识到人与自然必须和谐发展的客观选择。了解循环经济基本理论，掌握循环经济理论要点，对提高认识、端正态度、转变观念，进而大力推进循环经济发展具有非常重要的现实指导意义。

任何思想的产生和形成，都是一定历史条件下各种因素相互作用的结果，循环经济思想的形成也是如此。它是在人类进入工业化社会，生态环境遭到破坏，世界环境保护主义思潮高涨，以及经济学、生态学、环境学等学科较成熟的背景下，涌现出的一种新思想。

1. 循环经济思想的提出

循环经济思想主要起源于世界环境保护主义思潮。20 世纪 40～70 年代，发达国家工业进入高速发展时期，尤其是能源、机械制造、电子、化学、冶金、建筑材料等重化工业的快速发展，加大了对自然资源的消耗，造成了严重的环境污染，并引发了震惊世界的一系列公害事件。影响较大的有 1943 年美国洛杉矶光化学烟雾事件；1952 年伦敦大雾事件；1956 年日本的水俣镇汞中毒事件。这几次事件造成数千人死亡、上万人中毒和患病。

面对工业革命对生态环境造成的破坏，对人类生存及生命安全产生的威胁，发达国家掀起了一股环境保护主义思潮。在这股思潮中，美国经济学家卡尔逊首度提出"保护环境"概念，并在《寂静的春天》一书中，严厉地警告人类：如果生态环境恶化得不到有效遏制，人类将生活在幸福的坟墓中。卡尔逊的警告在当时引发了关于 DDT 及其他化学物质污染的大争论。卡尔逊环保思想也被视为最早引发循环型经济思维的生态思想。

继卡尔逊之后的 1966 年，美国另一位经济学家波尔丁针对人类生产和消费方式，提出了著名的"宇宙飞船理论"。他认为地球就像在太空中飞行的宇宙飞船，如果人类经济发展依靠不断消耗自身有限的资源并大量倾倒废物，一旦超过地球的承载能力，就会像宇宙飞船那样走向毁灭。因此，宇宙飞船经济要求以新的"循环式经济"代替旧的"单向线性经济"。波尔丁"宇宙飞船理论"给人以思考和启迪，是最早涉及循环经济思想的理论。

正当人们探讨环保和人类生产消费方式问题时，1972 年，集合了世界一百多位科学家、实业家、经济学家、作家、教育家和政治家，并以研究地球和人类的未来为己任的"罗马俱乐部"，发表了震撼世界的著名研究报告——《增长的极限》。该报告分析了人类社会的增长是由五种相互影响、相互制约的发展趋势构成的，即人口爆炸、粮食生产的限制、不可再生资源的消耗、工业化及环境污染；认为它们都是以指数的形式增长，由于地球资源的有限性，这五种趋势的增长都是有限的；由此得出结论，如果超过这一极限，后果很可能是人类社会突然、不可控制地瓦解。基于这一结果，报告提出了人口的出生率要等于死亡率，资本的投资率要等于折旧率，资本与人口的比例安排必须与社会价值一致的"零的增长理论"对策。尽管《增长的极限》对人类社会发展过于悲观，其结论骇人听闻，并遭到多方质疑，但它提出的"为我们本身和我们的子孙把地球这个行星保持得适于居住"的观点，① 运用系统动态学的方法把人口增长、工业化、粮食生产、资源消耗和环境污染 5 个基本因素联系在一起，并从动态趋势上进行考察的研究方式，对传统增长模式和发展方式提出的质疑与反思，以及由此引发的第一次人类经济增长方式大讨论，都极大地刺激和促进了循环经济思想的发展。

与"罗马俱乐部"持截然相反态度的是美国物理学家和数学家卡思则，他在《今后两百年》中指出，尽管人类发展存在着生态危机，但远没有我们想象的那么严峻，悲观主义忽略了我们生存的自然界还有许多未被开发的地方和未被发掘的资源，忽视了人的主观能动性，忽视了科学技术的力量。他认为，依靠更先进的科学技术能补偿污染和资源枯竭造成的不足，科学技术的不断发展能够为生产的进一步发展提供潜力。因此，地球上有足够的土地和资源支撑经济社会发展，人类面前处处存在着生长点。这是一种乐观主义思想，它给人以振奋和希望。尽管这种观点忽略了生态环境问题既是全球性问题，也是社会性问题的现实，但他提出对已开发资源能源进行深加工以解决资源紧张和"节流"与"修旧利废"的观点，无疑丰富了循环经济的思想内涵。

2. 循环经济思想的形成

循环经济作为一种思想理念，真正为人们所认识、所接受，当以联合国等世界组织在 20 世纪 70~90 年代相继发表的 4 份重要报告及采取的系列行动为标志，这 4 份报告及相应举措，把循环经济及其思想作为人类可持续发展的重要内容推向了全球。

第一份报告是《人类环境宣言》。1972 年，在斯德哥尔摩召开了由 113 个国家 1300 多名代表参加的第一次"人类与环境会议"，会上通过了划时代的历史性文献——《人类环境宣言》，宣言郑重申明：人类有

---

① 　D. 梅多斯等：《增长的极限》，商务印书馆，1984。

权享有良好的环境，也有责任为子孙后代保护和改善环境。宣言还把生物圈的保护列入国际法，使之成为国际谈判的基础。这里特别强调"为子孙后代保护和改善环境"，强化"生物圈"意识，渗透着永续发展的循环经济思想。

第二份报告是《世界自然资源保护大纲》。1980 年，由国际自然资源保护联合会、联合国环境规范署和世界自然基金会共同在世界大多数国家的首都同时公布，这是一项保护世界生物资源的纲领性文件。这一纲领的总精神，是要让广大公众认识到人类在谋求经济发展和享受自然财富的过程中，必须考虑子孙后代的需要。纲领强调的"保护"是要保证地球能够永续开发利用并支持所有生物生存的能力。尤其在大纲第二部分建议各国采取的行动中，特别要求各国制定能促进资源再循环利用的环境政策和保证资源永续利用的自然保护政策。显然，循环经济思想及用循环经济思想指导实践的认识已相当明确。循环经济思想基本形成并走向成熟。

第三份报告是《我们共同的未来》。1987 年，世界环境与发展委员会发表了名为《我们共同的未来》的报告，报告中第一次阐述了"可持续发展"的概念，指出："可持续发展是在满足当代人需求的同时，不损害后代人满足自身需求的能力。"这既是可持续发展思想的精髓，也是循环经济代内公平、代际公正思想的体现。至此，在可持续发展理念引导下，循环经济发展观基本形成。

第四份报告是《21 世纪议程》。1992 年，联合国在里约热内卢召开了"环境与发展大会"，有 183 个国家和 70 多个国际组织参加，会议通过了《21 世纪议程》等 5 份重要文件，确立了 2500 多条各式各样的行动建议，包括如何减少浪费性消费，消除贫穷，保护大气层、海洋和生物多样性以及促进可持续农业发展的详细建议。这次大会，标志着全球谋求可持续发展时代的开始。《21 世纪议程》反映了要求树立包括人、自然资源、科学技术在内的大系统观，树立污染预防（清洁生产）的新生产观的愿望，是一个迎接人类社会面临的共同挑战的全球行动计划。《21 世纪议程》标志着可持续发展下的循环经济开始由理论走向实践。①

这一时期，联合国等世界组织通过标准、议定、宣言等多种要约形式，深化了可持续发展下的循环经济思想，主要表现为以下三方面。

一是通过建立国际性组织，促进循环经济思想的发展与践行。1992年，联合国成立可持续发展委员会，主要监督世界各国对"环境与发展大会"提出的各项协议的落实与执行情况，并定期检查督促，做出报告。同时，委员会每年甚至每月都要对一些关乎人类发展、人类生存的重大问题，如世界水循环、水污染、沙漠化、温室效应、耕地减少、人口控制、能源危机等问题举行会议，加强人们对生态危机的认识，引导人们对循环经济的思考与探索。

二是通过制定相关标准、协约，强制性推动循环经济。较有代表性的是1996年以工业环保管理为核心的ISO14000标准的发布，这是一个针对世界所有组织、强调环境管理一体化污染预防与持续改进的标准。这个标准包括环境管理体系、环境审核、环境标志、生命周期分析等一系列国际环境管理领域内的许多焦点问题。针对全球气候变暖问题，1997年在日本京都签订了关于减少温室气体排放的《京都议定书》，规定工业化国家要减少温室气体的排放，减少全球气候变暖和海平面上升的危险。国际标准的制定与实施，提高了各国进入国际市场的门槛，客观上促进了各国对循环经济理论的探讨与实践。

三是通过国际间承诺，践行循环经济。如2000年召开的世界水论坛会议发表了关于21世纪水安全的《海牙宣言》；2002年在南非举行了第二次地球峰会——世界可持续发展会议。与会国通过共同承诺和宣言的形式，强化了全球责任意识和国际间的互相督促，为追求可持续发展下的循环经济发展提供了强有力的动力支持。

二　循环经济的理论基础

人类社会的每一次进步和跨越，都是理论支撑、理论先导的结果。农业社会跨入工业社会，被喻为工业动力之母的瓦特蒸汽机的诞生和珍尼纺

---

① 张扬等：《循环经济概论》，湖南人民出版社，2005。

纱机的问世，使人类摆脱了主要依靠人的肌体、风车和水轮获得动力的原始方式。机器代替了手工劳动，机器制造和生产成了这一时期推动社会发展的主要形式。促进这一革命性变革的理论基础，就是 17 ~ 18 世纪形成的自然哲学的数学原理和经典力学的科学体系。

19 世纪人类正式进入工业化社会，这一时期机械动力以群发的形式展现出来，如电动机、发电机、内燃机、汽油机、柴油机、发电厂等。而掀起第二次工业革命浪潮的理论基础是能量守恒和转化定律及电磁理论。

进入 20 世纪，人类探索不断向广度和深度进军，飞机、电视机、核裂变、原子弹、计算机、氢弹、核电站、人造卫星、集成电路、激光器、光导纤维、光缆、无线电话等都在这一时期出现，给予其强大理论支持的则是闻名遐迩的相对论、量子力学和量子理论。

同样，循环经济作为一种有别于传统经济的全新思维方式、全新发展理念和全新经济模式，也离不开理论的引导和支持，生态科学、环境科学、物理科学、经济学、可持续发展理论、环境伦理学等都为循环经济理论的形成与发展提供了理论支撑，作出了理论贡献。如循环经济中强调的"生态系统"，就源于物理学上的"系统整体性"理论；循环经济体现的代内公平、代际公正的特征，就来自环境伦理学，等等。可以说，循环经济是吸收了多学科理论的一门新兴的综合性交叉学科。但从循环经济本质来分析，为其奠定理论基础并起到主要支撑作用的应该是生态学和生态经济学理论。

1. 生态学与循环经济

生态学由德国动物学家恩斯特、海克尔首次提出，它比生态经济学的出现要早 100 年。最初的定义是：关于生物有机体与其外部世界，也即广义的生存条件间相互关系的科学。可见，当时仅限于对动物的研究。后来将它拓展为涉及所有生物有机体关系的变化，涉及各种生物自身以及它们和其他生物如何在一起共同生活的一门自然经济学。20 世纪 60 ~ 70 年代，工业化对生态的侵蚀及生态环境对人类的报复，使生态学为人们所重视，定义进一步拓展为：研究生命系统与环境系统之间相互作用的规律及其机理。其中，生命系统包括人类。把人类与环境系统之间的相互关系作为生态学研究的重要内容，丰富了生态学的内涵，也让人类更主动、更深刻地了解了自己赖以生存的自然界。

生态学把生物与生物之间以及生物与环境之间的关系作为研究重点，范围包括个体、种群、群落、生态系统以及生物圈等层次。其中，生物圈、生态系统和生态平衡这三个概念及其相应原理对生态学发展影响深远。生物圈是指地球上存在生命的圈层，包括大气圈的下层、水圈和岩石圈的上层，范围在地表以上可达23公里的高空，在地表以下可延伸至12公里的深度。生物圈概念的确立，使人类更准确、更深刻地把握了与自己生存紧密相关的生态空间概念，为循环经济从自然界这个更大范围内思考问题、观察问题、研究问题拓展了视野与思路。

生态系统是指在生物圈中，由生物之间、生物与环境之间进行能量的固定、转化和物质的迁移、循环过程构成的一个相互制约、相互依存的复杂系统，它是地球上最大的生态系统。整体性是生态系统最重要的特征，也是生态系统的实质和核心。整体性是指系统的有机整体，具体体现在：整体性大于它的各部分之和；一旦形成系统，各要素不能再分解成独立的要素而存在；各个要素的性质和行为对系统的整体性是有作用的，这种作用是在各要素相互作用的过程中体现出来的。生态系统理论展现的这种整体性、全局性思考问题的方式，这种着眼于物质的相互关联与相互影响的辩证思维，应该说为循环经济能够从经济、社会、人口、资源、环境等宏观层面上，从工厂、农村、城市、园区等中观层面上，从物质代谢、耦合、共生等微观层面上系统地把握问题、把握其相互关联提供了帮助。

生态平衡是指生物圈及生态系统良好运行的一种状态。生态是否平衡主要取决于生态系统的四大要素，即无机环境（空气、水、土壤、阳光）、生物生产者（能够自行运用阳光来制造食物的生物，被称为自养生物，主要为绿色的植物，也包括一些细菌）、生物消费者（不能直接利用阳光来制造食物，需要依赖其他生物作为供应的生物，被称为异养生物，如动物、人类）和生物分解者（不能利用阳光来制造食物，但能通过分解所有生命的尸骸来得到营养，同时使复杂的物质还原为简单的元素或化合物的生物）之间的稳定状况，如果其中某一要素过于剧烈地发生改变或生态系统被扰动，都可能出现一系列的连锁反应，使生态平衡遭到破坏。生态平衡理论揭示的自然界既相互依存又相互制约的运动关系，尤其是生物分解者所具有的对物质分解、再生与还原功能和物质所具有的循环净化功能，为循环经济的"资源—产品—再生资源"的物质循环思路和循环经济发展提供了理论支持。

生态学不仅明确了生态圈、生态系统和生态平衡的基本内容和基本原理，还揭示了生态系统物质运动的一些重要规律。较有影响的有：①物质循环规律。每一个生态系统均从周围环境摄取物质，同时也向环境排放物质，这种摄取与排放之间在总量上应平衡。②供给有限规律。生态圈内物种自身特点和环境的限制，致使它的供给能力有限，过度开发会导致整个生态圈失衡。③和谐发展规律。任何一种生物与环境之间都存在着一种和谐、相互作用与反作用的关系。④相生相克规律。生物圈中每个子系统之间都存在着错综复杂的相互制约关系，改变其中的任何一部分，都必然会影响整个生物圈的稳定。⑤空间相宜规律。任何一个地区都有其独特的自然环境及生态系统，但同时，它又与全球生物圈协同进化。生态学的这些规律，是人类在开发和利用自然、与自然界和谐相处中必须遵循的原则。循环经济要求按照生态食物链形式构建生态工业循环链；要求使用自然资源绝不能超过生态阈值，以维护生态平衡；要求重视人与自然和谐相处等观点，都是遵循生态学规律、按生态学要求办事的结果。从这个意义上讲，生态学对循环经济的理论贡献不言而喻。

2. 生态经济学与循环经济

生态经济学的兴起与发展，与其他新兴学科一样，是一定历史条件下的必然。1935 年，英国生态学家阿·乔·坦斯利，在生态学基础上提出了"生态系统学"的概念，为生态经济学的产生奠定了自然科学方面的理论基础。然而，这一时期，人类遇到人口、粮食、资源、环境等多种矛盾，威胁着人类的生存，制约着社会的进一步发展。当科学家们在探索以上问题产生的原因、发展趋势、预防措施和解决途径时，发现单纯从生态学或从经济学的角度来解释和研究这些问题，是难以找到答案的，只有将生态学和经济学有机地结合起来进行分析，才能从中寻求到既发展社会经济又保护生态环境的解决之策。现实需要也促进了这一学科的发展，这时，美国另一位科学家麦肯齐，首次把植物生态学的概念与动物生态学的概念运用到人类群落和社会的研究，提出了"经济生态学"的名词，主张经济分析不能不考虑生态学过程。而真正提出"生态经济学"概念的是美国经济学家肯尼斯·鲍奈丁，1966 年，他在《一门科学——生态经济学》中正式提出这一概念。这篇文章对利用市场机制控制人口和调节消费品的分配、资源的合理利用、环境污染以及用国民生产总值衡量人类福利的缺陷等做了有创见性的论述。至此，生态经济学作为一个视角独特的经济学分支而开始为世人瞩目。

从理论上看，生态经济学是以生态学原理为基础，经济学原理为主导，以人类经济活动为中心，运用系统工程方法，从最广泛的范围研究生态和经济的结合，从整体上去研究生态系统和生产力系统的相互影响、相互制约和相互作用，揭示自然和社会之间的本质联系和规律，改变生产和消费方式，高效合理利用一切可用资源的新型综合学科。其目的是解决具有增长型机制的经济系统对自然资源需求的无限性与具有稳定型机制的生态系统对自然资源供给的有限性的矛盾，这与循环经济以资源高效利用和循环利用为核心，以"3R"为原则，实现经济与生态可持续发展的目标是一致的。

相对于循环经济而言，生态经济学主要强调人类社会经济与地球生物圈的关系，包括人口过剩、粮食匮乏、能源短缺、自然资源耗竭和环境污染等问题；强调自然生态系统的维持能力与国民经济的关系；强调森林、草原、农业、水域和城市等各主要生态经济系统的结构、功能和综合效益作用；强调基本经济实体同生态环境的相互作用。强调的核心是经济与生态的协调，经济系统与生态系统的有机结合，以及宏观经济发展模式的转变。

循环经济主要讲物质循环与资源利用，因此，它强调经济活动要组成闭环式物质流动，所有的物质和能源在经济循环中得到合理的利用。循环经济所指的"资源"不仅是自然资源，也包括再生资源；所指的"能源"不仅包括煤、石油、天然气等，还包括太阳能、风能、地热能等绿色能源。强调推进资源、能源节约，资源综合利用和清洁生产，以便把经济活动对自然环境的影响降低到尽可能小的程度。循环经济侧重于整个社会物质的循环应用，因此，强调的核心是循环和生态效率，资源的多次重复利用，及生产、流通、消费全过程的资源节约。

比较可见，生态经济学和循环经济都建立在生态学和经济学基础之上，目的都是要使经济活动生态化，都是要坚持可持续发展，只是关注的视角不同而已。生态经济学更多地着眼于宏观的协调，包括生态经济系统中规模大小、非连续性、生态系统的稳定性和可恢复性；循环经济更多地着眼于实际层面的经济运行方式。如果从物质循环的过程分析，二者体现的不仅是自然作用的过程，也是经济社会的过程，实质是人类通过社会生产与自然界进行物质交换，也就是自然过程和经济过程相互作用的生态经济的发展过程。在这一实现过程中，生态经济学原理体现了循环经济的本质要求，构成了循环经济的理论基础。①

三　循环经济基本理论

循环经济基本理论还在发展，各国情况不一样，关注点不一样，一些提法也不太一致。如循环经济基本概念，就仁者见仁，智者见智。循环经济"3R"原则中的第三点，国外强调"再循环"，而中国将其发展为"资源化"。可见理论还在丰富，但从总体看，循环经济基本理论已经形成。

1. 循环经济的基本内含

循环经济从提出到今天，历经十余年，还没有形成一个公认的定义。研究者大都从各自关注的不同侧面和重点，对它做出了不同的阐述和概括。较有代表性的有以下几种。

（1）生态学意义上的概念。认为循环经济本质上是一种生态保护型经济，要求运用生态学规律而不是机械论规律来指导人类社会的经济活动。②

（2）发展模式意义上的概念。认为循环经济是按照自然生态物质循环方式运行的经济模式。它要求遵循生态学规律，合理利用自然资源和环境容量，在物质不断循环利用的基础上发展经济，使经济系统和谐地纳入自

①　朱铁臻：《循环经济的理论基础是生态经济》，《中国经济时报》2005 年 4 月 19 日。
②　曲格平：《发展循环经济是 21 世纪的大趋势》，《当代生态农业》2002 年第 21 期（增刊）。

然生态系统的物质循环过程中，实现经济活动的生态化。①

（3）物质运动意义上的概念。认为循环经济呈现的是"资源—产品—再生资源"的模式，主张从生产的源头和全过程削减污染，把废弃物作为放错了地方的资源进行循环利用。"循环"的直义不是指经济循环，而是指经济赖以存在的物质基础——资源在国民经济再生产体系中各个环节的不断循环利用（包括消费与使用）。

（4）可持续发展意义上的概念。认为循环经济是针对工业化运动以来高消耗、高排放的线性经济而言的，循环经济是一种善待地球的经济发展模式，它要求把经济活动组织成"自然资源—产品—再生资源"的闭环式流程，所有的原料和能源要能在不断进行的经济循环中得到合理利用，从而把经济活动对自然环境的影响控制在尽可能小的程度。②

（5）技术意义上的概念。认为循环经济就是在生产实践中，通过生产技术与资源节约技术的融合，减少单位产出的资源消耗，最高效率地节约和使用资源；通过清洁生产技术和环境保护技术的融合，最大限度地减少生产过程中的污染排放；通过各种废弃物的综合回收利用和循环使用，最大限度地实现物质资源的循环使用；通过对所有垃圾的无害化处理，实现生态环境平衡的经济。

（6）自然资本意义上的概念。认为循环经济是一种新的制度安排和经济运行机制。它需要把自然资源和生态环境看成稀缺的、社会大众共有的自然福利资本，因而要求将生态环境纳入经济循环过程中参与定价和利益分配。它要求改变生产的社会成本与私人成本的不对称性，使外部成本内部化；要求改变环保企业治理污染的内部成本与外部获利的不对称性，最终目标是实现经济增长、资源供给与生态环境的均衡，实现社会福利最大化和社会公平。③

总之，我国对循环经济内含还没有一个统一界定，不同视角有不同的表述。当前，社会上较多采纳的是国家发改委对循环经济的定义，即"循环经济是一种以资源的高效利用和循环利用为核心，以'减量化、再利

---

① 冯之浚：《循环经济的范式研究》，《中国软科学》2006 年第 8 期。
② 诸大建：《可持续发展呼唤循环经济》，《科技导报》1998 年第 9 期。
③ 解振华：《统一认识，加快推进循环经济发展》，《中国党政干部论坛》2005 年第 2 期。

用、资源化'为原则，以低消耗、低排放、高效率为基本特征，符合可持续发展理念的经济增长模式，是对'大量生产、大量消费、大量废弃'的传统增长模式的根本变革"。① 这一定义不仅指出了循环经济的核心、原则、特征，同时也指出了循环经济是符合可持续发展理念的经济增长模式，抓住了当前中国资源相对短缺而又大量消耗的症结，对解决中国资源对经济发展的制约具有迫切的现实意义。

2. 循环经济的基本原则

循环经济之所以是一种与传统经济截然不同的新经济、新模式，在于它在整个经济系统中，在开采、生产、流通、消费、废弃物处理等各个环节，要求必须遵循三个基本原则，就是减量化、再利用、资源化，即"3R"原则。"3R"原则是循环经济运行的典型标志，也是循环经济功能作用得以充分实现的关键点。由于"3R"原则在循环经济运行中发挥着不同的作用，因此也展现出不同的内含和要求。

（1）减量化原则（reduce）。减量化原则属于输入端方法，要求用较少的原料和能源，特别是控制使用有害于环境的资源来达到既定的生产目的或消费目的，从而在经济活动的源头就注意节约资源和减少污染。在生产中，要求提高资源利用率，降低成本，要求产品小型化和产品重量轻型化；在包装上，要求产品的包装追求简单朴实而不是豪华浪费；在消费中，要求减少人们对物品的过度需要，从而达到减少废弃物排放的目的。

（2）再利用原则（reuse）。再利用原则属于过程性方法，旨在延长产品或服务的时间。它要求制造的产品和包装容器能够以初始的形式被反复使用，而不是用过一次就废弃。要求生产者应该将产品及其包装当做一种日常生活器具来设计，以达到再三使用的目的。要求制造商使用标准尺寸进行设计，以便于更换部件而不必更换整个产品。鼓励人们购买能够重复使用的物品、饮料瓶和包装物。

（3）资源化原则（recycle）。资源化原则属于输出端方法，要求生产

---

① 国家发改委经济体制与管理研究所"我国循环经济发展战略研究"课题组：《发展循环经济是落实科学发展观的重要途径》，《宏观经济研究》2005 年第 4 期。

出来的物品在完成其使用功能后，能重新变成可以利用的资源，而不是不可再生的垃圾。资源化包括原级资源化和次级资源化，原级资源化是指废品被循环用来产生同种类型的新产品；次级资源化是指将废物资源转化成其他产品的原料。原级资源化在减少原材料消耗上面达到的效率要比次级资源化高得多，是循环经济追求的理想境界。因此，资源化原则要求消费者和生产者购买循环物质比例大的产品，以使循环经济的整个过程实现闭合。

由于循环经济的目标是在经济过程中系统地避免和减少废物，因此，再利用和再循环都应建立在对经济过程进行了充分的源削减的基础之上，即把减量化原则放在第一位。因为只有把源头控制住了，以后的生产才能在一个减量的基础上进行。再利用原则主要是针对生产过程而言的，其实质是防止自然资源过快地转化为废物从而造成环境污染。资源化只有在进行了充分的源头削减，在生产中又没有可以再利用的材料或资源时，实施起来才最有效率。虽然这三个原则在理论上有轻重的渐次之分，但在实际的实施过程中是缺一不可的，坚持这三个原则是为实现循环经济的最终目的，为经济社会环境的协调发展服务的。

3. 循环经济的重要特征

循环经济是在全球人口剧增、资源短缺、环境污染和生态蜕变的严峻形势下，人类重新认识自然界、尊重客观规律、探索经济规律的产物。因此，相对于传统经济模式和其他经济理论，它呈现出以下几个重要特征。

一是新的系统观。循环是指在一定系统内的运动过程，循环经济的系统是由人、自然资源和科学技术等要素构成的大系统。循环经济观要求人们在考虑生产和消费时不再置身于这一大系统之外，而是将自己作为这个大系统的一部分来研究符合客观规律的经济原则，将"退田还湖""退耕还林""退牧还草"等生态系统建设作为维持大系统可持续发展的基础性工作来抓。

二是新的资源观。循环经济范式强调，任何一种经济都需要四种类型的资源来维持其运转，即以劳动、智力、文化和组织形式出现的人力资源；由现金、投资和货币手段构成的金融资源；包括基础设施、机器、工具和工厂在内的加工资源；由资源、生命系统和生态系统构成的自然资源。末端治理范式用前三种资源来开发自然资源，自然资源始终处于被动的、从属的地位；而循环经济范式将自然资源列为最重要的资源形式，认为自然资源是人类社会最大的资源储备，[①] 也是可持续发展最重要的战略储备。

三是新的经济观。在传统工业经济的各要素中，资本在循环，劳动力在循环，而唯独自然资源没有形成循环。循环经济观要求运用生态学规律，而不是仅沿用 19 世纪以来机械工程学的规律来指导经济活动。不仅要考虑工程承载能力，还要考虑生态承载能力。在生态系统中，经济活动超过资源承载能力的循环是恶性循环，会造成生态系统退化。只有在资源承载能力之内的良性循环，才能使生态系统平衡地发展。

四是新的价值观。循环经济观在考虑自然时，不再像传统工业经济那样将其作为"取料场"和"垃圾场"，也不仅视其为可利用的资源，而是将其作为人类赖以生存的基础，是需要维持良性循环的生态系统。在考虑科学技术时，不仅考虑其对自然的开发能力，而且要充分考虑到它对生态系统的修复能力，使之成为有益于环境的技术；在考虑人自身的发展时，不仅考虑人对自然的征服能力，而且更要重视人与自然和谐相处的能力，促进人的全面发展。

五是新的生产观。传统工业经济的生产观念是最大限度地开发利用自然资源，最大限度地创造社会财富，最大限度地获取利润。而循环经济的生产观念是要充分考虑自然生态系统的承载能力，尽可能地节约自然资源，不断提高自然资源的利用效率，循环使用资源，创造良性的社会财富。

六是新的消费观。循环经济观要求走出传统工业经济"拼命生产，拼命消费"的误区，提倡物质的适度消费、层次消费，在消费的同时就考虑到废弃物的资源化，建立循环生产和消费的观念。同时，循环经济观要求通过税收和行政等手段，限制以不可再生资源为原料的一次性产品的生产与消费，如宾馆的一次性用品、餐馆的一次性餐具和豪华包

---

① 冯之浚：《循环经济的范式研究》，《中国软科学》2006 年第 8 期。

装等。

七是新的公平观。循环经济观将"公平"这一属于政治范畴的概念，引入人与自然的关系中，认为经济的外部化成本过高，破坏了人类赖以生存与发展的自然环境，就会造成代内不公平。这种不公平性表现在一部分人从产生污染的发展中得益，另一部分人从污染中受害。受害者没有得到应有的赔偿，总体上的收益成果只被污染者占有。这种现象的延续，将会助长更多的人加入无偿获取自然资源的队伍，从而使生态系统因过度被开采但得不到补偿而进一步恶化，影响未来的发展，使代内不公平发展到代际不公平。循环经济观还认为，绝大部分自然资源的存量是有限的，并且分布不均，这就要求在开发利用自然资源时，统筹考虑，合理规划，既保证代内利益平衡，又保证代际资源的永续。[①]

第二节　循环经济基本运行

循环经济基本运行，主要包括循环经济运行模式、评价指标体系及支撑技术体系，这是循环经济发挥功能作用的主体工程。其中，运行模式是指循环经济在实际层面的运动形式，即循环经济进行物质循环和物质的共生和耦合的过程；评价指标体系主要是检验循环经济运行的实际效果和资源循环的程度及水平；支撑技术体系是讲循环经济发展所需要的技术支持。支撑技术是循环经济得以运行的条件和前提，评价指标体系是对循环经济状况的反馈，循环经济正是通过这上下两个节点，不断得到发展和完善。

一　循环经济的运行模式

循环经济运行模式主要包括企业模式、生态工业园区模式和社会模式。但随着循环经济发展，探索也在深入，模式也呈现多样化。目前，城市运行模式和国际层面运行模式也已初露端倪，从发展角度出发，有必要进行归结。

---

① 吴季松：《循环经济的主要特征》，《石油政工研究》2003 年第 4 期。

1. 循环经济基本运行模式

循环经济是把清洁生产、资源的最少化利用和废物的综合利用融为一体的经济。因此，在经济运行的全过程中，必须达到四个要求：一是在产业链的输入端，要求最大限度地减少对不可再生资源的耗竭性开采与利用，以替代性的可再生资源为经济活动的投入主体，以物质投入最小化（低开发）为目标，达到既定社会经济目标。二是在产业链的输出端，要求以废弃物排放最小化为目标（低排放），实现社会再生产各环节以及社会生活各领域产生的废弃物的多次回收再造。三是在生产过程中，要求通过发展减物质化和再资源化技术，提高物质、产品之间的转化效率，提高资源利用效率，降低输入和输出经济系统的物质流。四是在运行整体上，要求构筑从废弃物到再生资源的反馈式流程，形成共享资源和互换副产品的产业（企业）共生组合，建立"经济食物链"和循环链，通过系统内部相互关联、彼此叠加的物质流转换和能量流循环，最大限度地利用进入系统的物质和能量，降低对自然资源和环境的影响。

总之，循环经济基本运行既要体现物质在经济体系内的多次重复利用，达到生产和消费的"非物质化"，尽量减少对物质特别是自然资源的消耗，又要体现经济体系排放到环境中的废物可以为环境同化，并且排放总量不超过环境的自净能力。鉴于此，循环经济基本运行模式应以"资源—产品—再生资源"形式展现。

2. 循环经济不同层面运行模式

我们所追求的循环经济，不仅是企业的生产行为，而且还是一种社会性行为。循环经济理论最终目标是要建设循环型社会。这就是说，不仅要在工厂、农村、城市、区域之间大力发展循环经济，而且要在发达国家和发展中国家，在资源能源丰富的国家和贫乏的国家，乃至世界范围内发展循环经济。这是宏观上的物质大循环，是伟大的社会实践，必然促进循环经济发展。尤其是继20世纪90年代循环经济在发达国家蓬勃兴起之后，21世纪又迎来发展中国家循环经济发展的燎原之势，这一切丰富了循环经济的内含，使循环经济在不同层面呈现出不同的运行模式。

（1）企业层面的运行模式

企业是资源消耗和产品形成的地方，企业层面的循环经济运行模式，是循环经济在微观层面上的基本表现形式。其运行模式是：主要通过组织厂内各工艺之间的物料循环，延长生产链条，减少生产过程中物料和能源的使用量，尽量减少废弃物和有毒物质的排放，最大限度地利用可再生资源，实现清洁生产。

因此，企业内部工艺设计必须科学、合理和配套，上道工序与下道工序物质转化必须衔接，只有这样，物质才可能在企业内部循环。不能形成闭环式流程的生产肯定不是清洁生产，因为任何生产过程都可能产生废烟、废气、废水、废料。但形成了反馈式流程的生产，如果不将综合预防的环境策略持续地应用于生产过程和产品中，也不能很好地实现清洁生产。清洁生产既指清洁的能源，也包括清洁的生产过程和清洁的产品。清洁生产通过对能源的清洁利用和可再生能源的利用，以及新能源的开发，实现能源清洁；通过节约原材料和能源，尽量少用或不用有毒原材料，使用环保工艺和高效设备；通过简便、可靠的操作和控制以及完善的管理，生产出无毒、无害的中间产品，并在全部排放物和废物离开生产过程以前减少它们的数量和毒性，实现生产过程清洁；通过减少产品在整个生产周期中对人类和环境的负面影响，包括节约原材料和能源，少用昂贵和稀缺的原材料，利用二次资源作为原材料，产品在使用过程中和使用后不含危害人体健康和生态环境的因素，易于回收、重复利用和再生，易于处理、降解，实现产品的清洁。目前，这一模式最成功的范例是美国杜邦化学公司。

（2）生态工业园区层面的运行模式

生态工业园区是多个企业集中和集聚的地方，因此，生态工业园区层面的循环经济运行模式应是循环经济在中观层面的表现形式。其运行模式是：通过企业间的物质集成、能量集成和信息集成，形成产业间的代谢和共生耦合关系，使一家工厂的废气、废水、废渣、废热或副产品成为另一家工厂的原料和能源。较好地解决单个企业在清洁生产和厂内循环中一些无法消解的废料和副产品的利用问题，破解单个企业吸纳废弃物的局限性。它是企业间通过贸易方式交换废弃物或副产品而形成的生态产业链，是区域层面上实施循环经济的典型模式。

一般认为，生态工业园区是依据循环经济理论和工业生态学原理而设计成的一种新型工业组织形式。它通过模拟自然生态系统来设计工业园区的物流和能流，是具有高效的经济过程及和谐的生态功能的网络型、进化型工业。它相对于企业层面的循环经济模式，具有生产体系增多、生产规模增大、工艺流程更复杂、物质关系更复杂、对技术的涵盖性要求更高等特点，是一个更为复杂的系统工程。因此，在规划布局中，要尽量将关联度高的企业引入园区，并集中在一个区域范围内，以缩短流程，降低成本，提高效能。避免"补链"或不计成本地延长产业链条。要开发科技含量高、涵盖面广的生产技术，以应对系统中各种不确定情况的发生，保证清洁生产。同时，园区内工艺流程设计的包容性、兼容性要强，柔性要好，要能在一定程度上承载不同物质、杂质和流量的变化，不因入口原料的不稳定而影响其他工序、环节或系统的生产。

丹麦卡伦堡生态工业园区是世界上公认的经典范例，引来众多国家的学习与效仿。鉴于生态工业园区层面的循环经济发展对解决我国资源环境问题的重要性，近年国家加大了建设力度，涌现出广西贵港（制糖）、内蒙古包头（铝业）、山东鲁北（化工）、天津泰达等一批国家级生态工业示范园区。其中，广西贵港（制糖）生态工业园模式很有代表性。

广西贵港国家（制糖）生态工业园区是全国规模最大、世界一流的制糖、造纸和能源酒精生产基地。该园区有6个系统：蔗田系统、制糖系统、酒精系统、造纸系统、热电联产系统、环境综合处理系统。3条主要生态链：甘蔗→制糖→蔗渣造纸生态链；制糖→糖蜜制酒精→酒精废液制复合肥生态链；制糖（有机糖）→低聚果糖生态链。主要产品是糠、纸、酒精。

广西贵港国家（制糖）生态工业园区最大特点是：甘蔗园是整个工业生态系统的起点。横向看，3条生态链相互间构成了共生耦合的关系，并在一定程度上形成了网状结构。物流中没有废物概念，只有资源概念，各环节实现了充分的资源共享，变污染负效益为经济正效益。纵向看，生产出工业生产运行所需要的主要原料，即甘蔗，由甘蔗发展出糖、纸、酒精等主要产品的生产，最后，酒精厂复合肥车间生产出的专用复合肥和热电厂锅炉的部分煤灰又作为肥料回到蔗田，从而使整个园区形成纵向闭合（见图1）。

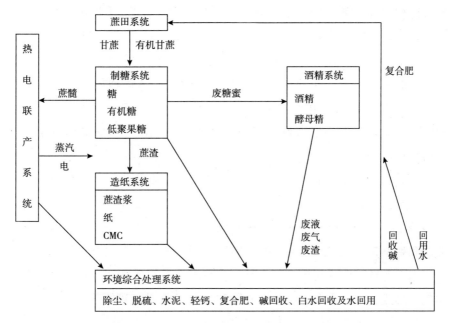

图1　广西贵港国家（制糖）生态工业示范园区总体框架流程

资料来源：中华循环经济网。

（3）城市层面的运行模式

城市层面的循环经济运行模式，仍属循环经济在中观层面的表现形式，只是相对于生态工业园区，涉及的系统更多，需要互动和共生的范围更大，产生的效果更大，影响更深远。目前，全球一半以上的人口居住在城市，城市人口消费全球75%的自然资源，并产生全球75%的垃圾。可见，城市应该成为发展循环经济的先行地区和重点地区。

在我国，城市循环经济还是一种追求和理想，但在美国、英国、德国、澳大利亚、日本等发达国家，许多城市已取得了相当成功的经验，并形成了基本的城市循环经济运行模式。

城市循环经济运行模式是通过调整城市产业结构，转变城市生产、消费和管理模式，在一个城市范围和三次产业各个领域内构建各种产业生态链，把城市的生产、消费、废物处理和城市管理统一组织为生态网络系统。运行目标是以污染预防为出发点，以物质循环流动为特征，以社会、经济、环境可持续发展为最终目标，最大限度地高效利用资源和能源，减少污染物排放，形成城市系统中的物质闭环流动型经济。城市循环经济运行模式具体由城市循环型生产系统、城市循环型流通服务系统、城市循环型消费系统、城市循环型基础设施系统、城市循环型生态系统和城市循环型社会系统六大循环子系统构成。这六大子系统以物质为纽带，以节约为原则，以循环利用为手段，通过共生互动，构建城市子系统中不同类型的循环经济运行模式，共同推进城市循环经济的发展。

一是城市循环型生产系统。城市循环型生产系统是现代社会经济系统的核心和社会发展不可缺少的动力，主要由若干生态工业园、特色工业园和多条生态工业链组成。其运行模式是：通过推广清洁生产，发展特色工业园和生态工业园，在企业之间和园区之间，按照自然生态系统的模式构筑生态工业链，建立物质交换关系，使系统中的物质和能源都得到充分的利用，形成企业、产业、特色工业园和生态工业园之间的共生组合，实现整个城市生产系统的循环化和生态化转向。

二是城市循环型流通服务系统。城市循环型流通服务业具有"节点"产业的性质，连接并影响生产、消费等其他经济系统和社会系统。其运行模式是：将减量化、再利用、资源化的原则落实到服务产业内各行业各部门，大力发展废旧物资回收产业。如循环型物流业利用先进的物流技术，对物流体系进行改进，以形成资源循环、环境共生、生态友好物流系统；循环型旅游业则在充分满足旅游者的旅游乐趣以及旅游业的经济效益的同时，将旅游开发对环境造成的各种消极影响减小到最低程度，包括对景区垃圾的分类处理，对交通污染、环境噪声、生态破坏、能源污染的防治等。

三是城市循环型消费系统。城市循环型消费是循环经济的"助推器"，是实现城市可持续发展的重要内容。其运行模式是：在消费领域倡导绿色消费，逐步形成循环型生活方式和消费方式，在日常生活中尽可能使用可循环利用的产品或绿色产品，减少消费过程中的废弃物产生，逐步推进城市生活垃圾分类收集、处理与利用体系的建立，实现城市生活垃圾的资源化和无害化。

四是城市循环型基础设施系统。城市循环型公共基础设施构成城市循环经济体系的基础，在运行中，主要按照循环经济理念建设和改造公共基础设施系统，特别是通过实行城市污水集中分类处理，构建城市水资源循环利用体系，支持城市循环经济发展。

五是城市循环型生态系统。是指在城市这个人工系统中建立起像自然生态系统那样的自我平衡机制，扭转城市发展中缺少对生态因素关注的现象，让人们自觉尊重生态规律，按生态规律办事。

六是城市循环型社会系统。城市循环型社会是循环经济理念在社会生活中的体现，它涉及除经济领域之外的所有领域，如政府机关、事业单位、医院、学校、社区等。其运行模式是：重点推进环境标志、有机食品和节能产品的认证；重点推进政府机关、事业单位的绿色采购；重点推进绿色社区的创建；重点建设生态节能建筑等，通过宣传、引导和利用财政、税收等经济手段，鼓励公众绿色消费等。

总之，城市循环经济运行模式通过循环型生产、流通服务、消费、基础设施、生态、和社会等6个子系统的运行模式得到具体实现。

（4）社会层面的运行模式

社会层面的循环经济属循环经济在宏观层面的表现形式。它在空间上涵盖了城市和乡村，往往上升到国家的层面；在内容上不仅包含了城市系统的全部内容，而且扩展了它的外延，将触角延伸到包括农村在内的更广阔领域；在功能上，更强调和依靠社会系统在循环经济运行中的作用。我们知道，整个社会的运行机理是，经济系统向社会系统提供产品和服务，通过产品的整个运动过程，经济系统与社会系统发生物质、能量和信息的交换，从而对自然环境和社会经济产生影响。社会系统既是被服务的对象，又是社会管理和发展的机体。社会系统通过方针、政策、法规、制度、宣传、教育等手段将管理社会和推进社会发展的职能落到实处。

社会层面的循环经济运行模式就是通过循环型社会系统的作用，使全社会树立循环经济理念，自觉遵守建立循环型社会的法律法规，并积极参与资源的回收、利用和废弃物减量工作。用生态链条把工业与农业、生产与消费、行业与行业有机结合起来。大力发展资源循环利用产业，实现可持续生产和消费，全面提高资源利用率，建立循环型社会。从世界范围看，日本已走在该层面循环经济发展的前列。

（5）国际层面的运行模式

这是一个已进入实践阶段的运行模式，而连接国际层面循环经济运行的重要节点，就是全球经济一体化和在一体化下不断推陈出新的绿色国际经济贸易标准和环境标准。

我们知道，经济一体化浪潮把世界范围内的国家及各国经济贸易都纳入其中，流动并循环起来。具体表现在：国际资本的世界性投资使全球范围内的能源资源形成物质流而流动起来；跨国公司的跨国经营把新技术推向全球；国际贸易发展使各国优势资源得到共享；国际间分工协作使得资源互补得到进一步强化，资源在更大范围内实现了优化和配置。经济一体化为循环经济的国际化发展创造了客观条件。

正在兴起的全球绿色贸易，则是真正促使国际层面循环经济运行模式形成并发展的原因。国际社会基于环保考虑，纷纷贯彻以绿色产品为导向的环境政策，有环境技术标准、环境标志、绿色包装制度、卫生检疫制度、绿色补贴等多种形式。特别是近年来，发达国家在工业产品和农产品进口方面，不仅要求末端产品符合环境要求，而且规定从产品的研制、开发、生产到包装、运输、使用、循环利用等各环节都要符合环保要求。这就意味着，贸易品的环境影响不是仅仅局限于最终产品的性能和用途上，而是向着生产过程乃至整个生产链系统渗透。对环保技术力量相对较弱的发展中国家来说，要想实现出口，企业产品生产全过程必须符合国际化的环保和生态标准要求，走循环经济之路。要在激烈的国际竞争中立于不败之地，就要依靠科技进步，提高资源利用效率，降低生产成本，使产品符合资源、环境等方面的国际标准，这已是大势所趋。目前，国际市场上逐渐推出的生态农产品、绿色农产品、环保产品、环保材料等，应该是国际层面循环经济运行的结果。

国际层面循环经济运行模式更多的是一种绿色产品交易模式。交易讲究成本，绿色要求环保，在自然资源日益升值的状况下，国际平台上进行可利用、可再生资源的交易，形成资源共生与耦合，就成为了可能和现实。我国进口的"洋废纸",既降低了造纸成本,又保护了森林资源,成功实现了跨国物质循环。这应是国际层面循环经济运行模式最好的诠释。

二　循环经济评价指标体系

循环经济评价指标体系是用来检验资源循环的效果、评价循环经济物质循环状况的指标体系。因此,在设计指标、建立指标体系时,要遵循一定的构建原则,既体现出评价指标体系的科学性和系统性,又体现出其可行性和关联性。

1. 构建评价指标体系的重要意义

循环经济发展战略是一个庞大的系统工程,它一方面要求我们制订方案,规划蓝图,并大力推进,付诸行动;另一方面又要求我们依据方案来测定发展速率,评价发展水平,跟踪监测战略实施的进程,作为对区域(部门)乃至整个经济社会发展业绩评价的重要参数,彻底转变目前单纯追求 GDP 的政策目标。这不仅提出了构建循环经济评价指标体系的全新课题,而且使评价指标体系在循环经济发展中具有非常重要的现实意义。

首先,建立循环经济评价指标体系,能够对循环经济系统运行现状进行评价。通过评价,了解循环经济系统的运行状况,判断和测度循环经济的发展水平、有利条件和不利条件,为各级政府、有关部门、企业和公众了解循环经济发展现状提供科学的判断依据。

其次,能及时给出资源、环境超标警示。在循环经济系统中,对于既定的经济社会发展目标,如输入端的物质投入量(特别是不可再生资源的开采量和投入量)、输出端的废弃物排放量、资源利用率和循环利用率等都有一个合理的运行区域,如果超出了合理范围,循环经济系统将是不可持续的。循环经济评价指标体系则能通过指标测评,及时发出资源环境预警警报,以便政府能较快采取调控手段,保证经济社会发展处于安全区域内。

再次,能够优化管理决策。循环经济指标体系可以引导政策制定者和决策者在制定各项政策和决策时以发展循环经济为目标,使各项政策相互协调。循环经济指标体系可以反映循环经济相关政策的实施效果，指标信息的反馈使政策制定者和决策者可以及时地评估政策的正确性和有效性，进而对政策加以改进或调整。

最后，能有效促进经济增长方式的转变。实施循环经济评价指标体系，能够强化企业走循环经济之路，使企业在循环经济评价指标的引导和监控下，自觉追求内部的工艺和技术革命，实现物质由开放式生产向闭环式生产转变，由资源消耗型经济增长向资源循环利用式经济增长转变。同时，能够强化政府由传统经济思维方式向循环经济思维方式的转变。因为客观评价结果将会不断地被反馈到各级决策部门，促进决策部门必须按照循环经济的思想和方法调整、改变和重新设置促进循环经济发展的各项相关指标和目标。我国由单纯追求 GDP 到追求绿色 GDP，使企业、政府行为发生的变化，就说明了评价指标体系对转变经济增长方式的重要性。

2. 构建评价指标体系的基本原则

科学评价循环经济发展状况，必须要构建一套能够科学衡量其各方面发展水平的评价指标体系，以为国家、地区、部门以及微观经济单位提供正确的决策依据。循环经济评价指标体系不是一些指标的随意组合，而是根据一定原则建立起来并能反映循环经济发展状况的指标集合。

一是科学性原则。科学性体现在评价指标能对循环经济系统各层次、各环节的物质和资金投入、产出内容进行高度的抽象和概括，揭示其性质、特点、关系和运动过程的内在规律。具体来说，评价指标体系应能够反映事物的主要特征，本身有合理的层次结构；数据来源准确，处理方法科学，具体指标能够反映出循环经济主要目标的实现程度；指标体系覆盖面广，能客观综合地反映社会进步、经济发展、资源的综合利用与保护、环境质量等方面；设计的指标内容明确、目标指向性强，能充分说明问题并能起到关键性作用，如果指标内容模棱两可或不确切，就会给采样、数据截取带来困难，计算起来所用的公式也会比较复杂，得出的结果也就不准确，也就不能真实地反映客观现实，使评价失去其本来的意义。

二是系统性原则。循环经济是一个复杂的系统工程，对其进行评价，既要避免指标过于庞杂，又要避免因指标过少而遗漏重要方面。因此，设计评价指标体系的方法应采用系统方法，用系统分解和目次分析法进行。纵向看，就是站在总揽循环经济这个大系统的高度，对与之紧密关联的多个子系统进行统筹把握，把关键性、根本性的要素提炼出来。具体是由总指标分解成次级指标，由次级指标再分解成三级指标。横向看，就是层级明确，包括一层级（总目标）、二层级（系统目标）、三层级（基础数据）要清楚，不能将各层级的内容混为一体。通过系统性原则形成纵横相交的树状结构指标体系，满足对循环经济总体发展的评价及各子系统运行状况评价的要求。

三是可行性原则。可行性表现为：评价指标体系简繁适中，计算评价方法简便易行；评价指标的选择尽可能与现行计划口径、统计口径、会计核算口径相一致；各项评价指标及其相应的计算方法都力求标准规范，有明确的释义。但也要避免因片面追求可行性而损害指标体系的科学性，以致造成指标体系理论上的过多破绽甚至重大残缺。

四是相关性原则。评价一个系统的综合发展，就是评价其目标所达到的程度。因此，评价指标与系统目标的一致性，是绩效评价的基本要求，主要表现在评价指标的内容是否反映了目标的实质含义。达到一致性，不仅能够正确评价系统的发展程度，而且能引导系统朝着正确的方向发展。

五是动静结合的原则。循环经济既是目标亦是过程。构建循环经济指标体系的目的不仅是为了评估循环经济的发展状况，更重要的是为了对循环经济的未来趋势进行预测。因此，评价指标体系中既要有反映循环经济现有规模和发展水平的静态指标，又要有能综合反映循环经济系统动态变化的特点和发展趋势的指标。

3. 评价指标体系的基本内容

（1）循环经济评价指标体系构成

循环经济评价指标体系，是在遵循评价指标体系的基本原则基础上，综合统计学、数学等方法而形成的，是对一定时期内循环经济各系统、各环节发展水平和总体发展趋势做出的客观评价和反映（见表1）。

表 1　循环经济评价指标体系

一层极	二层级	三层级	
循环经济总体评价结果	经济系统	经济发展类指标	人均国内生产总值
			人均耕地面积
			农业生态园区产值占农业总产值的比重
			生态园区工业产值占工业总产值的比重
			第三产业产值占 GDP 的比重
		资源利用效率类指标	万元 GDP 综合能耗
			人均能耗
			可再生资源利用率
			农业灌溉水利用系数
			工业水重复利用率
			中水回用率
			"三废"综合利用产品产值
			单位 GDP "三废"排放量
			包装物回收利用率
		循环经济产业结构类指标	重工业比重
			资源密集型产品净出口比重
			静脉产业占 GDP 比重增长率
			新型产业所占比重
	科学技术系统	科技进步类指标	科技进步贡献率
			科技投入占 GDP 的比重
			绿色技术占新技术比重
			绿色能源使用比率
	生态环境系统	生态环境类指标	森林覆盖率
			城镇人均公共绿地面积
			退化土地修复率
			水质达标率
			空气污染综合指数
			城镇生活污水集中处理率
			城镇生活垃圾无害化处理率
			噪声达标区覆盖率
			烟尘控制区覆盖率

（2）循环经济评价指标解释

该评价体系由一层级、二层级、三层级及 31 个要素指标组成。一层级是总目标，是通过测算所得到的最终结果。二层级由经济系统、科学技术系统和生态环境系统三大子系统构成，之所以把科学技术系统单独列出，是强调科技在循环经济中的支撑作用，如果放在经济系统中（大多数循环经济评价指标体系都将其放在经济系统中），则难以更准确地反映出科技对循环经济的贡献力度和人们对科技的重视程度。我国与发达国家不同，发达国家已处于后工业时代，科技水平已相当高，科技研发投入也相当大，科技对循环经济的支撑作用相当明显，不需要单列评价；而我国循环经济恰恰受到来自科学技术方面的较大制约，许多问题的解决需要技术进步和科技投入才能实现。如鲁北化工生态产业园，如果没有磷铵—硫酸—水泥联产等多种科技含量高的技术支撑，是不可能发展成现在的多系统循环经济产业链的。三层级由经济发展、资源利用效率、循环经济产业结构、科技进步和生态环境五大模块和与之相对应的 31 个要素指标构成。其中，经济发展类指标主要用于评价系统经济发展水平和发展态势；资源利用效率类指标主要用于评价系统资源利用效率水平；循环经济产业结构类指标主要用于评价经济增长方式转变的程度和产业调整水平；科技进步类指标主要用于评价系统科技进步状况，重点突出绿色技术导向；生态环境类指标主要用于检测循环经济的发展水平，特别是对废弃物的循环利用等。由五大模块分解的 31 个指标解释如下。

A. 经济发展类指标

①人均国内生产总值：指每人所创造的国内生产总值（GDP）。指标数值越大，反映评价区域的经济发展状况越好。

②人均耕地面积：指人均拥有种植农作物的土地面积。土地是不可再生资源，是农业生产最基本的要素，人均耕地面积是反映农业循环经济发展的重要指标。我国维系人们基本生存的耕地资源人均占有量很低，人均耕地是 1.43 亩，相当于世界平均水平的 40%，北京、上海、广东等省市的人均耕地面积低于联合国规定人均耕地面积 0.8 亩的警戒线。因此，保护环境及耕地、发展循环型农业非常重要和紧迫。

③农业生态园区产值占农业总产值的比重：该指标主要反映农业生态

园区产值在农业总产值中所占的份额，数值越大，说明农业循环经济发展程度越高。

④生态园区工业产值占工业总产值的比重：生态园区工业是指按照生态经济规律发展的工业循环经济。在企业内部，实现清洁生产，从生产的源头到产品生产出来，全过程充分利用资源，使废物最小化、资源化、无害化。在工业园区内，各企业在保证清洁生产的前提下，使上游企业的废物成为下游企业的原料，实现区域或企业群资源的最有效利用，废物追求"零排放"。因此，生态园区工业产值占工业总产值的比重越高，反映工业循环经济的发展程度越高。

⑤第三产业产值占 GDP 的比重：第三产业包括流通部门和服务部门，主要是低能耗、低污染的产业，第三产业产值占 GDP 的比重越高，反映循环经济的发展能力越强。

B. 资源利用效率类指标

①万元 GDP 综合能耗：指报告期企业能耗总量与国内生产总值之比，是衡量企业能源消耗水平，进而反映企业能源利用水平与市场竞争力的指标。目前，中国万元 GDP 能耗是世界平均水平的 3 倍，应该降到 1.5 倍，这是到 2020 年我国 GDP 翻两番、能源供应翻不到一番的依据。

②人均能耗：人均能耗是资源消耗的度量，凡达到一个发达的水平，人均能源消费都比较高。目前中国人均能耗为 1 吨，是美国的 1/8、欧盟的 1/4。这个数据提出了我国今后究竟如何既能达到发达水平又能避免目前发达国家很高的人均能耗的问题。

③可再生资源利用率：太阳能、风能、生物能、雨洪和中水等再生资源的利用率越高，表明循环经济发展程度越高。到 2020 年，我国这一目标应该达到 20%。

④农业灌溉水利用系数：指田间有效总用水量与灌区毛总用水量之比。系数越高，说明水的漏损越少，水循环利用越好。系数可从一个方面反映出自然型循环经济和工业型循环经济在农业生产中的发展状况。目前，中国该系数仅为 0.43，发达国家高达 0.8。中国这一系数每提高 0.1 就可节水 380 亿立方米。

⑤工业水重复利用率：指工业用水重复使用的比率。中国工业水重复

利用率仅为 50% ，而日本达到了 500% 。

⑥中水回用率：中水是指生活污水处理后，达到规定的水质标准，可在一定范围内重复利用的非饮用水。这个指标比例越高，表明循环经济发展程度越高。我国 2020 年该指标应达到 30% 。

⑦"三废"综合利用产品产值：利用"三废"（废水、废气、废渣）作为主要原料生产的产品的产值。这个数据一方面说明了循环经济的发展程度，另一方面体现了科技能力及对环境资源的保护和利用状况。

⑧单位 GDP "三废" 排放量：指单位 GDP 的废水排放量、二氧化硫排放量和工业固体废物排放量。这三个指标可以直接用来衡量循环经济的目标是否达到。

⑨包装物回收利用率：指报告期产品包装物被重新回收，或者以其初始的形态被重新用于产品包装或作为某个生产制造环节的资源经处理被循环利用的数量占产品包装物总量的比率。它是用来评价产品包装物循环利用程度的指标。该数值越大，表明包装物循环利用的程度越高。

C. 循环经济产业结构类指标

①重工业比重：重工业大多消耗不可再生资源，该指标是用来评价系统对不可再生的矿产资源消耗水平的动态指标。该数值越大，表明消耗的不可再生资源越多，不可再生资源的利用率和替代程度越低。

②资源密集型产品净出口比重：指报告期资源密集型产品净出口额（出口额 – 进口额）占净出口总额的比重。它是用来评价某个国家（或地区）循环经济系统的对外贸易对不可再生的矿产资源的依赖程度的指标。该数值越大，表明对不可再生的矿产资源的依赖程度越高。

③静脉产业占 GDP 比重增长率：静脉产业（将废弃物转换为再生资源的产业）占 GDP 比重增长率，是用来评价系统中静脉产业发展水平的动态指标。该数值越大，表明静脉产业发展水平越高，循环链构建程度越高。

④新型产业比重：新型产业是指主要靠知识投入而不是靠能源资源消耗来进行生产的产业，如生物、新材料、新能源、软件、海洋、空间产业等；同时，也包括不以资源消耗线性增加为其发展前提的产业，如电子、信息、环保等产业。新型产业占总产业比重越大，说明不依赖能源资源的产业越多，这是目前发达国家发展的趋势。

D. 科技进步类指标

①科技进步贡献率：指科技进步对经济增长贡献的大小。比值越高，说明科技作用于经济的力度越大，对循环经济发展越有技术推动力。

②科技投入占 GDP 的比重：指该指标是指全社会科技投入总额占当年全国 GDP 的比重，用于衡量一个国家科技活动规模及科技投入强度的重要指标。

③绿色技术占新技术比重：绿色技术（减物质化技术和废弃物循环利用技术，包括消除污染物的环境工程技术，废弃物再利用的资源化技术，无废少废、生产绿色产品的清洁生产技术等）占新技术的比重，是指报告期绿色技术项数占新技术总项数的比重。它是用来评价系统中绿色技术发展程度的指标。该数值越大，表明绿色技术的发展水平越高。

④绿色能源使用比率：绿色能源（可再生能源，如水能、生物能、太阳能、风能、地热能和海洋能等）使用比率，是指绿色能源的使用量与能源使用总量的比率。它可用来评价可再生的绿色能源对不可再生能源的替代程度。

E. 环境保护类指标

①森林覆盖率：指林地面积占土地总面积的百分比，是反映一个国家或地区森林资源的丰富程度和生态平衡状况的重要指标。我国目前森林覆盖率为 18.21%，据有关资料分析，我国最适宜的森林覆盖率为 28%，最低需要提高 10 个百分点。

②城镇人均公共绿地面积：我国城市人均公共绿地面积仅为 4 平方米，离联合国人均 50 平方米的指标尚有很大距离。《国务院关于加强城市建设的通知》要求：到 2010 年，全国城市规范人均公共绿地面积达到 10 平方米，包括公共人工绿地，天然绿地以及机关、企事业单位绿地。

③退化土地修复率：指退化修复的土地与退化土地之比。这一比值越高，说明修复的土地越多。土地退化是指因水土流失、土地沙化、土地盐碱化等原因使其失去其故有的功能。但能通过种植植被、造林、绿化等防止土地退化的措施，使土地恢复。20 世纪 90 年代以来，我国每年新增水土流失 1.5 万多平方公里，新增草地退化面积 2 万平方公里，土地沙化面积 2460 平方公里，土地石化面积 2500 平方公里，东北黑土地年平均损失

黑土层厚度超过 10 厘米。"十一五"规划的目标是水土流失面积占国土面积的比例减少 2 个百分点，七大流域特别是长江、黄河中上游水土流失强度明显减轻，人为水土流失得到有效遏制。

④水质达标率：根据水的使用情况，如饮用水、生产用水、景观水等不同使用要求，并根据水质情况，将水资源区分为不同的水功能区，根据不同功能区对水质的要求标准，进行监测考核。水质达标率是衡量环境污染程度的表征之一。2003 年，我国七大江河水系的 409 个重点监测面中，仅有 38.1% 符合Ⅲ类以上水质标准，可作为集中式饮用水源；劣Ⅴ类水质占 30%，属严重污染，基本丧失使用功能。

⑤空气污染综合指数：大气中各种污染物的含量高低、毒性强弱以及它们对环境的影响程度差别很大。为了描述各种污染物对空气的污染程度，把污染物的浓度、污染等级等空气质量参数之间的关系，用一个统一的数学公式计算出来，其数值称为空气污染综合指数。目前，我国重点城市空气质量的监测项目，统一规定为二氧化硫（SO_2）、二氧化氮（NO_2）和总悬浮颗粒物（TSP），用 0～500 的数字来表示空气污染综合指数的数值。其中，0～50、51～100、101～200、201～300 和大于 300 分别对应于我国空气质量标准中日均值的一级、二级、三级、四级和五级污染物浓度。一级，空气质量评估为优，对人体健康无影响；五级，空气严重污染，健康人群出现严重刺激症状。

⑥城镇生活污水集中处理率：指城市及乡镇建成区内经过污水处理厂二级或二级以上处理，或其他处理设施处理（相当于二级处理），且达到排放标准的生活污水量占城镇建成区生活污水排放总量的百分比。

⑦城镇生活垃圾分类处理率：指城市生活垃圾实现分类处理的数量占城市生活垃圾总量的比率。它是用来评价系统中城市生活垃圾分类处理、循环利用程度的指标。该数值越大，表明城市生活垃圾分类处理水平和资源化水平越高。

⑧噪声达标区覆盖率：指城市建成区内已建成的环境噪声达标区面积占建成区总面积的百分比。

⑨烟尘控制区覆盖率：指城市建成区内烟尘控制区面积占建成区总面积的百分比。

三 循环经济支撑技术体系

根据世界知识产权组织（WTPO）的界定："技术是指制造一种产品、或采用的一种工艺、或提供一种服务的系统知识。"也就是说，技术是对系统知识的具体应用。循环经济强调的支撑技术是要求通过科学与定向的基础研究，使科学知识在原有存量的基础上增加，形成有针对性的应用研究和技术，以改变、更替、提升原有的技术；是能够区别于传统经济，实现资源的减量化、再利用、资源化的关键技术；是完全不同于常规的支撑技术。因此，该体系在构建中，必须遵循一定的原则。

1. 支撑技术体系构建原则

（1）技术经济比选原则

技术经济比选原则，就是依托资源循环特征，立足珍惜和节约每一份资源，对资源循环利用的模式和手段进行技术经济的比较和选择，实现对经济和环境双赢的技术和模式。

研究表明，每一种资源都有多种特征，有多种用途；每一种资源都具有一定的循环特征，只是不同时期人们对其循环利用的认识和程度受制于当时的科技发展水平。资源的循环特征主要包括内敛式循环和外拓式循环两种。内敛式循环指一种资源在其失去原有用途之后，仍然可以采取适当的技术手段恢复其基本的物理或化学特征，从而实现资源的循环再用。外拓式循环指一种资源在开发利用过程中，从一种形式转化为另一种形式，原有的物理或化学特征发生了不可逆转的变化，不可能恢复其原有的特性和用途，需要采取适当的技术手段对其被利用过程中不同阶段产生的废弃物进行梯级利用和资源化，从而实现资源的循环利用。也就是说，实现资源的内敛式循环重在恢复资源用途；实现资源的外拓式循环重在减少废弃物最终处置量。内敛式循环技术工艺相对简单，产业链相对较短，循环效益与技术工艺深度密切相关；外拓式循环，技术工艺相对复杂，需要运用不同技术工艺的系统组合，产业链相对较长，循环效益与技术工艺的广度和深度密切相关。同一种资源，采用不同的技术工艺、依托不同的循环特征实现资源的循环利用和综合利用，效率和综合经济效益大不相同。因此，必须根据不同发展阶段和科技发展水平，对依托的资源，采用不同的循环特征实现其循环利用，进行必要的技术经济比选，使所有资源都能物尽其用和效益最大化。

（2）技术开发原则

技术开发必须要有层次性、战略性，要有轻重缓急之分。从我国科学技术对循环经济支撑情况看，首先，必须开发循环经济共性技术和关键技术，构建循环经济支撑技术体系；其次，对造成严重污染的废弃物，对资源消耗大、污染大的行业，重点进行技术开发和技术攻关。根据《国家经济和社会发展第十一个五年规划纲要》，当前亟待在低效燃烧工业锅炉（窑炉）改造、区域热电联产等10个节能重点工程进行技术开发和技术攻关。尽快扭转环境欠账太多、能源消耗高的局面。在此基础上，再对一些具有前瞻性、战略性的问题进行技术破题，以摆脱"头痛医头，脚痛医脚"的被动局面，实现循环经济的良性发展。对我国经济社会发展并没有构成影响，开发的条件又受到各种制约的技术，可缓一步进行，作为技术储备来开发。

（3）技术选择遵循的标准

在技术选择中要遵循如下标准：一是环境与产品安全标准。尽量选择那些有利于生态良好循环和无污染或低污染的清洁技术、生态良性化技术。二是效率与效益的市场化标准。效率和效益是循环经济的生命，技术上"循环"而资本上不"循环"的不"经济"不是循环经济。要选择那些能提高生态系统的生产效率、生产者的收益、市场系统的运营效率和消费系统的产品利用效率的技术。三是伦理标准。循环经济的伦理观应是环境伦理与经济伦理的结合，要选择那些既符合经济伦理又符合社会与环境伦理的先进科学技术。四是地理空间特征适应性标准。要选择符合区域资源与环境状况、社会经济和技术转移能力等空间背景为特征的技术。

2. 支撑技术体系构成

根据国务院《关于加快发展循环经济的若干意见》（以下简称《意见》）精神，构建循环经济支撑技术体系，应该是支持循环经济的共性和关键技术，同时积极引进和吸收国外先进的循环经济技术，提高循环经济技术的支撑能力和创新能力。当前，支撑技术体系主要由替代技术、减量技术、再利用技术、再资源化技术、系统优化技术和共生链接技术六大类应用技术构成。

替代技术：就是通过开发和使用新资源、新材料、新产品、新工艺，替代原来所用的资源、材料、产品和工艺，以提高资源利用效率，减轻生产和消费过程对环境造成的压力的技术。

减量技术：即选用较少的物质和能源消耗的工艺路线来达到既定生产目的，在源头节约资源和减少污染的技术。

再利用技术：即延长原料或产品的使用周期，通过多次反复使用，减少资源消耗的技术。

再资源化技术：指将生产或消费过程中产生的废弃物再次变成有用的资源或产品的技术。

系统优化技术：主要从系统工程的原理出发，通过资源、能源工业代谢分析，实现区域物质流、能量流、资金流的优化配置的软科学技术，主要用于指导生态工业园区的建设。

共生链接技术：指在构建产品组合、产业组合，实现产业链延伸和产业共生时所需要开发的链接技术，该技术对提升生态工业园区的建设水平有重要作用。

根据我国资源能源储备和消耗状况，以及环境污染情况，国务院在《意见》中明确规定了需要开发的循环经济专项技术，主要有：

· 共伴生矿产资源和尾矿综合利用技术；

· 能源节约和替代技术；

· 能量梯级利用技术；

· 废物综合利用技术；

· 循环经济发展中延长产业链和相关产业链接技术；

· "零排放"技术；

· 有毒有害原材料替代技术；

· 可回收利用材料和回收处理技术；

· 绿色再制造技术；

· 新能源和可再生能源开发利用技术。

这10项技术，既是循环经济支撑技术体系的重要组成部分，又是循环经济在中国推进中亟待运用的技术，还是解决当前经济运行中资源耗率比较高问题的关键技术。

第三节　循环经济发展战略

20 世纪 90 年代末，循环经济传入我国。2002 年后，多位中央领导就这一问题发表重要讲话。2005 年，循环经济被作为编制"十一五"规划的重要指导原则进入国家发展视野。把循环经济确定为新的经济发展模式，是我国在面临世界"人口、资源、环境"三大危机和国内资源日益耗竭、污染日益严重、生态日益恶化形势下做出的必然选择；是我国从原来重GDP、轻环境转向经济与环境并重，着力保护和节约资源，走可持续发展之路做出的重大战略决策。

一　发展循环经济的重要意义

1. 必须发展循环经济，以解资源环境之压

1992 年，江泽民总书记在全球环境基金（GEF）大会上发言，强调循环经济。[①] 这是中国领导人首次在世界范围内谈循环经济。进入 21 世纪，循环经济成为国家领导及社会关注的重点。

2004 年，胡锦涛总书记在中央人口资源环境工作座谈会上提出"积极发展循环经济，实现自然生态系统和社会经济系统的良性循环，为子孙后代留下充足的发展条件和发展空间"[②] 的要求。

2004 年，温家宝总理在省部级主要领导干部"树立和落实科学发展观"专题研究班结业式上讲道："要大力发展循环经济，在经济建设中充分利用资源，提高资源利用效率，减少环境污染。"[③]

2005 年，胡锦涛总书记在中央政治局第 23 次集体学习时指出："要推

---

① 《江泽民在全球环境基金第二届成员国大会上的讲话》，《人民日报》2002 年 10 月 17 日。

② 《胡锦涛总书记在 2004 年中央人口资源环境工作座谈会上的讲话》，姜伟新主编《建设节约型社会》，中国发展出版社，2006，第 8 页。

③ 《温家宝总理在省部级主要领导干部"树立和落实科学发展观"专题研究班结业式上的讲话》，中国网综合消息，2004 年 2 月 29 日。

动发展循环经济，促进资源循环式利用，鼓励企业循环式生产，推动产业循环式组合，倡导社会循环式消费，大力推行清洁生产，努力实现废弃物的资源化、减量化、无害化。"[1]

中央领导人的上述讲话，都围绕一个核心问题，即资源与环境问题用循环经济这一新的经济发展模式来解决。之所以如此，是因为当前我国资源与环境问题相当突出和尖锐，已威胁到我国21世纪战略目标的实现和经济社会的可持续发展。

资源：尽管中国总储量排世界第三，但庞大的人口基数使中国优势顿失，并正在成为中国经济进一步发展的瓶颈。2000年与1990年中国人均资源保有量比较，煤（吨）减少5.7%、铁矿石（吨）减少17.4%、海岸带面积（公顷）减少29%、水力资源蕴藏量（千瓦）减少9.6%、陆地国土面积（平方米）减少1.3%、水资源（立方米）减少15.8%、45种矿产资源潜在价值（元）减少11.3%、磷矿（吨）减少23.9%。下一个10年，再下一个10年……中国靠什么生存？靠什么发展？

资源利用：粗放型经济使资源消耗和浪费巨大。以2003年为例，中国仅创造出不足全球4%的GDP，却消耗了世界31%的原煤、30%的铁矿石、27%的钢材、40%的水泥、25%的氧化铝、7.4%的原油。照这样下去，我国将未富而资源环境先衰！

能源：中国已取代日本成为全球第二大石油消耗国（仅次于美国），进口原油已达1.3亿吨，严重威胁到国家经济安全。

环境：大气主要污染物二氧化硫排放总量超出大气环境容量的80%；水体主要污染物化学需氧量（COD）排放总量超出水环境容量的60%；淡水中有90%流经城市的河段受到严重污染；50个城市严重缺水；等等。

发达国家工业化上百年出现的资源环境问题，我国在短短20余年时间里就集中爆发出来，并呈现出边建设边污染边破坏、旧问题未解决新问题又接踵而至的特点。如果继续沿用粗放型的经济增长方式，资源将难以为继，环境将不堪重负。必须倡导循环经济，通过技术创新，改造传统产

---

① 《胡锦涛总书记在中央政治局第23次集体学习时的讲话》，姜伟新主编《建设节约型社会》，中国发展出版社，2006，第3页。

业，使企业走集约化、内含式发展道路，实现生产的低开采、低排放和高利用。通过遵循减量化、再利用、资源化的"3R"原则，使企业系统内的资源得到充分的循环利用，使工业园区企业与企业间的副产品和废弃物形成代谢共生关系，实现资源的共生与耦合，最高效地减少初次资源的开采，最大限度地利用不可再生资源，用最少的资源创造出最大的经济效益。通过模仿生态食物链原理，实现清洁生产，在系统运行前，使用清洁的能源和原料，采用先进的工艺技术与设备；在系统运行中，使用清洁技术，保证清洁生产，通过延长产业链，使物质都能得到循环利用；在产品运输中，保证产品不受污染和损害；在产品销售中，保证产品在使用价值完成后，能够再回收利用，不对环境造成污染和危害；等等。总之，循环经济通过对资源的循环利用和高效利用，节约了资源，保护了环境，实现了经济环境的双赢，是解决当前我国资源环境问题的绝好经济模式。

2. 必须发展循环经济，以促进节约型社会构建

"节约型社会"的概念，是国务院总理温家宝提出的。2005 年 6 月 30日，温总理在全国电视电话会议上，第一次把建设节约型社会的战略意义、总体要求、远期目标、近期具体工作安排、政策体制建设及协调保障机制等作为一个完整的系统推向全国。

建设节约型社会，是我国政府针对我国"经济增长方式粗放，资源消耗高，浪费大，污染重"，"单位国内生产总值能源、原材料和水资源消耗大大高于世界平均水平。生产、建设、流通、消费领域浪费资源的现象相当严重"，"不仅造成资源供求矛盾日趋尖锐，煤电油运紧张，环境污染加重，导致一些重要矿产资源对外依存度不断上升，而且助长了不良的社会风气"的现状，并在"我国资源支撑这种粗放的经济增长已经难以承受"[①] 的状况下，提出的具有全局性和战略性的重大决策。旨在通过构建节约型社会，在经济和社会发展的各个方面，切实保护和合理利用各种资源，提高资源利用效率，以尽可能少的资源消耗获得最大的经济效益和社会效益。

---

① 温家宝：《高度重视 加强领导 加快建设节约型社会》，《人民日报》2005 年 7 月 4 日。

为实现上述目标，需要做的工作特别多，以马克思主义节约观为指导，倡导节约文化，树立节约型消费观；建立资源节约型国民经济体系、技术支撑体系、政策调控系统、资源产权制度、法律法规制度；合理开发和利用自然资源；等等，这些都是推动节约型社会建设不可或缺的重要内容。但从建设节约型社会的初衷和聚焦点看，它首先强调资源节约，而大力发展循环经济，则与其有异曲同工之妙，主要表现在以下六点。

（1）二者出发点一致。二者都是为解决资源环境问题而提出的。建设节约型社会是国家针对当前我国资源耗竭、环境污染已成制约经济社会发展硬瓶颈提出的应对之策，旨在通过政治、经济、文化、教育等多种途径，建设一种有利于资源环境发展的社会形态。循环经济则是在世界范围内，为解决人类共同面对的资源环境问题，而探寻的一种新型生产方式。尽管二者的路径不相同，但出发点是一样的。

（2）二者价值理念一致。"节约"和"节约优先"是它们共同追求的。节约型社会遵循的是"坚持资源开发与节约并重、把节约放在首位的方针"，就是在资源问题上，既要开发又要节约，当开发资源和节约资源发生冲突和矛盾，首先解决节约问题而不是开发问题，节约型社会这一价值理念与循环经济遵循的"减量化、再利用、资源化"的"3R"原则是一致的。"3R"原则的每一个环节，都是针对资源特征而进行的节约设计和安排，是一个全程资源节约过程。在这个过程中，又把减量化放在三个原则的首位，即在生产前，就对资源的输入进行减量，突出了节约优先。循环经济不仅在生产系统内推行"3R"原则，实现资源的节约利用，而且在构建循环型流通服务系统、循环型消费系统、循环型基础设施系统、循环型生态运行系统和循环型社会运行系统中遵循这一原则，将节约的理念贯穿于构建循环型社会的始终。这也正是构建节约型社会的根本理念和追求。

（3）二者工作重心一致。"节能、节水、节地、节材和资源综合利用"是它们共同的工作重点。温总理报告指出，近期建设节约型社会是"以节能、节水、节材、节地、资源综合利用和发展循环经济为重点"；我国"十一五"规划又非常明确地把"节约能源、节约用水、节约土地、节约材料和资源综合利用"作为循环经济发展的重点工作，这就使

"节能、节水、节地、节材和资源综合利用"既是建设节约型社会的工作重点，又是发展循环经济的工作重点。而发展循环经济又是建设节约型社会的重点，发展循环经济既是建设节约型社会的重点工作之一，又是建设节约型社会其他几项重点工作之首，这就使循环经济处于纲举目张的重要位置，循环经济只要大力推进"节能、节水、节地、节材和资源综合利用"工作，就抓住了建设节约型社会的重点，就是对建设节约型社会的强力推进。

（4）二者推动力量一致。"科技进步"是它们共同的推动力量。节约型社会的构建要求"依靠科技进步和创新，构建节约资源的技术支撑体系。加大对资源节约和循环利用关键技术的攻关力度，组织开发和示范有重大推广意义的资源节约和替代技术，大力推广应用节约资源的新技术、新工艺、新设备和新材料"。认为这既是建设节约型社会的重要保障，又是建设节约型社会的巨大推动力。从上述节约型社会技术支撑内容看，它强调加大对资源节约和循环利用关键技术的攻关力度；强调组织开发和示范有重大推广意义的资源节约和替代技术；强调大力推广应用节约资源的新技术、新工艺、新设备和新材料；等等。这些都是循环经济支撑技术体系的题中应有之义，也是循环经济技术开发的主要任务和目标。这种技术支撑的一致，以及要求技术开发的一致，一方面使节约型社会和循环经济形成了共同开发、相互促进之势；另一方面又使科技进步在高度整合下具有了更加强大的推动力。

（5）二者发展目的一致。"保护生态环境，实现资源永续利用"是二者共同的目的。节约型社会把"节约资源，保护环境"作为"实现经济较快发展"的前提，把"促进人与自然和谐相处，提高人民生活水平和生活质量"，"让人民群众喝上干净的水、呼吸清洁的空气、吃上放心的食物，在良好的环境中生产和生活"作为建设节约型社会的目的，把"事关中华民族生存和长远发展"作为实现资源永续利用的历史责任，体现了保护环境、节约资源、对子孙后代高度负责的精神。节约型社会建设目的与循环经济发展目的高度一致。循环经济通过运用生态学规律改造传统经济系统的线性物质流动模式，以闭环反馈式流程使物质达到高效利用和循环利用。建设资源循环型企业、循环型工业园区、循环型城市和循环型社会，强调清洁生产、清洁流通、清洁消费乃至清洁城市，实现对生态环境的保护和资源永续利用，是功在当代、利在千秋的事情。

（6）二者生活方式一致。"节约消费，绿色消费"是二者共同的生活方式。节约型社会在消费领域大力倡导合理消费、适度消费的消费观念和消费行为，特别是在服务行业、公用设施、公务活动、住房、汽车及日常生活消费中，大力倡导节约风尚，使节能、节水、节材、节粮、垃圾分类回收、减少使用一次性用品成为全社会的自觉行动，形成与国情相适应的节约型消费模式。这与循环经济的生活方式是一致的。循环经济倡导消费未被污染或者消费有助于公众健康的绿色产品；倡导在消费过程中注重对垃圾的处置，不造成环境污染；倡导引导消费者转变消费观念，注重环保，节约资源和能源，改变公众对环境不宜的消费方式；等等。这些绿色消费的生活方式也都是节约型社会倡导的主流生活方式。

分析可见，节约型社会与循环经济是相互依托、互为彰显的。相对于循环经济，节约型社会是一个整体性概念，二者是局部与整体的关系。循环经济既是可持续发展的一个重要环节，也是建设节约型社会的重要内容和主要途径。循环经济通过提高资源利用效率，实现能源资源的根本性节约，促进节约型社会的建设。因此，必须大力发展循环经济，加速节约型社会建设的进程。

3. 必须发展循环经济，以实现可持续发展

可持续发展概念是人类面对环境污染、资源匮缺、生态失衡的困扰，在不断思考和探索中逐渐形成和发展起来的。

1980年，国际组织"世界自然及自然资源保护联盟"第一次提出了"使生物圈既能满足当代人的最大持续利益，又能保护其满足后代人需求欲望的能力"的可持续发展思想。这是人类在反思自己的生产消费行为，并基于"人类的自然资源的消耗量不应影响自然资源的再生和供给能力，人类的废弃物排放不应超过自然的净化能力"认识上形成的。同年，联合国大会呼吁："必须研究自然的、社会的、生态的、经济的以及利用自然资源过程中的基本关系，确保全球的持续发展。"标志着"可持续发展"概念正式确立。1987年，联合国将可持续发展正式定义为："既满足当代人需要，又不对后代人满足其需要的能力构成危害的发展。"这一定义揭

示了可持续发展的两层含意：一是环境与资源满足当代人需要，但这种满足不是无度而是有条件限制的，这就是不以牺牲后代人利益为代价；二是要保证后代人使用资源环境。两层含意共同指向环境与资源，构成了可持续发展的核心。

可持续发展内容丰富，在思维方式上，要求对传统发展方式进行反思和否定；在设计思想上，要求树立工业应当是高产低耗，能源应当被清洁利用；在生产方式上，要求从资源型经济增长模式逐步过渡到技术型增长模式，提高资源与能源利用率，实行产业结构调整与合理布局，改革生产工艺，开发新技术，实行清洁生产和文明消费，减少废物排放；在发展理念上，要求协调经济发展与环境的关系，使社会经济发展既满足当代人的需要又不对后代人们需求构成危害，最后达到社会经济、资源与环境稳定的发展；在发展范围上，要求包括工业、能源、农业、林业、渔业、运输、旅游和基础设施等在内的所有生产和消费都能长久地持续下去，以无害生态的方式最佳地利用资源，尽量少地产生废物。这些是近期目标与长远目标、近期利益与长远利益的兼顾。

在世界共同承诺实现可持续发展的愿景下，我国的能源资源呈现出不可持续发展的态势。我国的能源资源消耗已明显超过了经济增长速度。2001~2004年，我国国内生产总值年均增长8.7%，而能源消费年均增长10.9%，发电量平均增长12.7%。按照这种消费速率预测，我国战略性矿产资源、重要能源对经济建设的保证程度将会进一步恶化。到2010年，我国铁矿石、锰矿石、铬矿石、铜、硫、钾盐、石油、天然气等都难以保证供给；到2020年，除上述能源资源缺口进一步扩大外，铁矿石、铬矿石、钾盐等资源，都只有1/6的供给能力。显然，如果今后能源资源消耗的增长速度继续超过经济增长速度，那么能源资源的供给条件将无法支撑，经济社会发展目标将难以实现，人与自然发展将不可持续。

要实现可持续发展，最佳载体就是循环经济。首先，循环经济就是在可持续发展思想的催生下脱颖而出，并作为实施可持续发展重要途径和主要方式被世界广泛接受的。可以说，循环经济发展不仅体现了可持续发展思想，使可持续发展更加深入人心，而且是可持续发展在实践层面的具体表现。二者相辅相成，相得益彰。其次，循环经济把资源利用最大化和污染排放最小化作为主线，将清洁生产、资源综合利用、生态恢复和持续消费融为一体。这为既满足当代人的需要又不对后代人们需求构成危害奠定了物质基础，提供了实现的可能。最后，环境和资源是循环经济的核心。在循环经济状态下或循环经济活动过程中，无论从哪个角度、哪个方面，以什么为切入点来诠释循环经济，都不能离开环境和资源。无论人们采用什么活动方式，其终极目标都是在获取物质产品的同时，资源必须得到最大限度的利用，环境必须得到充分有效的保护，这也正是可持续发展的根本目标和最好体现。可以说，大力发展循环经济，就是可持续发展的最好实现。

二 发展循环经济的国家行为

我国循环经济发展是在国际社会可持续发展运动推动下，由国家领导高度重视，国家各部委积极行动，专家学者广泛参与，基层企业积极实践，共同形成发展之势的。我国发展循环经济主要从以下两个方面推进。

1. 从国家宏观决策层面推进

（1）把发展循环经济确定为编制规划的重要指导原则，让循环经济理念从规划战略的高度切入国民经济发展中。2005 年 10 月，国务院发布了《关于加快发展循环经济的若干意见》（以下简称《意见》）即国发〔2005〕22 号文件，《意见》特别强调：“各级政府及有关部门要用循环经济理念指导编制‘十一五’规划和各类区域规划、城市总体规划，以及矿产资源可持续利用、节能、节水、资源综合利用等专项规划，对资源消耗、节约、循环利用、废物排放和环境状况做出分析，明确目标、重点和政策措施。”[1] 这是中央政府用政令的形式确立循环经济的战略地位，推进循环经济发展理念。这一强有力的举措使中国的循环经济发展首先从规划这一战略的高度快速切入经济领域，为较快实现中国传统经济的变革和经

---

① 《国务院关于加快发展循环经济的若干意见》，姜伟新主编《建设节约型社会》，中国发展出版社，2006，第 57 页。

济增长方式的转变打下了基础。

（2）《意见》极具操作性、实践性，是推动循环经济在实际层面较快发展的纲领性文件。《意见》明确要求：各地区、各部门要制定和实施循环经济推进计划，加快制定促进发展循环经济的政策、相关标准和评价体系，加强技术开发和创新体系建设。要根据生态环境的要求，进行产品和工业区的设计与改造，促进循环经济的发展。在生产环节，要严格排放强度准入，鼓励节能降耗，实行清洁生产并依法强制审核。在废物生产环节，要强化污染预防和全过程控制，实行生产者责任延伸，合理延长产业链，强化对各类废物的循环利用。在消费环节，要大力倡导环境友好的消费方式，实行环境标志、环境论证和政府绿色采购制度，完善再生资源回收体系。大力推行建筑节能，发展绿色建筑。推进污水再生利用和垃圾处理与资源化回收，建设节水型城市。推动生态省（市、县）、环境保护模范城市、环境友好企业和绿色社区、绿色学校等创建活动，等等。《意见》不仅有宏观指导，更有微观指标，是一部可行性、操作性极强的政府行政文件。《意见》的出台为循环经济走向企业、走向经济一线制定了行动路线图。

（3）把节约资源与保护环境作为基本国策，为循环经济奠定发展地位。2005年10月，党的十六届五中全会通过的《中共中央关于制定国民经济和社会发展第十一个五年规划的建议》明确提出，"要把节约资源作为基本国策"。[①] 2006年2月，胡锦涛总书记在中共中央政治局第29次集体学习时指出："要坚持节约资源和保护环境的基本国策，大力发展循环经济。"2006年3月，全国人民代表大会把节约资源与保护环境首次作为基本国策写入"十一五"规划。基本国策就是基本的国家政策，是国家大政方针基本精神的体现，也是其他工作的依据和准绳。把节约资源与保护环境作为基本国策，意味着今后国家的方针政策将围绕这个方面进行和展开。而循环经济是节约资源与保护环境的有效载体和基本实现形式，因此，可以被看成从法定地位上对循环经济的最大支撑。

[①] 《中共中央关于制定国民经济和社会发展第十一个五年规划的建议》，姜伟新主编《建设节约型社会》，中国发展出版社，2006，第47页。

（4）把"发展循环经济"作为《国民经济和社会发展第十一个五年规划纲要》（以下简称《纲要》）重要内容单列，标志着循环经济在中国已正式全面铺开。《纲要》第 22 章对如何发展循环经济做了明确规定："坚持开发节约并重、节约优先，按照减量化、再利用、资源化的原则，在资源开采、生产消耗、废物产生、消费等环节，逐步建立全社会的资源循环利用体系。"① 并具体从节约能源、节约用水、节约土地、节约材料、加强资源综合利用、强化促进节约的政策措施等六个方面进行指导和规定。《纲要》是全面指导中国国民经济和社会发展 2006～2010 年的工作指南和具体目标，将发展循环经济作为重要组成部分单列，标志着循环经济在中国已正式全面启动，并进入实施阶段。

（5）中央领导关于循环经济的谈话更集中、更具体，从中央高层强力推动。2006 年以来，中央领导不断就循环经济发表重要讲话。2006 年 2 月 21 日，胡锦涛总书记在集体学习时着重讲了循环经济；3 月 5 日，温家宝总理在第十届全国人民代表大会第四次会议上的政府工作报告中讲到循环经济；4 月 17 日，温家宝总理在第六次全国环境保护大会上又讲到循环经济。短时间内，高层领导就同一问题发表讲话，说明循环经济对中国发展的重要性和高层领导的重视。并且，与以往相比，讲话的内容更具体、更丰富。胡锦涛总书记讲到循环经济在"节约资源作为基本国策"的基础上，把"保护环境"纳入其中，"要坚持节约资源和保护环境的基本国策，大力发展循环经济"。温家宝总理谈到要"在重点行业、产业园区、城市和农村实施一批循环经济试点"，要"完善资源综合利用和再生资源回收的税收优惠政策"，"要推进节能、节水、节地、节材和资源综合利用、循环利用，推行清洁生产，努力实现增产减污"。讲话中，内容涉及国策、税收、试点、节能、节水、节地、节材等诸多问题，表明高层领导对循环经济研究之深，关注之切。而这正是循环经济得以成为国家行为的重要保障。

（6）制定和实施了一批相关法律法规。1995 年后，中国相继颁布实施

---

① 《中华人民共和国国民经济和社会发展第十一个五年规划纲要》，新华网，http：//www. sina. com. cn，2006 年 3 月 16 日。

了一批与循环经济发展相关的法律，如 1995 年颁布的《固体废物污染环境防治法》，1997 年颁布的《节约能源法》，2002 年又颁布了《清洁生产促进法》。同时，20 世纪 80 年代颁布的一批法律，也在 90 年代正式实施。有 1995 年实施的《化学品首次进口及有毒化学品进出口环境管理登记实施细则》，1996 年执行的《水污染防治法》，1996 年实施的《矿产资源法》，1997 年实施的《环境噪声污染防治法》，2000 年执行的《海洋环境保护法》等。目前，中国共有 4 部环境法律、8 部资源管理法律、20 多项环境资源管理行政法规、260 多项环境标准，初步形成了环境资源保护的法律体系框架。

此外，国家发展和改革委员会提出从四个方面，采取八项措施加快推进循环经济。

2. 由国家牵头的循环经济社会实践推进

（1）在企业推行清洁生产。中国在 20 世纪 90 年代就开始在企业推行清洁生产，主要采用改进设计、使用清洁能源和原料等措施。为了更好地约束企业污染环境的行为，加大清洁生产推进力度，这一时期还制定并实施了《固体废物污染环境防治法》《清洁生产促进法》等一批法律。目前，全国已经在 20 多个省（区、市）的 20 多个行业、400 多家企业开展了清洁生产审计，建立了 20 多个行业或地方的清洁生产中心。有 5000 多家企业通过了 ISO4000 环境管理体系认证，几百种产品获得了环境标志。在发展循环经济的过程中，一些企业针对行业特点和企业自身的具体情况，做出了很多有益的尝试。如宝钢采用"建造废物回用链"的模式，取得了很好的效果，吨钢综合能耗比设计值低了近 1/3，世界领先。

（2）推进生态工业园区建设。以生态工业园区建设为途径，大力发展循环经济，是中国区域层面实施循环经济战略的典型模式。国家在全国建立了以鲁北国家生态工业示范园区、广西贵港国家（制糖）生态工业示范园区、南海国家生态工业示范园区等 12 个不同类型的国家生态工业示范园区。这些园区都根据生态学的原理组织生产，使上游企业的"废料"成为下游企业的原材料，尽可能减少污染排放，争取做到"零排放"，实现社会、经济、环境效益的统一。

（3）推进区域循环经济试点。上海市、辽宁省和贵阳市等省市在区域层面进行循环经济探索较早。辽宁省政府在编制完成《辽宁省清洁生产工作实施方案》的基础上，在国家环保总局的指导下，出台了《辽宁省发展循环经济试点方案》，省内 14 个市先后完成了发展循环经济试点的实施方案。江苏省为推动循环经济进入经济发展主渠道，2002 年以来，省政府开始组织编制《江苏省循环经济建设规划》，并组织南京大学、清华大学等单位对循环型农业、循环型工业、循环型第三产业及循环型社会等课题进行研究。2002 年，国家环保总局正式批准贵阳市为建设循环经济生态城市的试点，计划用 15~20 年的时间，把贵阳建设成全国首个循环经济生态城市，并第一个颁布了《贵阳市循环经济法》。山东省在实施循环经济方面，初步形成了鲁北化工生态工业等循环经济发展模式。

此外，国家"十一五"规划又重点推出了一批循环经济示范试点工程，这是国家 2006~2010 年进行循环经济实践的重要部署和行动安排，主要包括：①重点行业，建设济钢、宝钢、鞍本钢、攀钢、中铝、金川公司、江西铜业、鲁北化工等一批循环经济示范企业。②产业园区，建设资源循环利用产业链及园区集中供热和废物处理中心，建设河北曹妃甸、青海柴达木等若干循环经济产业示范区。③再生资源回收利用，建设湖南汨罗等再生资源回收利用市场和加工示范基地。④再生金属利用，建设若干30 万吨以上的再生铜、再生铝、再生铅示范企业。⑤废旧家电回收处理，建设若干废旧家电回收利用示范基地。⑥再制造，建设若干汽车发动机、变速箱、电机和轮胎翻新等再制造示范企业。中国循环经济发展，在上述若干重大战略部署和实施中拉开了帷幕。

三 发展循环经济的制约与借鉴

1. 发展循环经济的制约因素

但是，我们必须清醒地看到，循环经济是由发达国家传入中国的，与中国不同的是，发达国家是在较好地解决了工业污染和部分生活型污染，即在工业集约化程度相对较高的基础上发展循环经济。发达国家要解决的主要问题，不在生产环节，而在消费环节，是由后工业化和消费型社会结构的"大量生产、大量消费、大量废弃"引起的消费污染，到后来成为环境保护和可持续发展的重要障碍。在这一背景下，产生了以提高生态效率和废物的减量化、再利用及再循环（"3R"原则）为核心的循环经济理念与实践。

中国不同，中国发展循环经济主要不是解决由过度消费引起的环境污染，而是解决在生产力水平不高的情况下，为提高人民生活水平，在进行压缩型工业化和城市化建设过程中出现的复合型环境污染问题和高投入、高消耗、高排放导致的资源耗竭问题。显然，中国发展循环经济比发达国家要艰难得多。这种艰难在于，循环经济是一种集约化程度和科技含量相对较高的规模经济，对产业规模和生产技术都有一定要求；它遵循的减量化、再利用、资源化原则，对自然资源使用形成了较大约束，需要法律的保障；同时，还要有正确的生态观以及能够使生产的外部化成本内化的机制。循环经济发展需要这些支持，在中国当前的经济社会条件下，力度明显不足，对循环经济发展形成了一定制约。

（1）生产规模制约。中国发展循环经济的直接目的是改变高消耗、高污染、低效益的传统经济增长模式，走出一条新型工业化道路，解决复合型环境污染问题，保障全面建设小康社会目标的顺利实现。所以，中国循环经济实践首先从工业领域开始。但工业企业不像高科技企业，其盈利一般是建立在规模化基础上的，是在追求微观效益最大化，即单位产出成本消耗最小化实现的。同样，企业在进行资源的减量化生产时，也必须以规模为前提，没有规模经济就不可能实现单位产出的资源消耗最小化。实践表明，一些企业都是在接近或形成规模经济的基础上，实现资源的充分循环利用的，如济钢、宝钢、中铝、鲁北（化工）等一批"十一五"循环经济示范企业，都是中国的大型特大型企业。只有企业达到规模经济后，才具有进入推进循环经济的良性循环能力。不盈利的资源循环型经济，即使政府支持和推动，也不可能长久。其次，必须在废弃物排放量具有规模化循环利用的可能时，循环利用资源才能实现成本最小化。对单个企业来说，只有规模足够大、排放的废弃物"足够多"时，企业才具备独立对其进行循环利用的经济可行性。如果循环利用资源的规模达不到成本最小化，循环经济就不具有生命力。例如，糖厂用甘蔗生产出产品——精炼糖，产生了废弃物废糖蜜和蔗渣，这两种废弃物又可以通过循环利用，用来制成酒精和纸，但是如果糖厂规模小，用来共生代谢的废弃物就不能作为原料有效供给酒精厂和造纸厂，从而失去了循环的经济意义。最后，循环经济要求实现地域化规模经济。中小企业在生产中会产生各种废弃物，由于废弃物的量不足以达到规模化处理的最小规模，在内部独立循环利用资源不具备可行性。在这种情况下，需要实现资源循环利用的社会化，要求有专业化的废弃物收集、分类、加工处理、再利用的专门企业。这种规模经济要求企业集中，从而实现循环经济在地域上的规模经济。上述分析可知，循环经济需要一定的规模支撑才能实现资源循环，否则，就会出现循环不经济的被动局面，失去循环的意义。

从目前中国的情况看，中小企业大多规模小，给循环经济发展以较大制约。中国目前有130余万个工业企业，其中中小企业120余万个，占总数的90%以上。从规模上看，中国年产品销售收入在500万元以上的工业企业有17.89万个，其中中小企业17.7万个，约占99%。规模以上企业只占总企业数的13.7%，其中规模以上中小企业占总企业数的13.6%。由此可见，中国绝大部分是中小企业。这可从另一方面得到佐证。2006年4月由IBM和复旦大学联合发布的《中国企业走向全球——实践、挑战与对策》，宣称当前中国只有60家企业可以实现国际化，从公布的企业看，都是集约化程度高的大型企业。这两组数据，从两个不同的角度说明中国规模以上的企业太少，对中国推进循环经济发展造成困难。

（2）企业技术制约。循环经济发展是建立在新技术、新工艺、新的物质循环特征研究基础上实现的，因此，发展循环经济必须紧紧围绕循环经济功能和作用来开发技术。循环经济运行首先遵循减量化原则，选用较少的物质和能源消耗的工艺路线来达到既定生产目的，在源头节约资源和减少污染，因此，减量化技术就是必备技术；又如，资源减少和稀缺是一种趋势，开发和使用新资源、新材料、新产品、新工艺，替代原来所用的资源、材料、产品和工艺，以提高资源利用效率，减轻生产和消费过程对环境的压力就成了必需，开发替代技术也就不可缺少。按照循环经济功能作用开发的替代技术、减量技术、再利用技术、再资源化技术、系统优化技术、共生链接技术等属循环经济的技术体系，在体系下又有众多单项应用技术做支撑，由此形成了循环经济支撑技术体系。但目前，我国大部分企业还不具备这种支撑力量。我国企业一方面是在粗放的生产轨道上运行的，科技含量不高，技术只能维持粗放式生产，不能对企业生产模式的提升和优化起支持作用；另一方面，我国90%以上是中小企业，受人力、物力、财力的制约，科技研发投入远远不够。有调查显示，目前中国企业研发力量薄弱，只有25%的大中企业拥有研发机构，75%的企业连一个从事研发活动的专职人员都没有。只有0.03%的企业拥有核心竞争力的专利技术。以哈尔滨为例，研发投入占销售收入5%以上的国有大中型企业仅有17家，仅占国有大中型企业总数的8.3%；达到3%的29家，仅占总数的14.1%。粗放的经济模式、偏低的科技投入和较少的科研队伍，使现有的企业难以给予循环经济应有的技术支持。

（3）交易成本制约。自然资源包括气候资源、水资源、矿物资源、能源、生物资源等，在用于生产和生活中时，其价格一般不能反映价值，甚至是廉价和无偿使用，这就使进入市场的主体——企业从生产成本考虑，自然地将传统经济这种以资源消耗获得利益与回报的生产方式作为首选。循环经济在自然资源价格不能真正反映其价值的情况下，没有市场竞争力。这是因为，传统经济与循环经济相比，初次资源与再生资源成本差别大。任何一个企业，自利性是其本质，这就决定了企业总是在采用初次资源与再生资源之间进行成本比较，总是试图免费或低价使用环境，通过排放废弃物而节约局部成本。这种情况在矿业生产中表现得最为明显。在矿业生产中，存在着矿藏资源价格过低和矿业生产支付的环境成本过低的现象，相当于廉价侵吞了公共资源。由于长期以来的矿产价格形成机制，矿山的价格常常仅相当于相应面积基本农田的价格，而由于矿业生产规模大、环境影响滞后，矿业生产中的环保成本一般来说大大低于生产消费环节中的环保成本。就说是，在矿业开采中对环境保护的要求比较低，这就使得企业从廉价的自然资源中获得巨大回报，而将本应由其承担的环境成本转嫁给社会承担。如云南省东川市由于开采铜矿和冶铜造成泥石流引起重大人员伤亡，事后已投入7000多万元仍于事无补，如果想完全治理107条泥石流沟，所需资金将大大高于近几十年东川市开采铜矿的收入。这种环境成本的外部化，是人们选择传统经济的重要原因。

循环经济是按照生态学原理运行的经济模式，循环经济的系统观要求人们在考虑生产和消费时不再置身于这一大系统之外，而是将自己作为这个大系统的一部分，来研究符合客观规律的经济原则。以采矿业为例，循环经济采矿首先着眼于生态的可持续发展，按照生态系统的平衡法则进行生产。在进行项目可行性研究阶段就考虑到环境保护和对被开采的土地进行复垦，防止水土流失，防止环境破坏。在开采设计方案中，就包括对矿山环境的保护和对土地复垦的设计方案。土地复垦需要配齐复垦设备，本着因地制宜、综合治理、综合利用的原则，宜农则农、宜林则林、宜牧则牧、宜渔则渔、宜副则副。通过对因挖损、隆起、压占、扰乱土壤层次等被破坏的土地采取整治措施，使其恢复可利用的状态。循环经济通过对土地的修复使其再生，这种再生的土地资源成本比初次土地资源成本要高得多，在比较利益驱动下，无论企业还是私人资本都不会自觉地"循环起来"。也就是说，在廉价的自然资源状况下，在外部成本不能内化的情况下，循环经济由于成本问题而不可能自发地产生。

（4）传统观念制约。长期以来，在传统的经济和价值观念中，一些人认为没有劳动参与的、天然的自然资源没有价值；另一些人认为自然资源不能参与买卖交易，因此没有价值。受这种价值观影响，人们对自然资源的态度，只注重个体当前短期经济利益的最大化，忽视社会经济长远的发展目标。当使用自然资源的经济属性时，只关注资源的经济属性所带来的"私人品"效应，即厂商或消费者通过市场获得的资源的经济价值；当使用自然资源的生态属性时，就认为资源的生态属性属社会"公共品"，厂商或消费者无须通过市场就可无偿获得资源的全部生态价值。这也就是人们对资源的经济价值具有"精打细算""适度消费"的市场理性，但对资源的生态价值却具有"坐享其成""过度消费"的自利理性原因所在。

对自然资源价值认识不足，将严重阻碍循环经济发展。这是因为，认识决定思维方式，决定行为方式，决定每一个人的价值取舍，当一个人对生态环境的价值认识不到位或者根本不认识时，就不会考虑自己的行为对环境造成的影响，就不会在生产和生活中自觉地节约资源、保护生态环境。如果一个集体对生态环境的价值认识不到位或者根本不认识，就不会做出适合循环经济发展的制度安排，即使有政策法规的强制性，执行力也会大打折扣。

循环经济发展是一个浩瀚的系统工程，它不仅包括生产的循环，如生产系统、流通服务系统、消费系统、生态系统和基础设施系统，还包括社会系统，是人与自然和谐相处的社会大循环。在这个大循环中，如何将循环经济思想体现于政策中，如何制定制度法规，如何更好地体现自然资源价值，如何将交易中的外部成本内部化，一系列的问题都需要人们去解决。而所有这一切，都建立在对循环经济、对自然资源充分认识的基础上。如果不彻底抛弃传统的错误认识，循环经济思想就不可能在人们的头脑中扎根，循环经济发展也就不可能长久。

（5）法规制度滞后。法规是规范人们行为、体现国家意志、具有强制性和普遍意义上的行为标准和行为准绳。尤其是把主要内容和目标量化为硬性指标，设计成切实可行的法规条款，更具有可操作性和执行力，更能起到法律效用和规制作用。国外循环经济立法，无不体现这一特点。在德国的《包装废弃物处理法》和《循环经济和废物管理法》中，就曾明文规定，自 1995 年 7 月 1 日起，玻璃、马口铁、铝、纸板和塑料等包装材料的回收率全部达到 80%。20 世纪 90 年代，美国加利福尼亚州通过了《综合废弃物管理法令》，要求在 2000 年以前实现 50% 的废弃物能够通过源头削减和再循环的方式处理，未达到要求的城市将被处以每天 1 万美元的行政罚款。为推动资源的回收利用，1998 年美国环境保护署宣布用 5 年时间使城市垃圾回收率达到 25%，到 2005 年提高到 35%。据此，各州纷纷通过立法对本州居民提出了更严格的要求。许多州规定，新闻纸的 40% ~ 50%必须使用由废纸制成的再生材料，塑料垃圾袋必须使用 30% 的再生材料，等等。法律法规的具体性、强制性、配套性和可行性，使发达国家取得了良好的资源循环利用效果。

反观中国，20 世纪 80 年代以来，陆续制定了 30 余部有关环境资源方面的法律法规，环境标准多达 260 余项，应该说，初步形成了系统的环保监督体系。但效果仍不理想，2006 年上半年，对中国环境影响最大的污染物，空气中的二氧化硫和水中的化学需氧量都超过了预定的指标，并且不降反升。造成这种后果的主要原因有：一是重制定轻执行。目前中国环境标准已基本覆盖了涉及环境保护的各个方面，但是各级环保管理部门在标准贯彻实施的监督检查方面手段不完善，力度不够，造成相当一部分排污企业对执行环境标准的重要性认识不足。二是标准尺度不一。目前部分环境标准与现有的经济技术水平不相适应，有的标准过严，有的标准过宽。产生这种问题的原因在于在制定标准的过程中，听取各行业企业和环保企业的意见不够，对不同行业污染特性和治理技术状况不清楚。三是环境标准过于笼统。现行环境标准大多为全国统一性标准和综合性标准，没有考虑不同地域、不同经济发展水平以及不同接纳地的环境容量和环境功能的区别，都按照同样的标准去要求，可行性和可操作性不强。四是环境标准的前瞻性和预告性不够。我国制定和颁布的环境标准一般都是近期要实施的标准，缺乏前瞻性的远期标准，难以对企业起到引导作用，在执行中也会加大标准实施的难度。五是环境标准的社会性和影响力有待进一步加强。环境标准以机关文件形式发布，形式比较单一，只有各级政府部门知道，企业作为执行环境标准的主体对环境标准的了解不够全面、不够透彻，环境标准缺乏广泛的社会影响力。六是标准不配套。如颁布的 260 多项环境标准，要通过什么途径消化和实现，没有配套的设计和安排，没有相应的法规引导。一方面，导致环保指标控制不住；另一方面，在生产环节，产品多是用初次资源生产，再生资源利用率没有硬性指标规定和约束，使再生资源由于没有价格优势而得不到发展。所有这些，都将使循环经济发展所需要的法律支持受到挑战。

2. 发展循环经济的国际借鉴

国务院《关于加快发展循环经济的若干意见》明确指出，21 世纪前 20 年，中国处于工业化和城镇化加速发展阶段，面临的资源和环境形势十分严峻。为抓住重要战略机遇期，实现全面建设小康社会的战略目标，必须大力发展循环经济。可见，发展循环经济直接关系到中国 21 世纪发展战略目标的实现。因此，这场战役只能成功，只能打好，不允许失败。鉴于中国发展循环经济还存在诸多不利因素，我们有必要借鉴国外先进经验，取人之长，补己之短。

德国、日本、美国、法国、英国、比利时、澳大利亚等国在发展循环经济方面走在世界前列，尤其是德国和日本，本国资源十分有限，为解决这一影响它们发展的根本性问题，进行了长达 30 余年的探索，取得了许多宝贵经验。其中一些带共性、带根本性的举措，很值得我们学习和借鉴。

（1）立法保障。德国是世界上进行循环经济立法最早的国家，1978年就开始先后制定了《废物处理法》《电子产品的拿回制度》《循环经济和废物清除法》《垃圾法》《再生能源法》等，形成了详尽而完备的循环经济法律体系。德国法律最大的特点是，法与法之间设计合理，可行性强，并且有非常具体的量化指标要求，增强了可操作性。日本则是循环经济法制建设较为完备的国家之一。它从1991年先后制定了《回收条例》《废弃物清除条例修正案》《循环型社会形成推进基本法》《促进资源有效利用法》《废弃物处理法》等系列法律。日本法律层次分明，在循环经济法的顶端是基本法，位于中间的是综合法，底部是具体执行法。这些立法有效减少了日本对外部资源的依靠程度，尤其是日本的《循环型社会形成推进基本法》，在目标和内容上更为深入和丰富，其宗旨是改变传统社会经济发展模式，建立"循环型社会"，并获得了成功。美国1965年制定了《固体废弃物处理法》，经过五次修订，完善了固体废物循环利用的法律制度。法国、英国、比利时和澳大利亚等发达国家在20世纪90年代相继颁布和实施了有关废弃物减量化、再利用和安全处置的法律，从立法上给予了保障。

（2）政策支撑。为了促进循环经济的发展，各国在实践中非常重视发挥政策的主导功能，根据循环经济发展特点和要求，制定和实施了许多切实可行的好政策、好制度。一是实施保证金归还制度。可再生资源没有回收往往是环境污染的一大问题，美国的一些州和几个欧洲国家对饮料瓶罐采用了保证金归还制度。保证金归还制度鼓励人们回收一些有必要安全处理的特别重要的材料，比如汽车上的蓄电池等。二是资源回收奖励制度。政府或有关部门拿出一部分资金用于奖励行为人。这种办法在日本许多城市较为通行，目的是鼓励市民回收有用物质的积极性。例如，日本大阪市对社区、学校等集体回收报纸、硬板纸、旧布等行为给予奖金奖励。三是实施垃圾收费制度。根据所倒垃圾数量对倒垃圾者进行收费。这种为扔废物而花钱的计划目前正在美国的200多个城市进行，使城市垃圾数量大大减少。四是征收新鲜材料税。征收新鲜材料税将促使人们少用原生材料，多用再生材料。美国越来越多的州已经通过了关于坚持产品再循环的法律。五是征收填埋和焚烧税。这种税在美国新泽西州和宾夕法尼亚州得到征收，也得到法国和英国的呼应。这种税主要针对将垃圾直接运往倾倒场的公司或企业，而不是针对一般居民。征收填埋税和焚烧税，有力地促进了企业或公司对垃圾进行减量化和再生利用。

（3）市场化运作手段。1990 年 9 月，德国的 95 家包装公司和工厂企业及零售贸易商建立了公益性私营企业——德国双元回收系统（DSD），形成民间回收网络。DSD 是一个专门组织对包装废弃物进行回收利用的非政府组织。它接受企业的委托，对付费的企业在其包装物上打上"绿点"标志，组织收运者对它们的包装废弃物进行回收和分类，然后送至分布在全国的 367 个中转站进行分拣打包，再分类送至相应的资源再利用厂家进行循环利用。又如瑞典，1994 年瑞典工商界各行业协会和一些大包装公司经过协调，根据包装的不同种类成立了 4 家包装回收企业：瑞典纸和纸板回收公司、瑞典塑料循环公司、瑞典波纹纸板回收公司和瑞典金属循环公司。加上早在 1986 年就成立的瑞典玻璃回收公司，五大公司的业务涵盖了一切可能的包装材料的回收再利用。再如法国，1993 年在法国政府和工商界授意下成立了"生态包装"集团，它是一家私营公司。"生态包装"公司最重要的作用就是用来协调垃圾处理企业与各个城市和地区政府的关系。

（4）生产者责任制原则。发达国家把"谁污染、谁负责"的生产者责任制，作为推进循环经济的一项基本原则加以贯彻和执行。1995 年，英国在《环境法》中明确规定了企业回收符合标准的义务、经济代价义务等。德国 1998 年的包装法令也做了类似的规定。这一工作做得较好的是瑞典，瑞典议会于 1994 年确立了"生产者责任制"的原则方法，即生产者应对其产品在被最终消费后继续承担有关环境责任，而消费者则有义务对废弃产品及包装按要求进行分类并把它们送回相关的回收处。同年，瑞典议会通过了关于产品包装、轮胎和废纸的生产者责任制法规。其后，汽车和电子电器的生产者责任制法规也都在《环境法》基础上相继出台。生产者对其产品被消费后要继续承担环境责任，污染者必须付费。在回收的经济义务，即处理费用方面，瑞典的法律规定，由制造商和政府共同承担。责任制规定将生产者利益与环境紧密挂钩，将生产行为延续至消费领域，不但能促进企业技术改造，增强企业环保责任意识，还能带动全社会的共同参与。我国在这方面必须进行有效尝试。

（5）分层推进方式。在循环经济发展模式上，先行国家主要呈现三种推进方式。一是企业层面的小循环模式。最著名的是美国的杜邦化学公司。一个车间的废物到下一车间变成原料，废物通过梯形利用越来越少，最终形成"零排放"。二是区域层面的中循环模式，如丹麦的卡伦堡模式。通过区域内企业资源的共生代谢，实现再生资源的循环利用。三是社会层面的大循环模式。在生产部门和消费领域，在不同园区之间、不同行业之间根据废弃物和原料的投入产出先后次序形成循环。做得比较好的是日本，日本的资源再生系统由 3 个子系统构成：废物回收系统，废物拆解、利用系统以及无害化处理系统。

发达国家先进经验给了我们以下四点借鉴和启迪。

一是立法先行，立足于本国实际。从国外立法看，发达国家是在生产力发展水平较高情况下发展循环经济的，立法内容主要针对消费领域的废弃物回收处理等问题，其着眼点、着力点都与中国不同。因此，中国立法绝不能照搬别国经验。中国当前的首要任务是解决工业污染问题，如二氧化硫、化学需氧量等严重污染。一方面要抓紧立法，另一方面必须学习发达国家立足本国实际立法，突出法律的可行性和可操作性，以及相关配套法律的制定。

二是我国在循环经济政策支持上，还做得相当欠缺，尤其是自然资源价值问题、外部化成本问题、一次性资源消费和再生资源利用等问题都没有明确的政策导向，或者根本没有相关政策。这致使我们一方面感受着资源匮乏带来的威胁和危机，另一方面又大量而普遍地进行初次资源的一次性消费。这种局面应尽快通过立法和政策加以纠正。

三是发展循环经济需要社会的广泛参与。通过市场运作，发展社会组织的作用，不仅可行，而且可为，通过社会组织或社会中介组织，可以把资源循环利用的触角延伸到社会的每一个角落。目前国际上德国做得最为成功，已成为一个庞大的社会化网络，实现了产业化经营。在中国，这种自发的民间个体和组织已经存在，只是没有进行有效组织、没有形成规模，只要加以引导就可以实现。

四是在发展模式上，中国已在微观和中观层面进行广泛试点，并取得成效。但是，中国地域辽阔、人口众多，与上述发达国家有显著不同，因此，选择何种发展模式，必须根据各自的特点、条件而定。模式是创造出来的，必须在学习发达国家经验的基础上，发挥出自己的特色。

四 发展循环经济的战略选择

1. 发展循环经济的指导思想

发展循环经济，是在胡锦涛总书记带领我们进行新的长征、抓住 21 世纪前 20 年战略机遇期、加速城市化工业化进程、全面实现小康社会的历史条件下进行的，因此，必须以邓小平理论和"三个代表"重要思想为指导，树立和落实科学发展观，以提高资源生产率和减少废物排放为目标，以技术创新和制度创新为动力，强化节约资源和保护环境意识，加强法制建设，完善政策措施，形成政府大力推进、市场有效驱动、公众自觉参与的循环型社会机制，实现人与自然的全面、协调、可持续发展。

2. 发展循环经济的基本原则

（1）坚持走新型工业化道路的原则，形成有利于节约资源、保护环境的生产方式和消费方式。坚持走新型工业化道路是党的十六大在总结我国工业化历程的经验和教训，分析未来我国经济社会可持续发展面临的任务和挑战，适时提出的发展原则。所谓坚持新型工业化道路，就是要求走出一条科技含量高、经济效益好、资源消耗低、环境污染少、人力资源优势得到充分发挥的新路子。与发达国家工业化和我国经历的传统工业化相比，新型工业化"新"意在于，是以信息化带动工业化，工业化与信息化互动发展的工业化；是建立在科技进步基础上，科技含量高的工业化；是以经济效益好、增长质量高为标志的工业化；是实现经济、人口、环境、资源相互协调、可持续发展的工业化；是能充分发挥我国劳动力资源优势的工业化。其核心是形成有利于节约资源、保护环境的生产方式和消费方式，走可持续发展道路，这与循环经济的价值追求一致。

走新型工业化道路，是坚持"科技含量高、经济效益好、资源消耗低、环境污染少、人力资源优势得到充分发挥"的五位一体发展道路。只强调科技含量高，不一定经济效益好，许多高、精、尖的研发项目，不与市场对接，或不能对接，没有市场效应和经济效益。只强调经济效益好，不能说明科技含量高，传统产业就是靠掠夺廉价资源和转移环境成本获得经济利润。

强调科技含量高、经济效益好，也不一定就能实现资源消耗低、环境污染少，最能说明问题的是发达国家现状。发达国家工业化水平高，已到后工业化阶段，科技含量高、经济效益好是不争的事实。但发达国家人均资源消耗和环境污染大大高于发展中国家，据世界银行最近发布的数据，全世界人均能源使用量为1699千克石油当量，澳大利亚、加拿大、日本、英国、美国等发达国家的人均能源使用量都远超过世界平均值，而孟加拉国、印度、巴西、智利、中国等发展中国家的人均能源使用量都低于世界平均值。全世界人均二氧化碳排放量为3.8吨，上述发达国家的人均二氧化碳排放量都高于世界平均值，而包括中国在内的许多发展中国家则低于世界平均值。发达国家生活垃圾侵占了大量土地，造成严重的环境污染，有些还将垃圾等废弃物输入发展中国家，扩大污染。究其原因，皆因生产方式决定消费方式所致。

强调科技含量高、经济效益好、资源消耗低、环境污染少，也不一定能达到既定目标，还必须充分发挥人力资源的优势。历史显示，劳动力在不同生产节点上集聚，标志着不同的生产方式。劳动力集聚于农业，说明还处于农业社会，自给方式是主导；劳动力集聚于工业，说明处于工业化社会，传统的线性生产方式是主导。因为只有粗放外延式的劳动密集型工业产业，才需要大量劳动力支撑。劳动力集聚于城市，并作为人力资源大量服务于生产服务性行业和第三产业中，即经济增长主要不是依靠大量资源投入，而是通过科学技术尽量延长产业链，使资源在代谢共生基础上得到最充分利用和循环利用，如工业生态园产业链、再生资源回收和加工产业；通过完善社会化服务功能，使大量劳动力作为人力资源服务于生产服务性行业和第三产业，如金融、投资、会计、律师、公证、咨询、研发、仓储、物流及旅游、餐饮、宾馆等行业，创造财富，创造价值，拉动经济增长，形成循环型生产方式。这才是新型工业化的理想模式。

可见，坚持走新型工业化道路，就必须坚持五位一体的发展道路，任何偏颇或忽略，都将从根本上影响生产方式的转变。

坚持走新型工业化道路，实现生产方式的根本转变，即由资源—产品—废弃物的线性生产向资源—产品—再生资源的循环生产转变，才能使资源获得最大限度的节约，环境得到最有效的保护。同时，生产方式决定着消费方式，生产方式的社会形式决定消费方式的社会形式。单向线性生产方式在生产社会化组织结构中没有物质闭环回路，必然导致人们在使用或消费产品后，把它当做不可再利用的废弃物抛弃。循环型生产方式把资源从开采、生产、流通、消费等各个环节都纳入系统循环之中，循环型消费模式的建立也就自在其中。

（2）坚持推进经济结构调整、加快技术进步、加强监督管理的原则，提高资源利用效率，减少废物的产生和排放。循环经济思想下的经济结构调整，主要从可持续发展的战略高度着眼，对现有经济结构进行优化，以确保经济、社会、资源、环境的协调发展。经济结构调整主要包括产业结构调整和区域结构调整。坚持推进经济结构调整，总体而言，就是根据资源条件、区域和行业特点，合理调整我国的产业结构和布局，优化资源配置。用循环经济的发展理念指导区域发展、产业转型和老工业基地改造。但具体到产业结构调整和区域结构调整，则侧重点又各有不同。

①产业结构调整。坚持推进产业结构调整，重心在加快技术进步。用先进技术和高新技术引领产业结构调整和产业升级，提升产业整体水平，彻底改变产业粗放、外延、高消耗、高排放、高污染的状况。形成以高新技术产业为先导，以基础产业和制造业为支撑，服务业全面发展的产业新格局。

因此，坚持推进产业结构调整，重点是推进先进制造业发展。先进制造业是制造业吸收信息技术、新材料技术、自动化技术和现代管理技术等高技术，并与现代服务业互动的新型产业，是打造现代服务业、提升基础产业基础设施建设质量和水平、提高资源利用效率、减少废物产生和排放的关键。

坚持推进产业结构调整，必须提高服务业比重。现代服务业亦称现代第三产业。主要由四个层次构成：流通部门、为生产和生活服务的部门、为提高科学文化水平和居民素质服务的部门、为社会公共需要服务的部门。由于第三产业相对于主要以资源消耗型为主的第一、第二产业，具有能源资源相对消耗量低、占用土地少、环境污染少等优势和特点，一般在产业结构调整中，都作为发展重点。发达国家第三产业在经济总量中所占比重达到60%～70%，我国才刚刚达到40%，远远低于发达国家水平。要转变我国以第一、第二产业为主，经济总量占到60%的结构不合理状况，政府需从两个方面着力，一是通过金融、税收、投资等系列政策对服务业特别是生产性服务业进行扶植和引导，促进第一、第二产业的人力、物力、财力向第三产业转移。二是要大力培育服务业市场，政府要千方百计降低入市门槛，提高服务质量和服务水平，保护从业人员合法权益，严格禁止商业贿赂，促进现代信息、物流、金融、会计、咨询、商务、法律及各类技术服务业较大发展，使生产性服务业不断向制造业渗透，直接作用于制造业的生产流程，延伸产业链条，加速产业结构调整进程。

坚持推进产业结构调整，必须加强基础产业和基础设施建设。基础产业主要包括农业、钢铁、材料、能源、化工、装备制造等产业；基础设施建设主要包括交通、通信、水利、电力、燃气、环保、减灾救灾等设施的建设。从内含看，它们都是关系社会财富积累、人民生活改善、国家综合实力提高、现代化建设等国计民生的支柱产业和基础产业，但几乎又都属于重化工行业，是资源、能源消耗大户和高污染行业。因此，加强基础产业和基础设施建设，关键点不在扩大生产规模，而在应用新技术、新工艺、新方法，对内部生产进行优化重组，规模生产，用尽可能少的资源、能源（或用可再生资源），创造相同的财富甚至更多的财富；政府的职责是加强引导和管制，对高耗能、高耗水、高污染的"三高"企业，要引导它们开发和生产集约型、技术型和高附加值的产品，加快淘汰落后技术、工艺和设备。严格限制新上高耗能、高耗水、高污染项目。

②区域结构调整。坚持推进区域结构调整，重点是加强宏观调控，在循环经济思想指引下，实施好西部大开发、振兴东北地区等老工业基地、促进中部地区崛起、鼓励东部地区率先发展的战略，形成东中西互动、优势互补、相互促进、共同发展的格局。就是各地区从实际出发，发挥比较优势，加强薄弱环节，促进协调发展。

西部地区旅游资源和生态资源丰富，因此，坚持推进区域结构调整，对西部而言，就是要加强基础设施建设和保护生态环境，充分发挥生态资源优势，大力发展特色产业。东北地区是老工业基地，坚持推进区域结构调整，对东北地区而言，就是要加快用高新技术和先进适用技术改造传统产业，淘汰落后工艺、技术和设备，实现传统产业升级，振兴装备制造业。中部是粮食主产区，对中部而言，一方面必须通过科技兴农，大力发展集约化农业，加速农业产业化进程；另一方面，必须根据自己的比较优势发展能源和制造业。中部能源开发，要坚决杜绝滥开发、滥开采现象发生。东部是发达地区，也是外贸出口和加工地区，坚持推进区域结构调整，对东部地区而言，就是要努力提高自主创新能力，加快实现结构优化升级和增长方式转变，增强可持续发展能力和辐射带动能力。

这种建立在各自资源优势基础上的不同区域功能定位，从资源角度讲，是最大的节约。又由于相同产业具有集聚性，这种格局，更有利于资源在大范围内充分循环利用和共生耦合，对落实胡锦涛总书记关于促进资源循环式利用、鼓励企业循环式生产、推动产业循环式组合的指示精神，对建设资源循环型社会都具有非常重要的现实意义。关键是在推进中要健全区域协调互动机制，包括市场机制、合作机制、互动机制和扶持机制。通过政府调控和相互协调机制，破除地区壁垒、行业壁垒、市场壁垒，实现资源跨地区、跨行业、跨所有制的优化配置。各地区要坚持大中小城市和小城镇协调发展的方针，提高城镇综合承载能力。按照循序渐进、节约土地、集约发展、合理布局的原则，推进城镇化，发挥城市群的集聚效应。

（3）坚持以企业为主体，政府调控、市场引导、公众参与相结合的原则，形成有利于促进循环经济发展的政策体系和社会氛围。发展循环经济的主体是企业，但循环经济必须给企业带来利润，使企业盈利，企业才有积极性。我们知道，循环经济既是一个物质和能量的循环过程，也是一个价值的循环过程。实现物质能量的循环运动是循环经济的目标，但在外部环境成本不能内化的前提下，循环经济的价值循环就不可能给企业创造利润，换言之，就是在目前情况下，循环经济对企业而言，是循环不经济，不具有自发性。大力发展循环经济，就必须要坚持以企业为主体，政府调控、市场引导、公众参与相结合，形成有利于促进循环经济发展的政策体系和社会氛围。

以企业为主体，就是在推进循环经济发展中，我们工作的着眼点、着力点要放在企业。一方面，要深入了解企业发展循环经济存在的问题和遇到的困难，帮助它们树立信心，同时积极寻求破解路径；另一方面，要帮助企业提高思想认识，让它们了解国情、了解我国资源环境状况，增强忧患意识，增强历史责任感。要帮助企业分析这是新的战略机遇期，是世界经济发展趋势，谁先进行生产方式转变，谁就能在未来发展中赢得了市场、赢得了主动，特别是能有效克服国际贸易中的"绿色壁垒"；如果无动于衷，企业一旦造成污染，不但会面临越来越严厉的经济和法律制裁，而且必将极大地损害企业的声誉，影响企业继续发展。同时，要通过制度规范和政策引导，指导企业清洁生产，走"科技兴企"的内涵式发展道路。企业要在降低资源、能源消耗，减少污染物的产生和排放，废弃物再利用的资源化，生产过程无废少废，绿色产品的清洁生产等科技项目上下硬功夫，尽可能实现对资源最大限度的利用，并将环境污染物的排放消除在生产过程之中。同时，企业要建立健全推动清洁生产的检查制度和考核标准，如耗能、耗水、耗材、废弃物排放、资源利用等标准。

政府调控，就是强调政府要在推进循环经济发展中起主导作用，通过制定系列相关政策，为循环经济发展创造条件、鸣锣开道。当前发展循环经济，重点是在生产、建设、流通和消费各领域节约资源，减少自然资源的消耗；从源头减少废物的产生，实现由末端治理向污染预防和生产全过程控制转变；最大限度地实现废物资源化和再生资源的回收利用；同时，注重开发减量化、再利用和资源化技术与装备，为资源高效利用、循环利用和减少废物排放提供技术保障。因此，政府调控必须紧紧围绕上述重点展开。一要有明确的资源产权制度。要明确生态环境和土地、矿藏等基本资源的产权关系，使得生态环境和基本资源能够作为生产要素进入市场流通。二要制定合理的资源价格政策。合理调整资源型产品与最终产品的比价关系，完善自然资源与再生资源的价格形成机制，使资源的价格与价值相统一，解决原生态资源价格低于再生资源价格，而使循环经济产品不具市场竞争力问题。三要制定生态与环境保护政策和资源补偿机制，为使用资源计量收费，为环境污染埋单，解决外部环境内部化问题。尤其要建立生产者责任延伸制度和消费者回收付费制度，明确生产商、销售商和消费者对废弃物回收、处理和再利用的义务。四要制定促进循环经济发展的激励政策。要利用国债资金、财政专项资金等积极进行投资引导，运用财政、税收手段鼓励企业积极开展节约资源和废弃物循环利用。上述四个方面政策，总揽了资源开采、生产、建设、流通、消费，即从源头、过程到末端的全过程调节和控制，形成了促进循环经济发展的基本政策框架。

市场引导主要是通过政策深化市场取向的改革，充分发挥市场对资源配置和资源价格形成的基础性作用，使资源性产品和最终产品之间形成合理的比价关系，促进企业降低成本，不断改进技术，减少资源消耗，增强竞争力。对经营性用地、农村小型水利设施经营权的出让，要通过发挥市场机制的作用，规范程序，增强透明度，促进资源的合理使用。要广泛吸引社会各方面参与环境的建设和保护，积极推动环保产业的发展。逐步开放环境治理设施建设及运营市场。资源性行业尤其是具有自然垄断性质的行业，不同于一般的竞争性领域，其市场开放程度要根据行业特点和市场供求状况来确定，坚持公平、透明、规范和法制的原则。充分利用国际国内两种资源、两个市场，增加国内短缺资源的进口，缓解国内环境和资源压力。拓展同国际组织和发达国家在人口、资源、环境方面的合作，引进国外资金以及先进的技术和管理。

公众参与是推动循环经济发展的中坚力量，循环经济发展的最终目的就是为了全体公民的利益。在生产领域，循环经济最根本、最直接的动因就是消费者需求，消费者为了生产和生活需要，购买和消费符合环境保护标准的产品，即利用消费者的环保意识在市场上形成一个庞大的环保消费趋势，来引导企业生产和制造符合环境标准的产品，从而推动循环经济在生产中的实施。在消费领域，消费者本身就是公众参与的主体，绿色消费意识的扩及范围直接影响资源的社会循环，消费者的广泛参与是促使循环经济全面开展的有效途径。尤其是进入 21 世纪，要求实现公众监督和倡导下的生态文明已成世界潮流。因此，作为个体，要自觉提高认识，养成节约资源、保护环境的消费习惯，用绿色消费促进循环经济发展；作为群体，要相互督促、相互监督，形成节约资源光荣、浪费资源可耻的社会氛围，对过度消费和浪费的行为，要敢于提出批评，帮助改正。对生产、建设、流通等领域中出现的资源浪费，特别是环境污染问题，要及时报告并提出严肃批评。

总之，推动循环经济发展是一个系统工程，牵涉到我国现有体制的方方面面，是我们在新的历史条件下面临的一个崭新课题，需要从上述四个方面加大力度，形成有利于促进循环经济发展的政策体系和社会氛围。

3. 大力发展循环经济的着力点

针对我国实际情况及发展循环经济存在的不利因素，大力推进循环经济，亟须在建设循环经济的政策体系、产业结构、科技支撑、法制保障和社会支撑体系等五个方面着眼、着手、着力。

（1）健全政策支持体系，为循环经济发展开辟道路。政策与法律在指导思想、基本原则、社会目标等根本方面是高度一致的，但政策更具有灵活性，能根据一个时期的主要任务和出现的主要问题，做出相应的社会导向和社会预警，做出相应的措施安排，以引导事物健康发展，避免或防止问题发生。同时，在出现法律空白时，相应的政策可以给予补充或补白。因此，在相关法律法规还不健全、发展循环经济将遭遇几十年甚至上百年形成的传统生产方式的阻碍情况下，必须要有政策支持。

循环经济政策支持体系包括产业政策、环境政策、投融资政策、价格政策、财税政策等内容。

产业政策是循环经济发展的重要指南，是指导循环经济健康发展的重要保证。这些政策主要有：鼓励包括再生资源回收利用产业和环保产业在内的重点产业发展的政策；鼓励企业实现规模经营，并以最有效的方式利用资源、实现低投入高产出的政策；鼓励科技含量高的资源回收利用技术的推广和应用，并为其产业化创造条件的政策；建立循环经济多元化投资、市场化运作、企业化经营新机制的政策；建立促进节能、节水产品和节能环保型汽车、节能省地型建筑推广的鼓励政策；等等。

环境政策是循环经济发展的重要依托，是循环经济价值体现的重要推动力量。对循环经济的环境政策支持，主要指在工业企业中大力推行清洁生产工艺，制定并完善清洁生产的政策法规和环境管理体系，建立环境标志产品制度等方面的政策。

投融资政策是循环经济得以发展的"根本"和"命脉",离开了资金支持,循环经济将难以为继。支持循环经济的投融资政策主要有:重点加大对发展循环经济的支持力度;对发展循环经济的重大项目和技术开发、产业化示范项目,政府要给予直接投资或资金补助、贷款贴息,并发挥政府投资对社会投资的引导作用。各类金融机构应对促进循环经济发展的重点项目给予金融支持。同时,各级财政部门要积极安排资金,支持发展循环经济的政策研究、技术推广、示范试点、宣传培训等,并会同有关部门积极落实清洁生产专项资金。各级财政和环保部门要安排排污资金,加大对企业符合循环经济要求的污染防治项目的投入力度。

价格政策重点是调整资源的价值与价格关系,矫正资源价格偏离价值的倾向。循环经济产品成本偏高是循环经济发展的重要障碍。障碍来自我国自然资源价格偏低,而循环经济因保护环境节约资源,采用的循环工艺投资成本高,技术开发成本高,使再生资源产品相对于由初次资源制成的产品在价格上没有竞争优势,不具有市场竞争力。因此,调整资源性产品与最终产品的比价关系,理顺自然资源价格,逐步建立能够反映资源性产品供求关系的价格机制,就显得尤为重要和紧迫。促进循环经济发展的价格政策主要体现在:积极调整水、热、电、气等价格政策,促进资源的合理开发、节约使用、高效利用和有效保护;逐步提高水利工程供水价格;完善农业水费计收办法;调整城市供水价格,合理确定再生水价格,大力推进阶梯式水价及超计划、超定额用水加价制度。扩大峰谷电价和丰枯电价执行范围,拉大差价,在有条件的地区加快实行尖峰电价和季节电价;对高耗能行业中淘汰类、限制类项目,严格按国家产业政策制定的差别电价执行。加大供热体制和供热价格改革力度,逐步建立由基本热价和计量热价共同构成的热价形成机制,实行差别热价和煤热联动政策。理顺天然气与其他产品的比价关系,建立天然气价格与可替代能源价格挂钩的机制等。

财税政策通过税费等形式,用经济手段倡导并扶植循环经济发展,解决外部成本内部化。当前亟待实施的财税政策是:资源综合利用的税收优惠政策,促进再生资源回收利用的税收政策,以资源量为基础的矿产资源补偿费征收政策，企业对生态环境恢复的补偿政策。开征大宗废旧资源回收处理收费制度、城市生活垃圾处理费等。这些财税政策体现了"污染者付费，利用者补偿，开发者保护，破坏者恢复"的原则，不仅有利于资源节约和环境保护，最重要的是，主导着企业和社会发展的方向，促使更多的企业加入循环经济，也促使更多的消费者加入循环型消费。

（2）优化产业结构，为循环经济发展创造物质条件。循环经济既是资源高效利用、循环利用的生产方式，也是高度集约化的现代生产模式，它对产业的物质基础有相当高的要求，因此，发展循环经济必须优化产业结构，为循环经济发展创造物质条件。优化产业结构是指由依靠工业高投入带动和数量扩张带动向三次产业协同带动和结构优化升级带动转变。它是"十一五"时期发展的重点目标。

优化产业结构，在第二产业内部，就是要降低高耗能、高耗水、高污染企业的比重。以冶金、有色金属、电力、煤炭、石化、化工、建材（筑）、轻纺等为代表的行业是优化重点。优化要以主动对接循环经济为目标和主线，用循环经济技术改造上述资源消耗大户，使这些传统企业在减量化、再利用、资源化的清洁生产下，资源得到高效利用和循环利用，达到节能降耗增效的目的。同时要整合生产资源，对不具备生产条件和能力，工艺、技术及装备落后，没有发展潜力的企业，坚决予以淘汰。对发展规模、发展潜力受到限止的企业，要进行企业重组，通过企业间的兼并、股份制改造，提高产业集中度和规模效益，逐步向循环经济过渡。我国中小企业比重大，通过优化，不但能够较好地解决污染和资源消耗问题，还能解决因规模小、集中度不高不能给予循环经济以应有的规模支撑问题。

优化产业结构，在三次产业内，要加快发展低耗能、低排放的第三产业和高技术产业。我国三次产业结构不合理，与发达国家相比，第一、第二产业比重仍然偏高，这种结构不能给循环经济发展所要求提供的生产性服务以应有的支持。加快推进三次产业结构优化，就是要大力发展信息服务业、商务服务业、商贸服务业、房地产业、旅游业、市政公用事业、社区服务业、体育事业和体育产业等以低消耗、低排放、服务型为标志的第三产业。就是要发展集成电路、软件和新型元器件等核心产业，重点培育光电通信、无线通信、高性能计算及网络设备等信息产业群。就是要重点发展生物医药、生物农业、生物能源、生物制造，实施生物产业专项工程。就是要发展通信、导航、遥感等卫星及其应用，形成空间、地面与终端产品制造、运营服务的航天产业链。就是要重点发展特种功能材料、高性能结构材料、纳米材料、复合材料、环保节能材料等产业群，就是要加强生产、流通、科技、人口、资源、生态环境等领域的信息采集，加强信息资源深度开发等。第三产业和高新技术产业的发展为循环经济提供了生产性服务和科技支撑，由于主要是以人力资源开发和知识投入而不是以资源消耗线性增加创造财富和价值，因此，也是优化产业结构的方向。

（3）构建科技支撑体系，为循环经济发展提供动力。科技支撑相对于技术支撑的内容要丰富。循环经济的技术支撑在于专项技术的开发与应用，科技支撑更多地需要注入科学研究的智力成果，来提升技术开发的程度与水平。目前我国企业依靠自身力量构建循环经济科技支撑体系难以实现，需要社会和国家科技力量的共同努力。

"十一五"规划明确启动10大节能重点工程，6大循环经济示范工程，5大环境治理重点工程；国务院《关于加快发展循环经济的若干意见》围绕循环经济支撑技术提出了共伴生矿产资源和尾矿综合利用技术、能源节约和替代技术、能量梯级利用技术、废物综合利用技术、循环经济发展中延长产业链和相关产业链接技术、"零排放"技术、有毒有害原材料替代技术、可回收利用材料和回收处理技术、绿色再制造技术、新能源和可再生能源开发利用技术等10项亟待研发的关键技术；《国家中长期科学和技术发展规划纲要（2006～2020年）》从现实的紧迫需求出发，从支撑经济社会持续协调发展大局出发，围绕工业节能、煤的清洁高效开发利用、液化及多联产、可再生能源低成本规模化开发利用、水资源优化配置与综合开发利用、综合节水、矿产资源高效开发利用、综合治污与废弃物循环利用、可循环钢铁流程工艺与装备等重大约束性问题，进行科技研发安排。所有这一切，使我国循环经济技术支撑在高起点上进行，形成了国家科技研发与攻关之势，较好地解决了因企业技术力量弱难以给循环经济技术支撑的难题；所有这一切，特别是共性技术和关键技术的集聚与开发，使我国循环经济科技支撑体系基本形成。

构建循环经济科技支撑体系，首先要求有强大的科学技术力量支持。

高等院校、科研机构是循环经济科技研发的主体力量，通过制定发展循环经济的技术政策和技术导向目录，把高等院校和科研机构吸引到循环经济共性技术和关键技术的研究开发上来，围绕《关于加快发展循环经济的若干意见》中的 10 项专业技术和《国家中长期科学和技术发展规划纲要（2006～2020 年）》中的系列支撑技术，进行科研突破，为循环经济发展提供核心技术支撑。为了保证循环经济的永续发展，必须鼓励和引导大专院校和科研机构，开展循环经济基础理论和高科技成果转化研究，依托高校建立工业生态学重点实验室和生态工业工程重点实验室，做好科技转化试验，扩展循环经济发展空间，拓展循环经济科技支撑体系的外延。为了及时解决循环经济运行中遇到的新情况、新问题，还需要建立产学研基地，将循环经济的共性技术和关键技术运用到不同企业中去，赋予技术以个性化内含，以丰富循环经济科技支撑体系内含。

构建循环经济科技支撑体系，需要建立循环经济标准。正是这些客观标准，才使循环经济科技支撑体系丰富和具体起来。当前，特别需要加快制定高耗能、高耗水及高污染行业市场准入标准和合格评定制度，制定重点行业清洁生产评价指标体系和循环经济的有关污染控制标准。加强节能、节水等资源节约标准化工作，完善主要用能设备及建筑能效标准、重点用水行业取水定额标准和主要耗能（水）行业节能（水）设计规范。建立和完善强制性产品能效标志、再利用品标志、节能建筑标志和环境标志制度，开展节能、节水、环保产品认证以及环境管理体系认证等。随着这些标准的制定和实施，将不断有新的课题被提出，也将使循环经济科技支撑体系在发展中不断完善。

构建循环经济科技支撑体系，需要传播和扩散循环经济技术。我国有工业企业约 130 万个，并且大部分是中小企业。中小企业由于受到技术水平、技术力量、信息不对称和规模市场等多方面制约，在循环经济推动阶段，一般不知道循环经济科技支撑的前沿开发、进程和突破状况。这对我国全方位推进循环经济发展战略来说，将是延误发展的一件大事。因此，要求各地区、各部门在加快循环经济关键技术和共性技术研究开发与产业化示范基础上，组织有关协会和单位编制重点行业发展循环经济先进适用技术，并进行推广。同时，积极支持并组织建立循环经济信息系统和技术咨询服务体系，通过行政、互联网、行业协会等多种渠道向社会发布有关循环经济技术、管理和政策等方面的信息，建立循环经济科技开发数据库。组织行业协会、节能技术服务中心、中介机构和科研单位、大专院校对中小企业开展信息咨询、技术推广、宣传培训等服务。增强企业自主创新能力，努力掌握核心技术和关键技术，增强科技成果转化能力，提升产业整体技术水平。

（4）完善法律法规，为循环经济发展提供法制保障。我国循环经济正在启动，在发展中，将会遇到许多阻力和障碍，克服这些阻力和障碍需要运用行政、经济等手段，但法律具有规范、稳定、强制、公开和极大权威性等特点，是国家调控社会经济发展的最高形式，其作用和力度是其他手段无法达到和替代的，因此，发展循环经济必须有法制做保障。

建立健全推进循环经济发展的法律法规体系，当前首要的是尽快出台《循环经济法》。没有法律指导，生产者、销售者和消费者对自己的地位、作用和应尽的责任义务就不明确，实施起来就不能形成合力。没有法律约束，生产者仍会为谋取私利而让社会承担成本。《循环经济法》应该是一部推进循环经济发展的实施法，这部法律应明确循环经济的范畴，明确发展循环经济的地位和作用，明确生产者、销售者和消费者在执行循环经济立法过程中的作用、权利和义务，明确政府的职责。其中，《循环经济法》的基本法律制度应包括：循环经济规划制度，鼓励、限制、禁止名录规定，资源节约及循环利用产品的优先准入制度，生产者责任延伸制度，循环经济绩效评价与考核制度等；生产建设、流通消费中资源节约与循环利用的法律制度应包括：生产和建设中的资源节约与循环利用制度，流通和消费中的资源循环利用制度以及促进循环经济发展的鼓励与扶持措施等，这些应构成《循环经济法》的主要内容。需要指出的是，法律制度的内容应具体，一些主要控制的数据指标要分解、量化、具体，要便于执行、落实、检查。法律制度越具体、越细化，就越便于操作和落实；法律效用越大，法律的保障作用就越强。

由于《循环经济法》容量有限，不可能涵盖所有方面和内容，因此，建立健全推进循环经济发展的法律法规体系，还需要制定一系列专业法规。目前，已制定的相关法律有《中华人民共和国节约能源法》《中华人民共和国可再生能源法》《中华人民共和国清洁生产促进法》《中华人民共和国固体废物污染环境防治法》和《中华人民共和国环境影响评价法》等，对已出台的法律法规，各地区、各部门要认真贯彻落实，加大执法力度。如依法加强对矿产资源集约利用，节能、节水、资源综合利用及再生资源回收利用的监督管理工作；引导企业树立经济与资源、环境与发展相协调的可持续发展意识；建立健全资源节约管理制度，使法律发挥最大效应。同时，还需要继续丰富推进循环经济发展的法律法规内容，使体系更全面、更系统。如加紧制定《资源综合利用条例》《废旧家电及电子产品回收处理管理条例》《废旧轮胎回收利用管理条例》《包装物回收利用管理办法》等。

（5）建立社会支撑体系，为循环经济发展构筑公民基础。发展循环经济，在一定程度上受到公民对循环经济认识的影响。因此，建立循环经济社会支撑体系，重点应着力于四个方面。

一是构建社会培训体系。这里有两个层次。一个层次是利用企业自有机构对职工进行培训。我国大中企业一般有职工技能培训中心，在循环经济推进的重点行业和重点企业，可通过这种机构对全员进行培训，从循环经济的重要意义、作用、原理、工艺、流程上进行全面传授，提高一线人员的整体认识水平；另一个层次是与高校联合，可将老师请进来，对相关管理人员和技术人员进行培训，主要对他们的专业知识、专业技术进行"充电"，使他们不但掌握本企业的物质流程、工艺设计和共性技术，还了解甚至掌握相关知识和关键性技术，形成以企业为主体的培训体系。

二是构建社会教育体系。主要以部门单位为主体，形成自组织教育机构。循环经济是政府主导下的新型生产方式，各级政府和相关部门应既是循环经济的主要推动者，又是宣传者和教育者。各级政府和相关部门应以单位为主，带头学习循环经济理念和原则，接受循环经济思想洗礼。将循环经济理念自觉地融入指导编制工作规划和政策制度中去。机关、学校、社区、服务部门也应以单位组织为主，旨在普及循环经济知识，提高节约资源和环境保护意识。要将树立资源节约和环境保护意识的相关内容编入教材，在中小学中开展国情教育、节约资源和保护环境的教育。

三是构建社会宣传体系。主要由电视、电台、报纸、杂志、网络和社区宣传栏构成主要宣传体系。通过媒体对循环经济进行宣传，同时配以形式多样的节约资源和保护环境活动，鼓励公众使用绿色产品，抵制过度包装等浪费资源的行为；引导公众积极参与绿色消费运动，尽量减少废弃物的发生，如防止过量包装，尽可能减少包装垃圾，以达到正确购物和环境友好或环境保全消费的目的；把节能、节水、节材、节粮、垃圾分类回收、减少一次性产品的使用等行为逐步变成每个公民的自觉行动。

四是构建社会组织体系。积极发挥广大社区基层组织、社会中介组织、行业协会和社会力量的作用，建立符合实际的固体废弃物回收、再利用和无害化处理的社会服务体系，并不断扩大规模，形成废弃物回收、再利用和无害化处理的产业化和专业化。重"织"回收网，打造现代废品回收业，提高资源利用水平，减少固体废弃物污染排放。

第二章 城市发展论

第一节 城市和谐发展战略

当计划经济向市场经济、农业社会向工业社会与城市社会转型，各种矛盾充分暴露，并随着城市化进程加快转移到城市内时，城市就成了各个阶层各种利益矛盾的交织处、社会问题的聚合地和公共安全的聚焦点，城市和谐就成了社会和谐的重要内容，构建和谐城市就成了当前湖南大力推进城市化进程中一个极其重要而紧迫的战略任务。

一 湖南城市和谐发展现状审视

湖南自 2001 年确定城镇化发展战略以来，城市化进入快速发展期，城市发展发生了天翻地覆的变化，给人们工作生活带来量的增长和质的提高。2004 年，湖南城镇居民人均可支配收入达 8617.48 元，各项指标显示，已整体跨入小康社会。但仅仅如此，对全面构建和谐城市而言还远远不够，特别是当湖南人均 GDP 突破 1000 美元大关时，根据国外经验，这是一个关键期。这一时期将迎来工业化、城市化高速发展，同时也是社会经济矛盾的高发期。把握得好，可保持经济的持续高速发展；把握得不好，就会出现贫富悬殊、两极分化、社会不安的拉美现象。从目前情况看，湖南城市不和谐现象已经凸显，必须引起高度警觉和重视。

1. **收入差距持续拉大：凸显城市分配失衡**

（1）城市居民收入差距继续扩大。资料显示，1997～2000 年，湖南城市 10% 最高收入家庭人均可支配收入一直是 10% 城市最低收入家庭人均可支配收入的 4 倍多，2001 年扩大到 8.06 倍，2002 年更拉大到 12.11 倍，这是贫富差距扩大最迅猛的一年。2003 年差距缩小到 6.28 倍，但仍高于

2000 年以前的水平。2004 年收入差距又在拉大，2005 年 1 ~ 7 月数据显示，二者之比又升到 9.70∶1 的高位，其中 10% 最低收入家庭人均可支配收入为 1696.21 元，不到全省平均水平的 1/3，比 2004 年同期减少 116.6 元，下降 6.4%；而 10% 最高收入家庭人均可支配收入为 16460.54 元，是全省平均水平的 3 倍，比 2004 年增加 3985.64 元，增长约 32%。10% 最高收入家庭户与 10% 最低收入家庭户的人均收入之比由 2004 年同期的 6.88∶1 扩大为 9.70∶1，高出将近 10 倍，高收入户的收入在基数较大的基础上实现了较快增长，使得高、低收入户之间的收入差距进一步扩大（见表 1）。

表 1　湖南城市居民收入差距变化情况

单位：元

年　份	10% 最高收入家庭人均可支配收入	10% 最低收入家庭人均可支配收入	最高收入与最低收入之比
2000	—		4.84∶1
2001	—	—	8.06∶1
2002	21228.24	1752.84	12.11∶1
2003	17580.66	2798.65	6.28∶1
2004	20318.86	3139.20	6.47∶1
2005（1 ~ 7 月）	16460.54	1696.21	9.70∶1

资料来源：湖南省统计局。

（2）城市居民与县城居民收入差距继续扩大。资料显示，湖南地级市市区居民人均可支配收入与县城居民人均可支配收入差距也在逐步扩大。以 2004 年为例，湖南地级市居民人均可支配收入 9224.55 元，较 2003 年增加 1074.28 元；县城居民人均可支配收入 6526.24 元，较 2003 年增加 475.8 元。市、县收入差距由上年 1.35∶1 扩大到 1.41∶1，绝对差距相差约 2700 元。以 2004 年全省城镇居民人均可支配收入 8617.48 元为参照，地级市居民可支配收入高于全省平均水平 607.07 元，县城居民可支配收入则低于全省平均水平 2091.24 元。换言之，就是还有相当一部分县城居民收入还未达到全省城镇居民的人均收入水平。据湖南省统计局在对全省 11

个市县调查后的数据，这一差距在进一步拉大。长沙、株洲、岳阳三个城市的居民人均可支配收入已超过万元，其中，收入水平最高的是长沙市，达 11029.6 元，而收入水平最低的新化县仅为 5732.58 元，最高与最低的收入相对差距已由 2003 年同期的 1.80∶1 扩大到 2004 年的 1.92∶1，绝对差距已高达 5297.02 元，约高出一倍。城市与县城居民收入差异日益突出（见表 2）。

表 2　湖南城市与县城居民收入比较

单位：元

名　称	2003 年	2004 年
全省城镇居民人均可支配收入	7674.2	8617.48
地级市居民可支配收入	8150.27	9224.55
县城居民可支配收入	6050.44	6526.24
地市与县城之比	1.35∶1	1.41∶1
最高城市居民可支配收入	—	11029.6
最低县城居民可支配收入	—	5732.58
最高与最低之比	1.80∶1	1.92∶1

资料来源：湖南省统计局。

（3）城乡居民收入差距继续扩大。2000 年，湖南城镇居民人均可支配收入为 6218.70 元，农村居民人均纯收入为 2197.16 元，二者之比为 2.83∶1，即城镇居民收入是农村居民收入的 2.83 倍；2004 年城镇居民人均可支配收入达 8617.48 元，农村居民人均纯收入只有 2838 元，二者之比扩大到 3.04∶1，城镇居民收入是农村居民收入的 3 倍多。4 年时间，城镇居民收入已增加了 2398.78 元，年均增加近 600 元。农村居民 4 年共增加 640.84 元，只相当于城镇居民一年的收入增加额度，显然农村居民收入增长过缓。恩格尔系数分析也是如此。联合国粮农组织提出的标准，恩格尔系数在 59% 以上为贫困，50%～59% 为温饱，40%～49% 为小康，30%～39% 为富裕，低于 30% 为最富裕。从湖南近年恩格尔系数看，城镇居民恩格尔系数保持在 35% 附近，说明城镇居民生活质量整体提高，总体达到小康水平。但农村居民 2000～2004 年，恩格尔系数分别为 54.2%、52.9%、52.5%、51.9%、54.1%，这不仅表明农民生活仍处于温饱阶段，而且随着 2004 年农村恩格尔系数高走，显示出贫困化趋向（见表 3）。从全国农村恩格尔系数排序看，也凸显出湖南农村的差异。在全国 31 个省市区中，湖南农村恩格尔系数排第 25 位，不仅高出全国平均水平 6.9 个百分点，而且在中部六省中也处于末位。这种状况意味着湖南在农业人口向非农人口转移中，农民通过教育等能够提高自身素质，但适应城市工作、生活方式的文化教育消费受到较大制约和限制。

表 3　湖南城乡居民收入差距变化情况

单位：元

名　称	2000 年	2001 年	2002 年	2003 年	2004 年
城镇居民人均可支配收入	6218.70	6780.60	6958.56	7674.2	8617.48
农村居民人均纯收入	2197.16	2299.46	2397.92	2532.9	2838
城镇居民收入与农村之比	2.83∶1	2.95∶1	2.90∶1	3.03∶1	3.04∶1
城市居民恩格尔系数	37.00	—	35.00	35.80	36.02
农村居民恩格尔系数	54.2	52.9	52.5	51.9	54.1

资料来源：历年《湖南统计年鉴》。

上述三个层面收入差距的持续扩大，不仅凸显出贫富不均已达临界点，必须尽快加大利益调节和利益补偿力度，缩小差距，而且凸显出贫富差距的形式变化，而这种变化比贫富差距简单的扩大更为可怕。城镇两极分化相对于城乡两极分化具有更大的社会不稳定性。首先，城镇两极分化恶化了城镇居民的幸福感，并给社会和谐带来不容忽视的负面影响。据《2004 年中国居民生活质量报告》，城镇居民对总体生活的满意度明显低于农村居民。同样是贫富不均，城镇两极分化对居民幸福感的破坏却大于城乡两极分化，其原因在于"邻居效应"，农村低收入者生活在一个收入水平普遍较低的局部群体之内，没有太多的外在贫富刺激，而城镇低收入者身边却充斥着收入成倍于自己的人群，这种显而易见的巨大反差很自然地让幸福感大打折扣。其次，相比于农村颇为自给自足的经济结构，城镇居民的生活成本更加高昂，这使得城镇低收入者的相对购买力更低，给其带来了与日俱增的生存压力。城镇两极分化对幸福感的破坏成了城镇社会稳定的最大风险因素，很容易使相当一部分城镇居民，特别是生活在贫困中的最低收入居民对社会预期失望甚至破灭，由对具体事情的不满引发对社会、对政府的不满，继而诱发群体事件、恐怖事件、破坏案件和人身伤害事件的发生，影响城乡社会稳定。据了解，湖南发生的一些群体性上访事件大都是要求改善待遇、增加工资。

2. 东西差距持续拉大：凸显城镇区域发展失衡

由于历史、地理等原因，湖南经济发展的地区差异较大，从东北向西南倾斜，大致是湘东北的长沙、株洲、湘潭、益阳，湘北的岳阳、常德，湘南的衡阳、郴州、永州，湘中的娄底、邵阳，湘西的张家界、湘西州和怀化，湖南城市及农村的经济社会发展大体都沿承了这一特点。按 2004 年人均 GDP 这一最能反映地区经济发展水平的指标观察湖南市县，长沙市区人均 GDP 达 29482 元，为全省最高水平，最低是张家界市的桑植县，只有2896 元，前者是后者的 10 倍多。这一结果与按照农村小康生活六大指标体系对全省进行比较分析得出的结果相吻合。从全省看，在平均水平之上的是"一点一线"地区，即长沙、湘潭、株洲、岳阳、衡阳、郴州；其他8 个市州即益阳、邵阳、常德、永州、娄底、怀化、张家界、湘西州，均在全省平均线之下。发展较慢的是湘西地区，其中湘西州和张家界市 18 个指标有 6 个指标的实现程度为负数，地区差异由此可见一斑（见图1）。

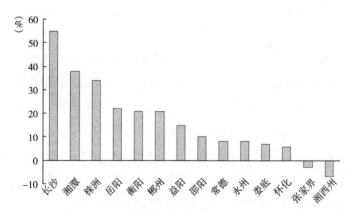

图1　2004 年湖南农村全面小康建设实现程度

资料来源：湖南省统计局。

地区差异的悬殊不仅表明经济发展态势的优劣和区域物质生活状态的差异，更严重的是由此带来的区域性治安、贫困、失业、失学等影响社会秩序和稳定的问题。发生在法国巴黎郊区、波及 200 个市镇的严重骚乱，根本原因就是贫富差距、区域差距过大（骚乱地区人均收入只有其他地区的 60%）。

3. 不断产生低素质国民：凸显城乡教育失衡

教育是社会各个阶层、各个群体能够依靠个人努力奋斗向上发展，并自主改变命运、改变生存状态，赢得更大发展空间的最有效通道。古往今来，众多底层弱势群体通过受教育改变了命运。时至今日，教育仍是每个国民赖以安身立命、向上升迁的主要途径、依靠和首选。多年来，湖南一直遵循着"再苦不能苦孩子，再穷不能穷教育"的方针，努力发展教育事业，提高国民素质。但湖南毕竟是农业人口占 65% 的欠发达地区，经济实力不强，城乡教育失衡现象依然存在，有悖于构建和谐城市的低素质国民仍在产生。

湖南人口素质不仅整体偏低，而且仍在继续生产着相当数量的低素质国民。从目前湖南教育结构看，学前教育、高中教育和高等教育中本科以上教育发展滞后，已成为制约湖南教育整体素质提升的瓶颈。资料显示，2004 年湖南每万人在幼儿园人数只有 97.7 人，共约 65 万人，如果以 3～6 岁幼儿为基数计算，则入园率仅为 22%～26%，也就是说，只有约 1/4 的适龄幼儿接受了学前教育，有约 3/4 共 180 万左右的适龄幼儿排除在学前教育之外。学前教育被喻为知识启蒙、智力开发的黄金时期，是现代教育的重要内容和不可缺少的重要环节。从世界中等发达国家幼儿教育情况看，20 世纪 90 年代末 3～6 岁幼儿入园率平均在 70% 以上，也就是说，湖南要有年均约 160 万的在园幼儿数，才能达到发达国家水平，而湖南 1999～2004 年的年均在园幼儿数只有 60 余万，这意味着湖南省年均有 100 万儿童没有享受到早期智力开发。在中部六省比较中，湖南每万人在园人数低于山西的 193.5 人、安徽的 113.0 人、江西的 154.7 人、河南的 154.2 人、湖北的 98.0 人，居倒数第一。这种状况对儿童智力的开发和今后的发展极其不利，也不利于未来竞争。

从小学入学情况分析，也反映出正在产生着相当数量的现代文盲。2000 年湖南学龄儿童总数 645.08 万人，在校学龄儿童 634.9 万人，二者之差为 10.18 万人，也就是说，有 10.18 万名学龄儿童没有上小学的机会；

2001 年有 11.88 万名；2002 年有 16.1 万名；2003 年有 6.29 万名；2004 年有 6.35 万名，5 年约有 50 万名适龄儿童（可能有重复计算）不同程度地放弃或没有进入小学学习。从初中阶段看，2000 年湖南初中三年巩固率为 86.21%，2004 年初中三年巩固率上升到 90.43%，即便按 2004 年巩固率匡算，初中三年至少有 1/10 约 30 万名青少年不能完成初中学业。

高中阶段，2000～2004 年初中升学率分别为 51.15%、60.45%、62.5%、65.71%、66.4%，尽管升学率在不断提高，但毛入学率只有 47.6%，这组百分比的绝对值大约是，5 年时间约 150 万名初中毕业生放弃了高中阶段的学习；在招入高中的学生中，又有 100 多万名没有进入高中就读。也就是说，近年湖南又产生了约 50 万名小学以下文盲半文盲，30 多万名肄业初中生和 250 万名未升学的初中毕业生。这一现状与中部六省比较也处于落后地位（见表 4）。在中部六省 6 岁以上人口受教育程度比较中，湖南小学程度占 6 岁以上人口的 33.73%，高于全国平均水平，也高于山西、安徽、河南、湖北，位居中部第 2 位；初中程度占人口的 40.90%，高于全国，居中部第 3 位。这意味着，在未来的若干年内，湖南以低层次文化人口为主体的状况仍不能有大的改观，低素质仍将成为人口转移中人们就业、创业、谋生的最大障碍，成为人们依靠自身努力缩小贫富差距的最大瓶颈，成为城市中新的潜在弱势群体和不稳定因素。

表 4　2004 年中部六省 6 岁以上人口受教育程度比较

单位：%

省　份	小　学	初　中	高　中	大　学
全　国	32.37	39.29	13.39	5.76
山　西	29.24	49	11.51	5.23
安　徽	33.38	38.76	10.72	4.42
江　西	35.59	37.72	14.2	4.67
河　南	28.65	46.82	13.15	4.42
湖　北	29.92	38.65	15.8	5.78
湖　南	33.73	40.9	13.47	5.22

资料来源：《中国统计年鉴》。

4. 失业增速高开高走：凸显城镇就业失衡

湖南自 20 世纪 90 年代中期以来，就业压力逐渐显现，失业率逐步高走，城镇登记失业率由 1990 年的 2.7% 上升到 2004 年的 4.4%，绝对值由 15.9 万上升到 43 万。从 2004 年劳动力供求状况看，供大于求的矛盾仍十分突出。2004 年湖南新增城镇劳动力 97 万人，国有和其他经济类型下岗、歇岗和富余人员 100 余万，即 2004 年湖南劳动力总供给约 200 万人；减去城镇新增就业 56.52 万和按城镇登记失业允许结转下年的 43 万，供大于求的剩余劳动力在 100 万左右，换言之，就是有 140 余万人需要就业和再就业，如果考虑到农村有近 1000 万的富余劳动力，失业状况将更加严峻。这一现状也从城镇登记失业人员年均增长速度上反映出来，1996～2000 年城镇登记失业人员年均增长速度为 0.12%，2000～2004 年飙升到 8.52%，4 年增长了 8.4 个百分点，速度之快实为罕见。依照这一现实，2004 年湖南城镇失业率可按两种口径计算，城镇登记失业率（登记失业人数除以从业人数）为 4.4%，实际失业率（登记失业人数与剩余劳动力之和除以城镇劳动力总数）为 8.5%。国际失业率警戒线为 7.0%，湖南的失业率已超过国际失业率警戒线，这无疑敲响了严峻的预警信号。

从失业人口构成看，年青化趋势已越来越令人忧虑。据省统计局调查，2001 年以来，30 岁以下失业人口占总数的比重都超过 40%，最高的 2004 年为 53.7%。从失业人员失业时间和年龄分布看，失业时间只有半年，30 岁以下的占 38.2%；失业时间在半年到一年，30 岁以下的占 56.9%。这几年湖南每年新成长的劳动力均超过了 100 万，不能升学后都将进入劳动力市场，年轻人口短期失业人数增加虽然存在着年轻人择业比较灵活、经常处于失业状态的因素，但是在一定程度上也意味着"毕业等于失业"。由于年青人易冲动、易诱惑、喜群聚、无负担，所以，对社会稳定社会治安的威胁较大。法国巴黎骚乱还有个重要原因就是发生骚乱地区失业率高达 20%，而 15～25 岁的青少年失业率高达 36%。

从失业的内涵看，隐性失业正在加剧。以劳动者前一周的工作时间为时间段，2005 年上半年湖南劳动者平均工作 44.82 小时，与 2003 年的 46.6 小时和 2004 年的 45.1 小时比较，继续呈减少的势头。劳动力抽样调查对就业人口的规定为，调查标准时点前一周从事了 1 小时以上有收入的劳动均为就业人口。因此就业人口中，有部分由于就业时间不足，即不能充分就业而实际上是"隐性失业"人员。省统计局资料显示，劳动者调查时点前一周工作了 1~3 天（按一天工作 8 小时计算，下同）的占 4.4%，工作了 4 天的占 8.1%。按照国际上的规定，周工作时间少于 35 小时的为就业时间不充分，湖南劳动者就业不足率最少为 12.5%。全省有一成多的在业人口工作时间不饱满，处于"隐性失业"状态。特别是农林牧渔业"隐性失业"比例高达 40%，采掘业为 12.8%，工业企业也存在大批"隐性失业"劳动力。

5. 社会保障发展滞后：凸显城镇"安全"失衡

社会保障是维护社会公平、实现社会公正的有效途径和手段，当社会成员因年老、疾病、失业、伤残、生育、死亡、灾害等原因而失去劳动能力或生活遇到障碍时，社会保障制度通过公费和必要的资金筹集和给付，对国民收入进行重新分配，并尽可能向低收入阶层倾斜，在高收入者与低收入者之间、健康者与疾病者之间、在职者与退休者之间、就业者与失业者之间，进行收入的转移，从而缩小社会成员的收入差距，使社会分配最终趋于公平。从这个意义上讲，社会保障是社会的稳定器和安全网，保障水平越高，社会的安全系数越大。但从湖南社会保障现状看，社会保障覆盖范围窄、参保率低、社会保障体系不完善是不争的事实。

资料显示，2002 年湖南城镇参加养老保险、基本医疗保险和失业保险三项保险的人数分别占城镇就业人数的 59.2%、51.4% 和 42.2%；2003 年分别为 54.6%、49.3% 和 40.5%；2004 年分别为 72.6%、50% 和 39.9%。尽管经过多方努力，参加养老保险和医疗保险的总人数在上升，但仍然还有近 1/3 和 1/2 共约 700 余万名的城镇就业人员游离于社保大门之外。随着产业结构调整和省属国有企业三年改革的推进，企业改制、破产、职工买断工龄等方面原因，使失业保险续费人员锐减，反映在参加失业保险的人数上，呈逐年递减之势，由 2002 年的 42.2% 下降到 2004 年的 39.9%，减少了 2.3 个百分点。而下岗失业人员每年则以几十万甚至上百万的规模呈现，这种逆保现象不仅影响到这部分人的生存状态、心理承受能力和对改革预期的认可程度，而且影响到湖南城市整体的稳定。

我们还必须看到，社会保障凸显公平缺失，突出体现在城乡差别上。与近年城镇强制性推进社会保险相比，农村居民在社会保障边缘化上停滞多年。湖南与全国多数地区一样，无论农村合作医疗覆盖率，还是养老保险覆盖率都相当低。农村合作医疗尚在试点阶段，2004 年，覆盖率只有 8.5%，这意味着湖南有 3400 万农村居民还没有沐浴到合作医疗的阳光，农民成了最大的自费医疗群体和埋单人，"有钱吃饭，没钱看病"的现象在农村十分普遍，因病致贫、因病返贫的现象不少。与此同时，农村养老保险基本处于停滞阶段，覆盖率只有 3.3%，换言之，就是多达 2700 万名农村从业人员基本没有养老保险，他们是湖南社会的主体，是城市和谐稳定的前提和基础。

6. 民众聚焦社会治安：凸显城镇"秩序"失衡

湖南近年社会治安大体保持平稳发展态势，警戒线下移、点面结合、群防群治，较好地保证了城市的安全运行。但问题的现实严峻性在于，湖南失业率高走、社会保障体系不健全、农民工大量涌入城市以及社会风气日下，使得社会治安问题区域性凸显，并成为广大民众关注的焦点。

据湖南省统计局一项调查报告，在评价自己所在地犯罪现象的严重程度时，认为赌博现象在本地区"严重"的占到了 27.1%，入室盗窃犯罪"严重"占 13.4%，未成年人违法犯罪占 12.9%，认为制黄贩黄卖淫嫖娟、吸毒贩毒、制假贩假、拦路抢劫、流氓恶势力等犯罪现象在本地区"严重"的比重也都在 10% 左右。这反映出区域性社会治安问题仍较严重，像赌博这种丑陋社会违法犯罪现象在一些地区已相当泛滥，甚至成为滋生高利贷的土壤，成为偷窃、职务犯罪的诱因和家庭失和、打架斗殴的导火线。

调查同时显示，下列社会治安问题最影响群众安全感：第一是刑事犯罪，占调查对象的 34.8%；第二是公共秩序混乱，占 31.1%；第三是交通事故，占 24.0%；第四是火灾，占 10.1%。说明刑事犯罪和公共秩序混乱已在一定程度上对人民生命财产安全构成较大威胁，也是群众当前较为关注的问题。调查还指出，有 12.3% 的群众遭受过一次以上的不法侵害，即每平均 10 人就有 1.2 人遭受不法侵害。遭受不法侵害最多的是入室盗窃，占 27.1%；遭扒窃的占 17.7%；自行车被盗占 14.1%；遭抢劫、抢夺的占 9.7%。这些数据表明，老百姓遭受的不法侵害有将近 70% 与盗窃有关。这一调查结果与国家公安机关刑事案件构成结果基本一致。2003 年公安机关立案的刑事案件中，盗窃案所占比重达 66.92%，2004 年上升到 68.1%，不难看出，现在盗窃犯罪猖獗，已严重影响到人民群众的日常生活。

另一个值得注意的问题是，认为交通事故是最影响安全的比重比 2003 年上升了 4.1 个百分点，认为是火灾的上升了 1.4 个百分点。说明随着机动车辆数量和新持有驾照的人数迅速增加，加大了对交通秩序的压力，也导致了交通事故数量呈上升趋势。2004 年湖南共发生交通事故 23228 起，死亡 3769 人，损失 10274.07 万元，其中特大事故 85 起，死亡 326 人。这不仅造成了人民生命财产的巨大损失，还直接影响到了每个家庭的幸福，导致社会纠纷。

二　湖南城市和谐发展理性分析

1. 和谐失衡：非湖南城市所独有

城市和谐失衡是利益分配问题，也是经济落后、结构失衡、区域发展不平衡问题。从经济学角度看，是非均衡发展和效率优先的逻辑结果。这是因为，当社会总量不足以支撑全社会共同发展时，只能采取重点突破、优先发展原则，塑造城市核心增长极，提高辐射带动作用；当社会公共产品相当贫乏时，只能先以效率求发展，而这种战略的结果将出现地区之间、收入之间的失衡失和，甚至导致两极分化。从世界范围看，在由农业社会向工业社会与城市社会过渡中，大都采取过这种发展模式，也都出现过失衡失和现象，如 20 世纪 30 年代美国的南北部失衡、20 世纪 50 年代日本东京与四国失衡等。从国内看，失衡失和亦有愈演愈烈之势。以我国中部、东部人均 GDP 为例，1978 年，中部同东部相比，人均 GDP 仅相差 154 元，但在东部沿海地区先行发展政策主导下，"中部坍塌"已成现实，到 1995 年，人均 GDP 差额已扩大到 3148 元。尽管十五大提出缩小高低收入差距的问题，而实际上差距反而在继续扩大，至 2004 年，中部人均 GDP 与东部人均 GDP 相比，差额高达 17447 元。中部与东部之间的人均

GDP 之差，已经达到改革开放初期 1978 年的 113 倍。可见，湖南城市失衡失和现象非湖南所独有，而是社会经济非均衡发展的必然反映。问题的关键在于，面对湖南城市失衡失和现象，我们不应掩饰、推诿、弱化、漠视、压制它，而是应洞察、认识、了解、正视进而积极地破解它。

2. "政策凹地"：湖南城市失和的外在制约

"湖广熟，天下足"，这句民言道出了湖南、广东在全国举足轻重的农业地位，也给了湖南、广东农业大省的历史定位。但改革开放以来，首先施行向东部沿海地区倾斜的政策，使东部地区包括与湖南基本处于同一起跑线的广东先富起来；1999 年推行西部大开发战略，明显促进了西部地区基础设施和生态环境建设与产业的发展；2002 年，又提出了支持东北等老工业基地加快调整和改造的历史性任务，两年来使东北振兴卓有成效。在中央宏观政策大力向东部、西部、东北部倾斜之时，中部出现了"坍塌"现象。湖南作为中部省份，被定位在以发展农业支援大局为己任的位置上，也就是说，湖南要靠多产粮、产好粮支持全国发展。但湖南资源禀赋并无优势，"七山一水二分田"是湖南最真实的写照。"七山"只能植树造林，为此，湖南森林覆盖率高达 40.63%；产粮只能靠"一水二分"，湖南硬是用排全国第 19 位、占全国 3.04% 的耕地面积，创造了排全国第 7 位、占全国 5.62% 的粮食产量和排全国第 7 位、占全国农林牧渔 5.28% 的总产值，贡献不可谓不大。在为国家作出贡献的同时，湖南把付出的成本全都自己承担，最典型地反映在人均收入上，几乎是 20 年一贯制的低收入。反映在财政支出中，湖南不得不拿出占财政总支出 3.50% 的资金用于抚恤和社会福利救济，拿出总支出 10.41% 的资金用于社会保障补助，尤其社会保障补助一项，在湖南财政支出中所占比重是浙江财政支出所占比重的 4.3 倍、江苏的 3 倍、山东的 2.8 倍、广东的 4.4 倍、福建的 5.7 倍，这不仅意味着当湖南用这部分资金构筑社会"安全网"时，发达省份可毫无顾虑地用作其他建设，而且意味着社会保障、抚恤和社会福利救济已成湖南当前社会发展的重点和难点。按理，在发达省份社会负担相对较轻情况下，应该承担更多的社会责任和义务，应该反哺曾经给予它们无私支援的欠发达省份。但现实并非如此，湖南与发达省份几乎承担着相同的税负水平，湖南与江苏比，税负只低 0.65 个百分点，比浙江只低 1.45 个百分点；

与山东、福建比，分别高出 0.37 个和 0.21 个百分点（见表 5），这是极不合理、极不公平的。湖南承受着难以承载的重负。

表 5　2004 年湖南与部分发达省份负载比较

单位：%

内　容	浙江	江苏	山东	广东	福建	湖南
抚恤和社会福利救济占财政总支出比重	2.23	2.29	2.6	1.81	2.6	3.5
社会保障补助占财政总支出比重	2.4	3.45	3.69	2.35	1.82	10.41
宏观税负水平	7.16	6.36	5.34	8.84	5.5	5.71

资料来源：根据《中国统计年鉴》整理。

3."官本位"：湖南城市失和的重要内因

"官本位"是与民主法治相对峙的一种社会病态，主要体现为公权力的肆意扩张，封建主义的家长制、特权制、官僚制以及非程序性的权力运作方式的泛滥。它的危害在于产生制度化腐败，如"政绩"出腐败、专横出腐败、"国有"出腐败、项目出腐败、公款消费出腐败等。因此，"官本位"本质是私利化，是以损害、侵吞、掠夺国家和人民的财产、权利、意志为基础的反社会行为。湖南因受"重仕轻商"传统文化影响以及经济落后和资源匮乏的制约，"自古华山一条路"的"官本位"思想严重，"官本位"负面作用大，从近年群众不断上访及集中反映的问题、引起的冲突、导致的矛盾看，"官本位"已严重影响到一些城市的和谐与稳定。

湖南自 1993 年全国群众来信来访总量出现回升以来，上访量持续高走十余年，每年均以 10% 以上的速度递增，目前信访量已达 50 万件次左右，上访集中反映的主要问题：一是企业改制中的腐败及损害职工权益的问题，这是近年反响强烈、影响较大的问题。主要反映一些企业在权力的暗箱操作下，国有资产流失和职工权益受到侵害，表现为在合资、租赁、承包、出售、股份化时低估、贱卖国有资产，中饱私囊；尽量压低改制企业职工身份置换补偿标准；做出拖欠在职和离退休人员工资、职工医疗无保障、社保基金不到位等损害职工权益的行为。这方面问题以上访量大、牵涉面广、行为过激、集体上访居多，矛盾尖锐复杂而呈现出极不和谐的特点。二是"三农"问题。包括利用权力违规征占、买卖农民土地，补偿标准较低且被层层截留克扣，失地农民得不到妥善安置；农业附加税摊派不合理；乡村干部作风粗暴、干群矛盾突出、村委会换届选举不规范、村组财务管理混乱等问题，这是农村社区矛盾的聚焦点和突发源。三是城市扩容中出现的只重建设不顾群众利益，甚至损害群众利益的问题。如拆迁中不依法办事、补偿不到位、安置不落实的问题，并随着城市化进程加快上访量不断增加。有的以牺牲群众的利益为代价让利给投资方，为自己捞好处；有的擅自降低补偿标准，甚至为获取土地资本增值收益强行"圈地"。四是干部作风不正和违法乱纪问题。五是司法不公问题。这些问题无一不是特权制、官僚制以及权力违规、权力滥用、权力腐败的结果，它造成的影响和后果是严重的。我们经常看到，上访者动辄堵塞各级党政机关大门、上街静坐示威、拉扯横幅、拦截车辆，不仅造成群众围观、交通堵塞，而且严重影响到党和政府形象及在群众中的威望，影响到社会的正常秩序与稳定。

4. 创新乏力：湖南城市失和的观念瓶颈

我们知道，构建和谐城市必须以物质为载体为依托，以不断提高人们的物质文化生活水平为准绳。要实现这一目标，必须不断创新，包括观念、工作、机制等各个方面，开创新局面，走出一条适合本省发展的新路子，而湖南缺乏的恰恰就是创新性思维。从改革开放的发展历程看，湖南基本上是亦步亦趋跟在别人后边，墨守于计划经济陈规。当投资沿海成为时尚时，湖南也跟着勒紧裤带投以重金，以至于出现"穷帮富"的滑稽局面；当湖南的药材市场与温州的鞋子市场都成为千夫所指的假冒伪劣市场时，温州用经济手段烧出品牌、烧出市场，而湖南用行政手段使市场不再复兴；当珠三角、长三角和环渤海三大城市群闻所未闻，甚至在人们潜意识中还不曾出现时，湖南就于1982年率先提出长株潭经济一体化发展思路，可是平均主义、行政区划、行政权限问题禁锢了人们的思想，让本可使湖南抢占城市发展先机的最好时机被白白耽搁，以致20年后，全国城市群风生水起，湖南才旧事重提，无怪乎人们戏言"起个早床，赶个晚集"。

创新乏力的另一个突出表现在于对待"城市和谐发展"的理念上，总认为城市和谐就是建高楼大厦、修宽阔马路、造人造景观，殊不知，它必须以牺牲不能再生的城市原生态为代价，包括对历史文化遗产、街区历史风貌和文脉、城市绿化植被等的破坏和摧毁，引发拆迁、安置、赔偿、文化保护等一系列沉重的社会矛盾和问题。近年湖南信访中，有关城市建设、征地、扩容引发的信访事项占到总数的 13% 以上就是例证。问题的出现，关键在于理念陈旧和对以人为本的科学发展观的狭义理解，其实，只要有创新精神，坚持人民利益高于一切，就会引出新思路。如发展地下交通、公共交通、住宅郊区化等，这些都是发达国家城市建设的新理念，我们在经济能够支撑的情况下，应该积极借鉴。

三　湖南城市和谐发展战略选择

1. 中央政府应加强宏观政策支持，依靠"看得见的手"缓解城市和谐中的问题

实行国家强有力的宏观调控，是解决地区差距、缩小贫富差距、缓解社会矛盾、最终实现城市和谐最重要的手段。作为欠发达省份，湖南首先必须借助中央政府的力量，靠行政这支"看得见的手"加快发展，最终缓解和解决差距问题。中央政府对此应进行政策扶持，包括财政、税收、金融和投资等政策，并以实施财政补贴、税收减免、货款优惠、贷款担保及加大投资和提供信息服务等形式体现。

首先，中央政府应加大财政转移支付力度。转移支付是公共财政的一个重要内容，也是政府保持地区均衡、实现社会公平的一个最重要的财政手段。通过加大转移支付，增强湖南政府社会保障、社会救济、社会福利以及公共产品供给能力和协调区域差别、城镇差别、城乡差别的能力，缓解社会矛盾，促进城市和谐。通过有条件的转移支付，加大专项建设项目投资，促进湖南工业化与城市化互动。

其次，申请开展"增值税转型改革"试点。增值税转型是将生产型增值税转为消费型增值税，其核心内容是允许企业购进机器设备等固定资产的进项税金可以在销项税金中抵扣，实质是降低企业成本，减轻企业负担，促进企业发展的税制。这对像湖南这样工业较落后、投资不足、设备老化、结构失调，并以基础产业为主的省份来说，实乃有益之举。特别是通过试点，可将发达地区投融资吸引过来，进行工业设备的更新换代以及投资基础产业和高新技术产业，解决湖南资金、设备、结构、效率、就业等问题。

2. 加强城市政府诚信建设，以构建诚信政府为重点规范城市和谐秩序

政府是社会公信力的权威，是城市乃至整个社会期望值的有效载体，政府诚信程度将直接推动或者阻滞城市乃至全社会对诚信的价值取舍和道德准则的扬弃，将直接影响到城市的社会人际交往和经济的交易秩序，因此，加大政府信用建设力度，提高社会预期，就成了构建和谐城市亟须的内化力量。俗话说，"信则民任焉"，政府信用度的提高具有放大效应，对增强城市乃至整个社会的信用度具有重要的引导、示范和表率作用。

加强政府诚信建设，城市政府必须强化信用意识，带头建立和遵守信用制度，打造诚信政府，推动社会诚信建设。当前，湖南各级政府亟须解决和落实以下几方面事情。

（1）进一步清理整顿政府行政审批项目，规范审批程序，清理和规范政府文件，规范行政事业性收费管理，取消不合理的行政收费、罚款、摊派。

（2）大力推行政务公开，实行阳光行政，强化政府的制度信用、政策信用及程序信用，做到制度合理，政策公开，程序规范。

（3）全面实行政府部门公共信息向社会公众开放制，政府决策公示制、预告制和通报制，通过决策听证会、专家咨询会、电子政务网等途径，拓宽反映社情民意的渠道，提高政府决策的科学性。

（4）强化政府公共服务意识，依法行政，规范政府行为，尽快使政府职能分工、行政程序、行政收费、行政审批制度化法定化，提高政府为社会服务的质量和水平，建设信守承诺、廉洁公正、务实高效的服务型机关。

（5）加大权力监督、司法监督及民主监督力度，完善行政行为的监督、制约机制；建立行政责任追究制度，加强政府部门及其工作人员失信违约行为的查处工作，严肃查处违纪违法案件，坚决纠正部门和行业不正之风；坚决克服形式主义、官僚主义，反对弄虚作假、虚报浮夸，树立重实际、说实话、办实事、求实效的清新政风。

3. 深化体制改革，以实现"官本位"向"人本位"转变，增强城市和谐动力

"官本位"已成为阻碍城市和谐发展的桎梏，湖南嘉禾县珠泉商贸城的拆迁动用行政手段强制执行，引发官民冲突就是一个典型事例。当然，要实现由各级政府官员掌握决策、审批大权的"以官为本"体制转变到"大社会，小政府"的市场经济体制绝非易事，这种转变是一场自己限制、削弱自己权力的非常痛苦的自我"革命"，显然，靠官员的自觉性不可能实现，只能从体制、职能上赋予政府新的职能。

从湖南实际情况分析，当前主要应从三个方面加强体制建设：一是大力发展混合所有制经济。这种所有制结构产权清晰、权责明确，既能够充分发挥人的积极性、自主性和创造性，又能有效摆脱外部力量的不合理约束，是一种体现以人为本要求的经济成分。二是努力构建公正的规则体系。公正、公平的规则看似人人都受了约束，但真正受约束的是少数希望行使特权的人，是实现了大部分人的自由。所以，公正的规则体系是人们自由、全面发展的条件。三是推进政府职能转变，构建服务型政府。政府必须从市场经济中退出，减少管制，限制公权力，缩小政府规模，实行广泛的公民自治，让民众成为市场经济社会的主角。搞好公共服务是政府的重要职责，具体是搞好科教文卫、社会保障、环境保护、公共设施建设、国防与治安，一般不能从事经济活动，不能直接干预微观经济。这首先要求各级政府官员树立正确的城市发展观，摒弃以"政绩"体现"发展"、追求升迁的"官本位"思想，这种摒弃必须是强制性的，可让相关领导通过媒体向市民汇报城市和谐构建情况，聆听市民声音，了解市民反响，从而强化"以人为本"的执政理念。也可加强系列指标考核，将考核结果公之于众，接受群众监督。只有通过系列措施，将"乌纱帽"与群众利益紧密结合，实现"官本位"向"人本位"的根本转变，才可能在构建和谐城市中，根据各地的城镇化水平和存在的问题，充分考虑广大人民群众的承受能力，妥善处理好加快城市建设与维护群众利益的关系；才可能自觉增强群众观念，把实现好、维护好、发展好人民群众的根本利益作为衡量实施城镇化战略成效的根本标准；才可能积极为群众办实事、做好事、解难事，尤其是对进城务工农民更高看一等、厚爱一筹，从而实现最高程度的城市和谐。

4. 加大教育投入，以提高国民素质为保障，提升城市和谐构建能力

教育是知识经济时代的知识支撑，是人们就业、创业、安身立命之本，是振兴湖南的内在力量，是构建和谐城市的基石。同时，教育又是一种社会公益事业，是典型的国家必须保证供给的公共产品。因此，政府有责任、有义务使各种公办教育的收费维持在一个适度、低廉的大众化层次上，以保障国民教育权利的充分实现。要做到这一点，政府要切实加大教育投入，让财政资金真正成为教育资金的主体，降低民众的负担。从湖南教育投入实施情况看，重要性、必要性讲得多，真正落实投入的经费就少。以 2004 年为例，国家财政教育支出占国家财政总支出的比重为 18.05%，而且以后三年均稳定在这一比例上；全国平均水平为 15.27%。反观湖南，财政教育支出只占省财政总支出的 14.49%，比国家投入低 3.56 个百分点，比全国平均水平低 0.78 个百分点。就是与中部六省比，也处于末位，比最高的安徽低 3.05 个百分点，比最低的山西低 0.97 个百分点。教育投入少是湖南国民受教育程度整体偏低、劳动力竞争处于劣势、就业压力增大、收入偏低、城市不和谐现象大量存在的最重要原因。湖南要从根本上解决城市失和，营造和谐社会，就必须"风物长宜放眼量"，加大教育投入，加大教育在财政支出中的比重，从比较情况看，加大投入已成首要任务，若再迟疑，湖南不仅将落后于中部，也将落后于全国，那时将悔之晚矣。同时，还要改革现行机构臃肿、冗员泛滥的教育体制，尤其是高等教育成本畸高，已到了一般民众所不能承受的地步。教育改革重点应放在行政机构和行政人员精减上，而不是减少师资力量。要让湖南的每一个适龄青少年都能读上书、读好书、读得起书，彻底扭转目前仍在继续产生低素质国民的被动局面，并且要针对湖南人口文化程度整体偏低的现状，继续大力开展各种形式的有针对性的职业培训和再就业培训，不断提高下岗职工与农村剩余劳动力的专业技能和适应职业变化的能力，提高劳动力的市场竞争力。在资金相对紧张的情况下，应努力开拓培训教育融资渠道，加快建立"职业教育培训专门基金"和"就业培训援助基金"，对家庭困难的下岗职工和农村剩余劳动力提供免费再就业培训。总之，加大教育投资力度和扩面强

度，是使人们摆脱贫穷和愚昧、实现社会公平的最有效途径，也是缓解贫富分化矛盾、提升城市和谐构建能力的有效保证。

5. 加快产业结构调整步伐，以大力发展第三产业，扩充城市就业岗位

湖南产业结构极不合理，按三次产业就业人员数在全国的排序，第一产业占就业总人数的 55.2%，排全国第 25 位，高出全国均值 8.3 个百分点；第二产业占 15.9%，排全国第 23 位，低于全国均值 6.6 个百分点；第三产业占 28.8%，排全国第 21 位，低于全国均值 1.8 个百分点。这组数据显示，湖南产业结构极为落后，农村人口仍占主体，在城市化进程中，以城市为载体的工业和服务业对劳动力吸纳能力相当弱，剩余劳动力无法转移，就业压力极大，产业结构亟待调整。针对湖南人多素质低的特点，在城镇化过程中应以发展吸纳劳动力容量大的产业——劳动密集型产业为着力点，如服务业或第三产业（尤其是商贸、餐饮、社区服务业和旅游业等），轻工业，非正规产业；大力发展吸纳劳动力容量大的企业，如中小企业尤其是民营中小企业、个体私营和股份合作企业、劳动密集型外资企业等。从全省最具就业吸附能力的行业看，制造业最强，就业占总从业人数的 12.84%，其次是批发和零售业占 7.34%，建筑业占 6.44%，居民服务和其他服务业占 4.47%，住宿和餐饮业占 3.31%，交通运输、仓储和邮政业占 3.07%。上述这些行业显示出吸纳就业的巨大潜力。

从全省最具人口转移活力的地区看，不在 13 个地级市，也不在 16 个县级市，而是在 222 个县城及建制镇。"十五"规划前四年，13 个地级市转移农业人口 90 万，占总数的 24.06%；16 个县级市转移 45 万，占 12.13%；222 个县城及建制镇转移 236 万，占 63.81%，由此看来，将县城及建制镇作为推进产业发展的战略重点当是首选。在这些地方，通过税收、小额贷款、政府扶植等措施，大力发展制造加工业、批发零售业、服务业、交通运输业，既增加就业又面向农村吸纳更多劳动力，既缩小了城市与县镇的差距，又加速了城乡一体化进程。

6. 构建治安防控体系，集打击、防范、控制、管理于一体，确保城市平安

随着湖南城市人口流动量增大和社会治安案件动态特点日益突出，传统的以"兵团式作战"和搞"集中统一行动"进行治安整顿的做法带来了社会治安时好时坏、刑事案发量忽高忽低、群众安全感不稳等新问题，显然已不适应形势变化要求。加之，湖南正处于城市化、工业化快速发展期，也是社会矛盾高发期，不同群体或个体利益冲突加剧，而且朝着总量上升、热点集中、矛盾激化、组织联动、难以化解的方向发展。资料显示，湖南公安机关处置的各类群体性事件数量呈逐年上升趋势。为此，构建适应动态社会环境的集打击、防范、控制、管理于一体，动静结合、专群结合、人技结合、多层次、全方位动态环境下的社会治安防控体系就显得尤为重要和紧迫。

构建治安防控体系，主要是限制和减少违法犯罪的机会和条件，防止违法犯罪行为的发生，及时发现和打击违法犯罪行为。在打击和预防犯罪中强调预防，在主动警务和被动警务上强调主动，在增编警员数量和提高警员素质上强调提高素质，其目的是实现警务工作的社会化，组织和动员全社会的力量共同预防和控制违法犯罪行为，达到人人为警。做好系统性防范，构筑社会治安防范网络，关键要建立专门机关与群众结合，动静结合，人防、物防、技防、意识防结合，社会、居民区和单位结合的防范工作机制，如在公共复杂场所的安全防范，应在繁华地区、工农贸市场建立由公安、工商、税务、卫生等部门组成的联合管理办公室；在易发案地段、交通要道、偏僻地区和城乡结合部设立必要的治安防范办事机构，一旦发案能迅速出击。在社区要合理开发和利用社区民智、民资、民力资源，建立群防群治网络和治安互助机构。根据湖南近年发案规律，应坚持重点性防范原则，针对犯罪分子重点侵犯的目标开展重点保护，并形成稳固的专项预防。同时，应坚持突出工作重点的原则，加大打击力度，营造严打范围，要把打击杀人、抢劫、涉爆、涉枪、涉毒、绑架等严重暴力犯罪与危害严重、影响恶劣的带黑社会性质的犯罪团伙和流氓恶势力作为工作重点，集中优势兵力，合力攻坚克难，让居民真正安居乐业。

第二节　城市环境安全审视

城市环境安全主要指城市水环境安全、空气质量安全和环境噪声安全，监测数据的高低涨跌，不仅反映城市环境质量好坏，更直接影响甚至决定着城市社会经济的和谐稳定与可持续发展。湖南城市环境安全一直为人们所关注和重视，据《湖南城市蓝皮书》与湖南红网就湖南城市综合竞争力、城市投资环境和城市人居环境三大指标排名进行网络调查，结果显示：人们首先关心的是城市人居环境排名，其次才是城市投资环境与城市综合竞争力排名。这一方面说明，城市居民随着生活水平提高，更注重生活环境质量；另一方面也凸显出人们对城市环境污染的忧虑和担心。从当前湖南城市环境安全状况看，无论是建设两型社会，促进新型工业化、城市化发展，还是提升全社会环保意识，加强全民对城市环境安全监督，都必须而且有必要对湖南城市环境安全进行全方位的审视与研究。

一 湖南城市环境安全评价

城市环境安全概指水、空气、噪声安全，同时也涵盖酸雨、固体废弃物等对环境安全的威胁。城市环境安全状态是相关部门根据国家环境保护指标规定，对上述项目进行定期跟踪、监测和监督得出的客观数据，是衡量一个城市或地区环境优劣与好坏的评价依据。2004~2008年湖南城市环境安全状况评价如下。

1. 水环境：达标率缓慢但稳步提升

湖南城市多沿湘、资、沅、澧四水系及洞庭湖水域分布，水质污染物主要有废水、化学需氧量（COD）、氨氮、石油类、氰化物、挥发酚、汞、镉、六价铬、铅和砷等，其中以废水、化学需氧量、氨氮污染较为严重。城市水质总体而言：污染状况得到改善，用水安全等级数据逐渐递增，监测断面达标率稳步上升，但局部污染仍然严重。水质监测等级分为6类，Ⅲ类以上水质达功能区标准。2004~2008年，省控监测水质断面由73个上升至96个，增加近32%，城市Ⅰ类水质由1个上升到3个，增加200%；Ⅱ类由23个上升至39个，增加近70%；Ⅲ类由25个上升至41个，增加64%；污染较重的Ⅴ类水质，已由12个断面下降至1个，降幅近92%；劣Ⅴ类由7个断面下降至6个，下降14.2%。全年监测断面功能区达标率由2004年的67.1%上升至2008年的86.5%，提高19.4个百分点。

　　整体而言，城市水环境在缓慢但稳步改善。达标水域特别是Ⅰ类优良水域有所扩大，但劣Ⅴ类水质有强烈的反弹趋势，必须引起高度重视（见图2、图3）。

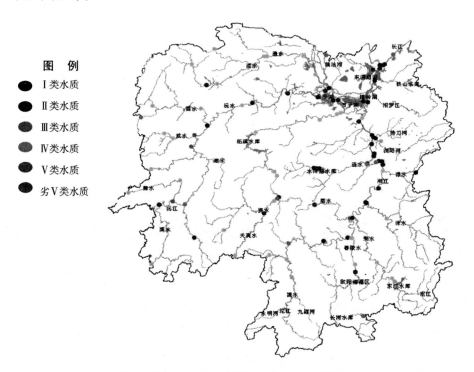

图 2　湖南省地表水省控断面分布及水质状况

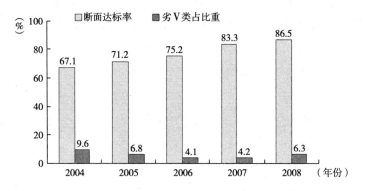

图 3　2004～2008 年城市水质监控断面达标比较

2. 空气环境：大幅改善但起伏波动

湖南城市空气以二氧化硫、烟尘、粉尘污染为主，其中又以可吸入颗粒物（PM10）和二氧化硫（SO_2）污染较为严重。空气质量分为5级，Ⅱ级以上达功能区标准。2004～2008年城市空气质量总体向好，但喜中有忧，呈波浪式前进。5年间，全省14个主要城市空气质量Ⅱ级达标由2004年的2个城市上升到2008年的10个城市，增长400%；空气污染较重的超Ⅲ级城市由2个降为0个，彻底消灭了个别城市空气中度污染的现象。

但同时，城市空气质量安全又存在反弹，一是2006年城市空气达标率已达64.3%，2007年反而降至50%，下降14.3个百分点，有两个城市空气质量由Ⅱ级降至Ⅲ级；二是2004年有10个城市空气质量超过Ⅱ级，为不合格，到2008年，已有8个城市空气质量晋升为Ⅱ级，但有2个城市降至Ⅲ级。

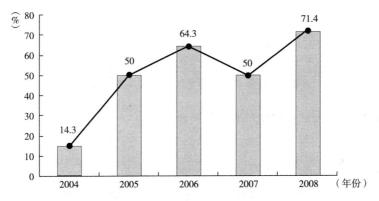

图4 2004～2008年城市空气质量达标比较

3. 声环境：达标率攀升但振荡反复

城市声环境包括城市道路交通声环境和城市区域声环境等方面，声环境噪声评价是各地区依据国家对不同区域功能定位和噪声等级标准进行监控得出的客观数据。2004～2008年间，湖南城市噪声安全总体呈反复振荡、阶梯式推进之势。14个主要城市交通噪声和区域环境噪声平均等效声级达标，由2004年的8个城市增至2008年的11个城市，达标城市增长率为37.5%；达标率由2004年的57.1%攀升到2008年的78.6%，增长21.5个百分点。但同时，城市噪声污染呈现反反复复、时高时低的不稳定状态。声环境状况好时，达标率高达 92.9%，即只有一个城市未达标，但这种局面很难保持和巩固。不过，噪声污染的每次反复，底部达标率都在抬高，呈阶梯式发展态势（见图 5）。

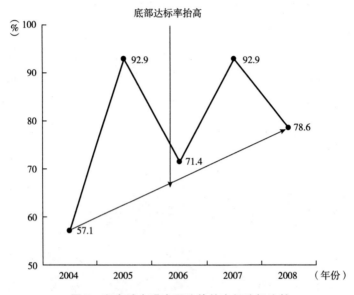

图 5　湖南城市噪声平均等效声级达标比较

4. 酸雨：频率下降但污染依然严峻

pH 值，是目前衡量降雨酸碱性的主要标尺，当 pH > 7 时，雨水呈碱性；pH = 7 时，雨水为中性；pH < 5.60 时，降水为酸雨；pH ≤ 4.5 时，降水为重酸雨。湖南由于受空气中可吸入颗粒物（PM10）和二氧化硫（SO_2）污染，全省 14 个城市都呈现程度不同的酸雨现象。尤其是 20 世纪 90 年代中期至 21 世纪头几年，重酸雨现象非常突出，2004～2008 年虽有所缓解，酸雨频率开始下降，但整体看形势依然严峻。5 年间，全省 14 个城市年平均酸雨频率虽由 2004 年的 76.4% 下降至 2008 年的 64.5%，降幅达 11.9 个百分点，但仍呈现酸雨分布范围广、降水 pH 值低的特征（见图 6）。五年中，城市降水 pH 年均值范围中的低值都在 4.5 以下，这意味着每年都有一定比重的重酸雨现象发生；2006 年甚至连 pH 年均值范围中的高值都低于 5.60，也就是说，这一年的降雨基本以酸雨和重酸雨为主（见图 7）。

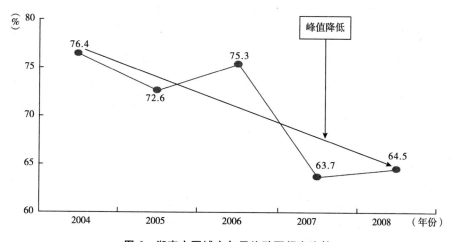

图6 湖南主要城市年平均酸雨频率比较

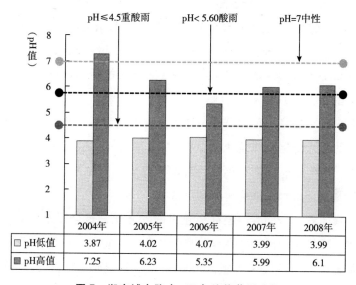

	2004年	2005年	2006年	2007年	2008年
□ pH低值	3.87	4.02	4.07	3.99	3.99
■ pH高值	7.25	6.23	5.35	5.99	6.1

图7 湖南城市降水 pH 年均值范围比较

二 湖南城市环境安全特点

湖南城市环境与工业化、城市化发展紧密相连，并受工业化、城市化发展的规模、速度、范围和环保设施建设程度的影响和制约，呈现出不同的环境安全特点。

1. 重金属污染：纵比排量减少，横比形势严峻

湖南是"有色金属之乡"和"非金属矿之乡"，矿产资源丰富，这就使有色金属、建材、化工、火电这些高耗水、高耗能、高排放且结构粗放的产业紧紧围绕这一优势展开。由此，也使湖南城市水环境遭遇了来自化学需氧量、氨氮等共性污染和来自镉、铅、砷等以重金属为特征的个性污染的双重压力。受矿产业和产业布局等因素影响，污染呈现地缘性特点：一是重化工业区域，如冶炼、化工、钢铁、重型机械等高耗能聚集地，较有代表性的是株洲市清水塘、湘潭市岳塘等地，该地区聚集了数百家各类冶炼、化工企业，以镉污染为主要特征。二是矿产业聚集区，较典型的区域有衡阳市水口山、郴州市、冷水江市、湘西州花垣等，这些地区"五小企业"特别多，以铅、砷、汞、锰污染为主要特征。三是沿水而聚的造纸企业，在岳阳、益阳、常德三市共有造纸企业236家，产生的化学需氧量占全省1/5以上，以化学需氧量污染为主要特征。近年，随着对国家关于污染物排放的约束性指标的落实，及湖南根据实际增加的对镉、铅、砷等排放总量削减指标的落实，以重金属污染为特征的水污染现象有所缓解。

从纵向看，2004～2008年，5种较典型重金属污染物排放量持续下降，降幅最大的是六价铬，年均下降39.65%；其次是汞，年均下降20.16%，铅下降16.73%，砷下降7.76%，镉降幅最小，年均下降4.65%。但总体而言，遏制重金属水污染势头已初见成效。

但从横向看，与同奔两型社会建设的湖北比，重金属水污染形势依然相当严峻，减排压力巨大。在8种典型矿物污染物中，以汞、镉、六价铬、铅四种重金属年总排放量为例，2006年，湖北排放量已降至5.83吨，近两年更少到可忽略不提；而湖南2006年排放量仍高达110.85吨，约是湖北的19倍。尽管湖南2004～2008年年均降幅达到20.84%，但无奈基数太大，2008年年排量仍高达62.62吨，污染严重。在砷、石油类、氰化物、挥化酚等污染物中，湖南砷污染惊人，以2006年为例，湖北砷年排放量已降至3.89吨，而湖南仍高达80.50吨，是湖北的20.7倍；加上石油类、氰化物、挥化酚等矿物质排放，湖南有年近千吨的矿物污染物排放量。可见，加快结构调整，减少重金属排放，仍是湖南当前和今后相当一段时间

内的工作重点（见表6、表7）。

表6　湖南重金属污染物排放比较

单位：吨，%

年　份	铅	镉	六价铬	砷	汞
2004	84.29	18.61	45.71	91.65	1.60
2005	92.20	19.92	38.94	93.47	1.19
2006	77.11	18.53	13.89	80.50	1.32
2007	49.86	16.40	7.56	70.40	0.67
2008	40.52	15.38	6.06	66.34	0.65
年均下降率	16.73	4.65	39.65	7.76	20.16

表7　湖南、湖北重金属等污染物排放比较

单位：吨，%

年　份	汞、镉、六价铬、铅			砷			石油类		
	湖南	湖北	湖南/湖北	湖南	湖北	湖南/湖北	湖南	湖北	湖南/湖北
2004	150.21	14	10.72	91.65	10.0	9.16	1138.77	2121.59	0.53
2005	152.25	10.48	14.52	93.47	6.12	15.27	1115.25	1942	0.57
2006	110.85	5.83	19.0	80.50	3.89	20.69	1027.70	1294	0.79
2007	74.49	—	—	70.40	—	—	858.30	—	—
年均下降率	20.84	35.46	—	8.40	37.63	—	8.99	21.90	—

年　份	氰化物			挥发酚					
	湖南	湖北	湖南/湖北	湖南	湖北	湖南/湖北			
2004	61.76	42.95	1.43	125.22	104.31	1.20			
2005	60.81	43	1.41	138.43	71.6	1.93			
2006	54.01	32.75	1.64	120.17	62.68	1.91			
2007	44.70	—	—	74.72	—	—			
年均下降率	10.21	12.67	—	15.81	22.48	—			

2. 废水排放：工业废水排放量下降，生活污水排放量飙升

废水由工业废水和生活废水两部分构成。2004 年以前，湖南工业废水排放量略高于生产废水排放量或二者接近。随着企业节能减排和城市化提速，湖南水污染态势发生变化，工业废水污染量开始下降，生活废水污染量飙升，后者逐渐成为水安全重点。

总体观之，废水排放总量 2004 ～ 2008 年基本持平，年均增长只有 0.03%，尤其是工业废水以年均 6.94% 的速度持续递减，共减排 3.08 亿吨，成绩显著。但生活废水却以年均 5.63% 的增长率持续增加，情况令人担忧，2004 ～ 2008 年生活废水增加排量 3.11 亿吨，正在成为水体主要污染源。工业废水与生活废水之比，已由 2004 年的 1∶1.03 升至 2008 年的 1∶1.71。

生活废水排放量飙升直接导致水中化学需氧量（COD）和氨氮含量升高。化学需氧量是衡量水中有机物污染程度的一项重要指标，数量越大污染越重。湖南废水中化学需氧量总量以年均 1% 的速度增长，其中工业废水化学需氧量以年均 3.7% 的速度递减，而生活废水化学需氧量却相反，正以年均 3.05% 的速度递增，2004 ～ 2008 年增加排量 7.35 万吨；相比较，工业废水化学需氧量少排 3.78 万吨。

氨氮是废水重要污染物，主要由人畜排泄物及化学物质构成。湖南氨氮减排卓有成效，总量以年均 2.54% 的速度递减，其中工业废水氨氮减幅最大，年均达 9.42%，生活废水氨氮却以年均 1.29% 的速度增长。

之所以形成此消彼长的局面，主要在于湖南城市人口的快速增长和污水处理设施的严重滞后。湖南城市化率 6 年上升了 10 个百分点，2008 年已达 42.1%，这意味着约有 800 万人向城市转移，按生活废水化学需氧量人均排放系数 66.9 克/人·日计算，每人年均排放化学需氧量为 0.024 吨，800 万人就将新增生活化学需氧量排放近 20 万吨。而需要相应增加的城市生活污水处理设施却相对缺少，污水处理厂至今才 26 家；与湖北 2009 年争取建成污水处理厂 75 家相比，更是相差甚远。如果湖南不尽快引起重视，加大环保设施建设力度，随着城市化战略的不断推进，生活废弃物污染增加的态势将更加突出，后患不可低估（见表 8）。

表 8 湖南城市废水及污染物排放增减一览

年 份	废水（亿吨）			化学需氧量（万吨）			氨氮（万吨）		
	总量	工业	生活	总量	工业	生活	总量	工业	生活
2004	25.00	12.31	12.69	84.99	27.60	57.39	9.39	3.73	5.66
2005	25.56	12.24	13.32	89.45	29.38	60.08	10.08	4.16	5.92
2006	24.41	10.00	14.41	92.25	29.21	63.04	10.05	3.75	6.30
2007	25.21	10.01	15.20	90.36	25.72	64.64	9.15	3.14	6.01
2008	25.03	9.23	15.80	88.46	23.73	64.74	8.47	2.51	5.96
年均降率（%）	-0.03	6.94	-5.63	-1.0	3.70	-3.05	2.54	9.42	-1.29

3. 水系状态：湘、沅雨水系污染重，重点在湘江中下游和沅水上游

湖南水系主要有湘江、资江、沅江、澧水、洞庭湖，即"四水一湖"，受长株潭人口及株洲清水塘、衡阳水口山、湘潭岳塘、郴州有色金属采选冶炼四大工矿污染物和湘西花垣矿业影响，湘江中下游和沅江上游江段污染严重。

"四水一湖"断面监测显示，污染程度由重到轻排序依次为湘江、沅江、资江、洞庭湖、澧水。主要污染物有废水、化学需氧量、氨氮、石油类、氰化物、挥发酚、汞、镉、六价铬、铅和砷等，其中以废水、化学需氧量、氨氮污染较为严重。

湘江主要为生活、工业及农业面源污染的复合型污染。一则它接纳的城市生活排泄物最多。湘江流经永州、郴州、衡阳、娄底、株洲、湘潭、长沙、岳阳等 8 个地级市，承载人口占全省总人口的 60%，水消费与污染量巨大，仅 2007 年，城市向湘江流域排放的生活污水就占全省总排污量的 70%，与此形成对照，在此流域还没有一个县级污水处理厂。二则它接纳的工业废水和重金属污染物最多。湘江流域承载了株洲清水塘、衡阳水口山、湘潭岳塘、郴州有色金属采选冶炼四大工矿污染物，可以说湖南 70% 以上重工业和主要矿业的供排水都靠湘江干支流支撑。仅 2007 年工业企业向湘江流域排放的废水量就占到全省总排量的 57%。湘江承载已到极限。

具体而言，湘江干流受衡阳水口山和株洲清水塘影响，衡阳松柏—衡阳城区、长沙、株洲、湘潭江段污染突出。污染最重的是株洲霞湾，达标率仅 58.3%。污染物特点为：湘潭马家河、五星，湘阴樟树港江段为氨氮

超标；株洲朱亭、霞湾江段为化学需氧量超标；衡阳松柏下游、长沙大托铺港子河口江段为镉超标；湘潭易家湾、马家河，株洲枫溪江段为五日生化需氧量和总磷超标。

湘江支流污染主要在蒸水衡阳段、涟水娄底段和浏阳河长沙城区段。污染最重的是长沙黑石渡、三角洲江段，断面达标率为0%，这在整个水系监测中极为罕见。其次是衡阳联江村江段，达标率为25.0%，酉阳渡口则为58.3%。

沅江干支流流经怀化、溆浦、泸溪、沅陵、桃源、常德、吉首等多个地级市和县城，污染在干流上游，主要是贵州入境水源的磷污染。受此影响，干流上游怀化段和湘西泸溪段总磷污染严重，达标率为44.4%。其中入境断面洪江托口为劣V类水质，属重度污染，总磷最大超标8.1倍；受其影响，托口至湘西侯家齐5个断面达标率为16.7%~50.0%，并严重影响到中下游城市用水安全。

资江、澧水和洞庭湖，澧水最优，是少有的优质河流。洞庭湖治理成效显著，在流域内相继关停造纸等污染企业400余家后，水质明显转好，已优于资江，但仍为中营养型（见表9）。

4. 城市饮用水：安全与威胁并进

湖南地表水的清洁与污染，使城市饮用水源地呈现喜忧参半、安全与威胁并进的态势。这种安全与威胁并进表现在：①城市数量。近两年，湖南14个主要城市中，拥有安全饮用水源地的城市数量与遭遇污染威胁的城市数量都为7个，即7:7，除益阳和娄底达标率有所升降外，其他城市变化不大。这说明饮用水源地安全保卫战难守难打难攻，任务异常艰巨。②达标数据。一方面，邵阳、岳阳、张家界、郴州、永州、怀化等6市饮用水源地达标率持续在100%，人民群众喝上放心水；益阳经过努力，达标率上升到100%。这些充分说明饮用水源地安全在一些地区和流域已经得到巩固和发展。但另一方面，长沙、株洲、湘潭、衡阳、常德、吉首等6市，饮用水安全却遭到进一步挑战。受威胁最大的是长沙和湘潭，饮用水源地受到严重污染，达标率都为0%；其次是衡阳，达标率不到40%；株洲、常德、娄底、吉首4市，2008年达标率甚至低于上年水平，这表明有相当一部分城市饮用水源地安全形势依然严峻，甚至在进一步恶化。

表 9 2008 年主要水系流经城市断面监测概况

水系流经主要城市	断面监测点（个）	断面水质评价							达标率（%）
		I	II	III	IV	V	劣 V	
湘江流域	流经：永州、衡阳、株洲、湘潭、长沙、岳阳及支流的郴州、娄底等主要城市	40	2	9	24	2	0	3	87.5
	湘江干流：永州—衡阳松柏，衡阳蒸洲—株洲上游			水质较好					
	衡阳松柏—衡阳城区，长沙、株洲、湘潭江段	松柏及下游马家河、五星、樟树港断面			氨氮超标				58.3 ~ 91.6
		朱亭、霞湾断面			化学需氧量超标				
		松柏下游和港子口断面			镉超标				
		易家湾、马家河和枫溪断面			五日生化需氧量和总磷超标				
	湘江支流：潇水、舂陵水、耒水、洣水、渌水			水质较好					
	蒸水衡阳段，涟水娄底段，浏阳河长沙城区段污染严重	黑石渡、三角洲断面联江村断面酉阳渡口断面			污染物：氨氮、化学需氧量、五日生化需氧量、总磷、溶解氧和阴离子表面活性剂				0 ~ 91.6
资江流域	流经邵阳、新邵、冷水江、新化、安化、桃江和益阳等城市	12	1	8	2	1			100
	资江干流和支流夫夷水	入河口断面		水质较好					
	资江支流：邵水				轻污				

续表

水系流域	水系流经主要城市	断面监测点(个)	I	II	III	IV	V	劣V	达标率(%)
沅江流域	流经芷江、怀化、会同、黔阳、溆浦、辰溪、泸溪、沅陵、桃源、常德及支流的吉首等城市	20	3	8	6	2	1	3	70
	沅江干流上游：怀化段，湘西泸溪段总磷污染严重	黔阳托口断面				总磷最大超标达8.1倍			16.7
		托口一侯家齐5个断面				总磷超标			16.7~50.0
		侯家齐以下江段4个断面				偶有总磷超标			66.7
	沅江支流：巫水、武水、渠水、酉水	溇水入河口断面		水质较好		总磷超标			
	受沅江干流回流影响	酉水碗米坡电站、虎渡口和武水河溪水文站断面				锰污染			
澧水流域	流经永顺、桑植、张家界、石门、澧县、津市等城市 9个断面符合或优于III类水质标准	9		8	1				100
洞庭湖水域	富营养指数仍为中营养	10		6	4				90.8
	长江干流	4			3	1			75
	其中：长江岳阳段	荆江口、城陵矶、陆城断面			合格				
珠江水系	北江武水郴州市梅田镇断面	藕池河西支官垱断面			1	化学需氧量、石油类污染	1		100
	断面监测点合计	96	3	39	41	6	1	6	86.5

注：粪大肠菌群不参与水质类别统计，只作为卫生学指标进行评价。

　　饮用水源地头号污染物为粪大肠菌群（主要来自人和动物的粪便，此项只作为卫生学指标进行评价）。在7个未达标城市中，粪大肠菌群污染居6个城市的首位，其次是氨氮、总磷及重金属铁、锰、砷、汞等，如果将粪大肠菌群排除于统计之外，则长沙、湘潭、衡阳、株洲、常德、吉首的达标率都将有所提高。但不管怎样，污染客观存在，这暴露出我们在城市化、工业化进程中，环保意识和环保设施建设的滞后甚至缺位（见表10）。

表 10　湖南各城市饮用水源地水质监测统计结果

单位：%

城　市	断面名称	达标率		出现超标的污染因子
		2008 年	2007 年	
长　沙	猴子石、橘子洲、五一桥	0.0	5.0	粪大肠菌群、氨氮、铁、锰
株　洲	一、二、四水厂	69.4	77.6	粪大肠菌群、氨氮、总磷、铁
湘　潭	一、二、三水厂	0.0	0.0	粪大肠菌群、氨氮、铁、BOD_5
衡　阳	城南、城北、江东水厂	38.9	28.2	粪大肠菌群、砷、汞
邵　阳	桂花渡水厂、城西水厂、工业街水厂	100.0	100.0	—
岳　阳	金凤水库	100.0	100.0	—
常　德	三、四水厂	70.8	93.5	总磷、粪大肠菌群、铁、锰
张家界	澄潭	100.0	100.0	—
益　阳	龙山港	100.0	91.7	—
郴　州	东江水库	100.0	100.0	—
永　州	诸葛庙、曲河	100.0	100.0	—
娄　底	大科石埠坝、二水厂	95.8	100.0	氨氮
怀　化	二水厂	100.0	100.0	—
吉　首	二、三水厂	70.8	77.8	粪大肠菌群、铁

　　注：省环保局评价结果与本书湖南城市水质水量安全报告评价结果由于评价方法与侧重点不同而有所出入。

5. 空气污染：以可吸入颗粒物和二氧化硫为主，株潭岳常压力大

　　可吸入颗粒物（PM10）和二氧化硫（SO_2）是当今工业化国家第一空气杀手，也是湖南空气主要污染物。2004~2008年，湖南加大治污力度，

城市空气质量纵向比较，提高了近 60 个百分点，情况大有好转。但横向进行区域比较，则几家欢乐几家忧。

湖南城市空气按污染程度分为三类：一是安全型。永州、衡阳、张家界、郴州、娄底、怀化、吉首 7 市，5 年达标比例在 80% ~ 100%。二是向好型。益阳、邵阳、长沙 3 市，空气质量逐渐向好，5 年达标比例在 20% ~ 60%，但后两位还欠稳定。三是挑战型。株洲、湘潭、岳阳、常德 4 市，5 年达标比例为 0%，即空气质量 5 年连续不合格，污染非常严重，面临严峻挑战（见表 11）。

表 11　2004 ~ 2008 年湖南主要城市空气质量比较

单位：%

城　市	空气质量等级					5 年达标比例	主要污染物	说　明
	2004 年	2005 年	2006 年	2007 年	2008 年			
长沙市	Ⅱ +	Ⅲ	Ⅲ	Ⅲ	Ⅱ	20	以扬尘和煤烟型为主，主要污染物为可吸入颗粒物和二氧化硫	空气质量分 5 个等级：Ⅰ级优；Ⅱ级良；Ⅲ级轻度污染；Ⅳ级中度污染；Ⅴ级重度污染。Ⅱ级以上为达标。Ⅱ +、Ⅲ + 表示污染物超过本级标准。
株洲市	Ⅲ +	Ⅲ	Ⅲ	Ⅲ	Ⅲ	0		
湘潭市	Ⅲ +	Ⅲ	Ⅲ	Ⅲ	Ⅲ	0		
衡阳市	Ⅱ	Ⅱ	Ⅱ	Ⅲ	Ⅱ	80		
邵阳市	Ⅱ +	Ⅲ	Ⅱ	Ⅱ	Ⅱ	40		
岳阳市	Ⅱ +	Ⅲ	Ⅲ	Ⅲ	Ⅲ	0		
常德市	Ⅱ +	Ⅲ	Ⅲ	Ⅲ	Ⅲ	0		
张家界市	Ⅱ +	Ⅱ	Ⅱ	Ⅱ	Ⅱ	80		
益阳市	Ⅱ +	Ⅲ	Ⅱ	Ⅱ	Ⅱ	60		
郴州市	Ⅱ +	Ⅱ	Ⅱ	Ⅱ	Ⅱ	80		
永州市	Ⅱ	Ⅱ	Ⅱ	Ⅱ	Ⅱ	100		
怀化市	Ⅱ +	Ⅱ	Ⅱ	Ⅱ	Ⅱ	80		
娄底市	Ⅱ +	Ⅱ	Ⅱ	Ⅱ	Ⅱ	80		
吉首市	Ⅱ +	Ⅱ	Ⅱ	Ⅱ	Ⅱ	80		
年度达标比率	14.3	50.0	64.3	50.0	71.4	—		

按空气污染物划分，具有区域污染特性。可吸入颗粒物超标主要集中在岳阳、湘潭、常德、株洲和长沙 5 个城市，尤以岳阳、湘潭为甚，主要为工业烟尘、粉尘排放。可吸入颗粒物对人体的心肺危害极大。二氧化硫

超标集中在株洲、湘潭、常德、长沙，株洲最甚，湘潭次之。主要来自煤炭、石油、天然气等化石燃料，其他来自金属冶炼和硫酸生产过程。二氧化硫除危害人体健康外，还腐蚀建筑物。

按空气污染物排量变化，凸显工作重点。对 2003～2007 年城市废气污染物排放状况进行比较，结果显示：烟尘、粉尘在 2005 年达到最高值，二氧化硫在 2006 年达到最高值，其后都在下降，但降幅前者大于后者。与 2003 年相比，2007 年烟尘下降 10.0%，粉尘下降 6%，显现出工业企业节能减排的功效；但二氧化硫排放量却增长 6.6%，主要是工业二氧化硫增长 10.1%，达 6.79 万吨，生活二氧化硫排量随着燃煤退出城市居民生活而下降，降幅达 7%。工业二氧化硫成为减排难点，源于脱硫成本和提炼技术制约。可见，净化城市空气、节能降耗，尤其能源脱硫和回收技术是重中之重。

6. 酸雨态势：已成环境新"杀手"，机动车剧增乃新的污染源

酸雨是近年困扰湖南城市的又一大污染问题，已成当今环境新"杀手"。酸雨对城市的影响是漫长的，也是持久的。它能腐蚀城市建筑物，使钢筋、水泥、大理石在它的浇淋下如酥土般瓦解；能加速对暴露的油漆、涂料及橡胶等产生破坏作用，导致使用寿命缩短；能使承载历史文明的文化遗址和文明古迹面目全非，抹去文明痕迹；能使水体酸化，导致河流湖泊水生生物减少甚至绝迹。当今北美、北欧已尝尽苦头。

纵察横观湖南酸雨发展态势，形势极其严峻。其一，酸雨发生频率高。湖南 14 个城市中，酸雨频率在 80% 以上的城市达 6 个，占 42.9%，将近半数。其二，酸雨强度大。酸雨按 pH 值分为非酸、轻酸、中酸、较重酸、重酸五级（pH < 5.60，降水为酸雨；pH ≤ 4.5，降水为重酸雨），14 个城市 pH 年均值达到较重和重度酸雨的城市有 9 个，占总数的 64.3%。其三，酸雨范围广。14 个城市中，处于非酸状态的城市只有 2 个，其他 12 个城市都有不同程度的酸降，可以说湖南城市环境已在酸性化。其四，酸雨态势强。2007 年重酸城市只有 2 个，2008 年增加到 3 个。2008 年 pH 年均值提高的城市只有 5 个，而降低的城市反倒增加至 9 个，雨水酸化在发展（见表 12）。

表 12　湖南城市降水监测结果统计

城　市	pH 年均值		酸雨发生频率（%）	
	2007 年	2008 年	2007 年	2008 年
长沙市	3.99	4.25	91.8	92.5
株洲市	4.57	4.56	76.8	87.8
湘潭市	4.92	4.96	50.7	30.5
衡阳市	5.8	5.85	10	25
邵阳市	4.84	4.86	50	49.2
岳阳市	5.3	5.11	38.6	44.8
常德市	4.07	3.99	95.8	98.3
张家界	4.68	4.55	64	85.2
益阳市	4.59	5.28	85.9	42.8
郴州市	5.99	5.47	23.4	48.8
永州市	5.58	6.1	11.3	2.5
怀化市	4.83	4.26	100	89.4
娄底市	4.7	4.65	56.7	65.3
吉首市	5.13	4.7	44.2	80.3
全　省	4.97	4.93	63.7	64.5

　　当前，湖南雨水酸化加剧，有三方面原因：一是重化工业发展带来的空气污染，如株洲市；二是非金属矿山企业排放的废气，尤以建材行业的水泥厂、石灰厂、制砖厂为甚，废气中主要以二氧化硫和粉尘为主，常德酸雨严重就属于这种情况；三是机动车尾气排放污染。

　　按常理，空气污染最严重的城市（如株洲、湘潭、岳阳），也应是 pH 年均值最低和酸雨发生频率最高的城市，但实际情况不然。2008 年湖南城市降水监测结果显示，14 个城市的 pH 年均值和酸雨发生频率由重到轻排序，排前面的是空气污染居于次之的长沙，并非污染最严重的株洲、湘潭、岳阳（见表 13），这是为什么？一个重要原因就是城市机动车剧增对酸雨作出的"贡献"。

表 13　2008 年湖南 14 个城市空气污染与酸雨状况比较

检测项目	14 个城市空气污染由重至轻排序
可吸入颗粒物	岳阳＞湘潭＞常德＞株洲＞长沙＞张家界＞衡阳＞郴州＞益阳＞邵阳＞怀化＞娄底＞永州＞吉首
二氧化硫	株洲＞湘潭＞常德＞衡阳＞长沙＞吉首＞怀化＞岳阳＞张家界＞邵阳＞郴州＞娄底＞益阳＞永州
城市降水 pH 值	常德＜长沙＜怀化＜张家界＜株洲＜娄底＜吉首＜邵阳＜湘潭＜岳阳＜益阳＜郴州＜衡阳＜永州
城市酸雨频率	常德＞长沙＞怀化＞株洲＞张家界＞吉首＞娄底＞邵阳＞郴州＞岳阳＞益阳＞湘潭＞衡阳＞永州

酸雨主要形成物质是硫氧化物和氮氧化物，受汽车排放标准和汽油纯度影响，我国汽车尾气排放出大量的高浓度二氧化硫、一氧化硫和氮氧化物，已成为城市雨水酸化的最重要污染源。尤其在堵车或等红灯时，汽车不熄火，尾气排放的硫氧化物和氮氧化物浓度更高，对酸雨"贡献"更大。

以长沙为例，2008 年长沙机动车保有量已超过 70 万辆，其中市区机动车保有量超过 35 万辆，并以年超 10% 的速度增长，以硫氧化物和氮氧化物为主的废气排放量惊人。机动车数量飙升，使本应正常行驶的车辆由于道路堵塞拥挤而处于开开停停的状态，由此进一步加大了污染物排放。目前，长沙一环交通干道和路口堵车是常态，并正向二环漫延，市区内大街小巷已成停车场，车满为患。这种状况导致的直接结果是，2006 年以来长沙氮氧化物排放量年均值呈上升趋势，并以每年 5% 以上的比例不断升高。这也就是长沙空气质量已达国家二级标准，但酸雨发生频率竟高达90% 的原因所在。所有的努力和成效正在被汽车尾气造成的污染逐步侵蚀。解决汽车尾气污染已刻不容缓。

7. 城市噪声：生活、交通噪声成污染主体，工业、施工噪声得到有效控制

湖南城市环境噪声包括生活噪声、交通噪声、工业噪声、施工噪声等污染源，监测主要包括城市交通噪声、城市区域环境噪声、城市功能区噪声等内容。随着工业结构和布局的调整，以及加强对施工的严格管理，一直对城市声环境影响较大的工业噪声和施工噪声，影响范围在逐年下降，近年工业噪声源所占比重不到6%，施工噪声源不到3%。与之相反，生活噪声和交通噪声随着城市化加速成为声环境主要污染源。生活噪声源主要来自文化娱乐场所、商业经营活动及居民住宅区中使用的向环境排放噪声的设备，如空调器、冷却塔、通风设备、供水设备、供热设备、电梯、变压器等服务设施。目前，生活噪声占声环境总污染源比重在60%以上，成为声环境第一污染源。交通噪声源主要来自机动车，尤以汽车为甚，在整个声环境污染中，所占比重居第2位，在20%以上，但其强度最大、影响最深，体现在：尽管近年湖南没有发生过中度和重度声污染情况，但城市交通噪声和城市功能区4类噪声超标较突出。在城市交通噪声监测中，张家界和吉首交替持续超标；在城市功能区噪声监测中，全省4类功能区（指交通干线两侧一定距离之内，需要防止交通噪声对周围环境产生严重影响的区域）夜间噪声超标1.5分贝，包括长沙、株洲、湘潭、岳阳、娄底、怀化等6个城市均有超标，凸显出交通噪声对声环境污染的"贡献"强度。随着私家车走进千家万户，以及现代交通物流业的快速发展，交通噪声源在声污染中的比重还将上升（见图8）。

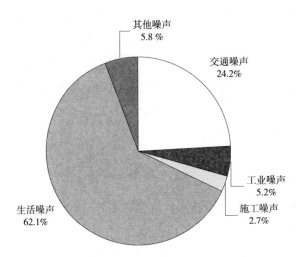

图8 2007年全省区域环境噪声声源状况构成

三　湖南城市环境保护进程

湖南经济结构粗放，环保历史欠账多，污染长期叠加，至 2005 年、2006 年，已处于环境事故多发期，其间国家约束性减排的污染物达历史最高水平，严重的镉污染、砷污染事件也在这一时期发生，这一切敲响了湖南环境安全的警钟，也拉开了湖南环境保护与经济发展同步推进的大幕。

1. 认识推进：强调观念的三个历史性转变

针对环保工作中广泛存在的"先污染后治理""先建设再治理"的思维模式，湖南省委、省政府认为，首先必须抓观念变革，并提出了实现认识的三个历史性转变的要求，即"从重经济增长轻环境保护向保护环境与经济增长并重转变，从环境保护滞后于经济发展向环境保护和经济发展同步转变，从主要运用行政手段保护环境向综合运用法律、经济、技术和必要的行政办法解决环境问题转变"。三个历史性转变，高屋建瓴，为发展与环保的有机结合拓展了新思路。2007 年，长株潭城市群被国务院正式批准为两型社会建设综合配套改革试验区就是认识转变的硕果。

2. 程序强化：实施环保一票否决，八部门齐抓共管规则

湖南未批先建、不批也建、越权审批、"先上车，后补票"等违规行为经常发生，是导致"双高"企业屡见不鲜、污染叠加的根源。为此，在提高认识的基础上，湖南明确项目申请审核审批程序，规定凡未依法经环保审批、不符合国家环保法律法规和标准的建设项目，发改委等部门不得审批或核准立项，国土资源部门不得批准用地和发放采矿许可证，规划部门不得发放规划选址意见书，建设部门不得发放施工许可证和进行竣工验收，安全监管部门不得发放安全生产许可证，工商行政管理部门不得办理工商登记，电力部门不得供电，金融部门不得给予贷款。环保一票否决，八部门齐抓共管，从源头杜绝污染的增量。

3. 制度突破：首创环保"三同时"保证金规程

环保"三同时"保证金规则是湖南环保制度建设的一大创举。该制度是为确保建设项目、环保设施与主体工程能同时设计、同时施工、同时投产实施到位而创立的。该制度的创新之处在于对建设项目的经济制约，规定凡建设对环境有较大影响的项目，必须按项目环保设施投资的 5% ~ 20% 缴纳"三同时"保证金；建设项目的污染防治设施经"三同时"验收合格后，及时将保证金退还给建设单位。建设项目环保设施未按"三同时"要求建设的，"三同时"保证金充做环保专项治理资金，环保行政主管部门不予进行建设项目竣工验收，有关部门不得发放准予生产经营的相关证照。

4. 责任重申：强化区域环保行政首长问责制

湖南在全省第六次环保大会《关于落实科学发展观切实加强环境保护的决定》明确提出，各级政府主要负责人是本行政区域环境保护第一责任人，从 2006 年开始，将主要污染物总量控制、建设项目环保"三同时"、出入境水质变化等指标纳入各级政府和领导干部政绩考核体系。尤其是 2008 年启动的"千里湘江，碧水行动"，沿江长沙、株洲、湘潭、衡阳、郴州、娄底、岳阳、永州 8 市市长更是向省政府递交了湘江流域水污染综合整治目标责任书，严格实行上游城市对出境水质负责的行政首长问责制，分段落实责任，达到减少连环污染、污染叠加及节能减排的目的。

5. 明确目标：完成减排 10%、25% 等主要污染物及相关环保指标

湖南在制定"十一五"环境目标任务中，首先根据中央要求，明确 2006 ~ 2010 年全省化学需氧量和二氧化硫排放量各削减 10%，同时还根据本省实际，主动将镉和砷纳入减排目标，承诺 5 年将镉、砷排放量各削减 25%，万元 GDP 能耗降低 20%。此外，还明确地表水环境功能区达标率达到 70%，80% 城市集中式饮用水源地水质达标，65% 的设区城市（含吉首市）空气质量优良天数大于 292 天/年，等等。2008 年，针对实施情况，又将目标做了进一步调整，实施了重点加快湘江流域水污染综合整治、湖南省主要污染物总量减排计划（2008 ~ 2010 年）、城市污水处理设施建设三年行动计划等 3 个计划，并严格要求各地按计划项目进度表做好安排，确保所有项目在 2010 年底之前完工。

6. 重拳治理：三大整治推动湖南节能减排

其一，对重点污染区域进行重点整治。株洲清水塘、衡阳水口山、湘

西花垣"猛三角"是湖南污染重灾区，尤其清水塘和花垣更上了全国污染黑名单。湖南突出对株洲冶炼厂、株洲化工集团、智成化工集团等大型企业循环经济建设和污染治理，完成了含镉水塘污染治理等工程。2006年，株洲市退出全国10个空气质量最差城市黑名单，从2008年起，株洲市启动创建国家环保模范城市计划。完成了对衡阳水口山有色金属公司三厂铅冶炼烟气治理、四厂循环经济改造、六厂含铍废水治理等重点项目，废除了地方保护政策，关闭涉砷、涉铅、涉镉企业38家。完成了对花垣县"锰三角"锰污染的彻底整治，对14家具有一定生产规模但不能稳定达标的涉锰企业全面进行治理，对达标无望的企业进行淘汰，现该地区已通过国家环保部门验收。

其二，对重点污染水系进行专项整治。洞庭湖区是湖南造纸业和苎麻加工业最集中的地区，有企业250多家，年排废水1亿多吨，化学需氧量占全省1/5。通过深入调查，关停造纸企业234家、苎麻加工企业20家。洞庭湖水质明显好转，在湖南五大水系中排名已由第3位晋升到第2位。

湘江是湖南主要的水系，也是污染最重的水系，在省长周强、副省长于来山、刘力伟和湘江流域8市市长及省直有关领导组成的湘江流域水污染综合整治委员会的领导下，拉开了治理大幕。一是强化规划落实。制定了《"十一五"湘江流域水污染防治规划》《长株潭环境同治规划》及《湘江流域水污染综合整治实施方案》，计划三年内投入174亿元，对湘江流域1377个污染项目进行整治。二是严控湘江污染增量。上收了湘江流域衡阳松柏至长沙月亮岛两岸20公里宽范围内新建有水污染的项目审批权，并将这一政策延伸到全流域执行。三是对沿江污染企业进行强制整治。通过下达限期治理项目等措施，完成了对水口山有色金属公司水资源综合利用、清水塘区域镉污染综合整治、株洲冶炼厂锌烟气含汞废水处理和渣场建设、株化集团硫铁矿系统水洗改酸洗净化、智成化工公司合成氨系统污染治理、湘乡皮革工业园水污染综合治理、湘潭钢铁公司干熄焦等重点项目，目前共完成761家污染企业整治。

其三，积极参与宏观调控。借助国家对水泥、钢铁、电解锰、火电、铁合金、焦化等项目的宏观调控之势，湖南按不同情况对上述行业和产业采取了关停、淘汰、退转、改造和限期治理等措施，目前全省已关停小火电机组 120 万千瓦，淘汰水泥落后产能 946 万吨，停产整治达不到产能要求和环保要求的造纸企业 583 家。尤其是加大了对园区的环境管理，纠正了各类工业园区和开发区成为污染企业"庇护所"的现状，使处于环境敏感区域的湘潭竹埠港及时调整了产业布局。

7. 执法监督：省人大挂帅，环保部门行动，加强环保检查

湖南在省政府领导和环保部门努力下，开展了"清理整顿不法排污企业、保障群众健康环保行动"和"三湘环保世纪行"等活动，取得了一定成效。为加强执法力度，省人大常委会充分运用其至高的执法监督权，就环保法律法规落实情况，对清洁饮用水源、清理地方"土政策"等七项内容进行执法大检查，促使各地环保部门加快对以涉镉、涉砷、涉铅企业为重点的威胁饮用水安全企业的检查，对地方性"土政策"清理，使一批污染严重和不法排污的企业得到整治、受到查处。同时，还将能耗指标和污染物排放指标纳入经济社会发展综合评价体系，每半年公布一次各地区和主要行业的能源消耗、主要污染物排放情况，对排名靠后的地区和行业、企业实行挂牌督办。

四 湖南城市环境保护制约

在肯定成绩的同时，必须清醒地看到湖南环境形势和工作中仍然存在许多制约因素。这些都将使湖南在未来发展中面临严峻的环境安全形势。

1. 污染减排与排污增量的矛盾突出

一方面，为保障城市环境安全，建设两型社会，湖南需要加大污染物减排力度，完成"十一五"期间化学需氧量和二氧化硫排放量各削减 10%、镉和砷排放量各削减 25% 的目标；另一方面，要保证 2009 年 GDP 增长 10%、城市化率达到 45% 的目标，必然要加速工业化和城市化进程，从而使污染减排与增量始终处在环保工作的博弈与矛盾之中，这一局面也直接导致湖南"十一五"减排任务落实滞后，以致国家环保部副部长张力军断言，湖南可能是全国"十一五"减排目标最后完成的省份。

更让人忧虑的是，重工化是工业化不可逾越的重要阶段，湖南当前的工业化就是在加速有色金属、石化、冶金、建材、装备制造、工程机械、汽车等重化工业发展，在目前技术水平、资源利用效率和污染物达标排放率等方面没有发生质的飞跃的情况下，工业"三废"排放总量仍会增加，湖南总体环境质量仍不乐观。

2. 局部生态亟待修复与结构性污染仍将持续的矛盾突出

湖南局部地区生态功能已遭到严重破坏，有些已严重威胁到当地群众的生产、生活安全。例如，沿湘江、资江等流域的老工业企业，由于污染物长期累积，周边土壤污染表现出源多、量大、面广、持久、毒害性大等特征；一些国有老矿生态问题突出，地质灾害严重；在岩溶区，石漠化与潜在石漠化面积达 291.65 万公顷，占岩溶区总面积的 54%。石漠化已导致水土严重流失、土地退化、生物量下降、当地人民生存环境恶化、生活贫困加剧，生态亟待修复。但与之相抵触的是，目前湖南"二三一"的产业结构，尤其是湖南重化工业中原材料工业产值比重大，全省高耗能、高污染行业企业占规模工业企业总数超过 50%，结构性污染还相当严重，并且在短期内难以根本改变，这就加重了生态修复的难度，加大了修复成本，使局部生态退化的矛盾更为突出和尖锐。

3. 环保任务重与基础设施基础能力弱的矛盾突出

湖南环保任务重，应与之匹配的环保基础设施和基础能力建设也相当薄弱。目前，湖南城市污水处理和生活垃圾等基础设施建设在全国处于落后地位，与同是两型社会建设的湖北相比差距更大。以污水处理为例，湖南目前运营的污水处理厂仅 27 家（最新报道，将建成 119 个城镇污水处理厂）；湖北 2006 年就有 28 家，"十一五"将建成 75 家，目前有 45 家已竣工或在建。受基础设施制约，国家"十一五"化学需氧量减排任务，湖南只完成 11.5%，湖北完成 99%。主要城市饮用水源地水质，湖南只有50% 达标，湖北达 99.94%。环保基础设施建设滞后可见一斑。在环保任务繁重、迫切需要各级环保部门加强环保检查和监督的同时，环保部门却因机构小、编制少、经费不足、队伍整体素质不高、执法能力较弱、基础工作较差而制约了环保工作的顺利开展。

4. 社会对环境要求整体提高与个体环保意识缺失的矛盾突出

随着人们生活水平的提高及政府对环境的动态监测和信息披露能力增强，人们越来越关注环境质量、重视环境安全，反映环境问题的信访量近年增幅较大，2008 年省本级环境信访量比 2007 年增长 40.5%，来信来访和投诉达 1245 件，全省各市州情况也一样。与社会对环境的要求提高形成鲜明对比的是，个体环保意识缺失的现象仍相当普遍，如为一己之利非法开办的污染极其严重的"五小"企业及业主；随处可见的吐痰、扔垃圾，往江河湖塘中倾倒废弃物，攀枝折木，踩踏公共绿化带等不环保、不文明行为，以致在许多场所和区域出现"边清洁边破坏""边治理边污染"的失和局面。个体环保意识缺失不仅影响自身的生产生活和消费行为，还会产生负面群体效应，以致影响到整个环境保护的成效。

5. 环境污染社会成本高与环境外部消费成本低的矛盾突出

环境污染已使社会付出了高昂的健康成本和财富成本，数据显示，由于污染，近年以青少年为主要受害对象的哮喘病增多，儿童的血铅普遍高于成年人，白血病、癌症等疾病的发病几率高于过去，生命安全遭遇严峻威胁；由于水土流失，地质灾难频繁发生；由于污染，用于治理的资金年年递增，湖南 2008 年达 2.3 亿元。与之相反的是，造成环境污染的环境使用和消费成本却非常低，市场的趋利性导致众多企业和个体把环境当做排污场所任意使用和糟蹋。环境价格与价值的背离，已严重阻碍了环境资源的可持续利用。

五 湖南城市环境安全策略

湖南三次产业结构由"三二一"调整为"二三一"，即由重点发展第三产业转变到重点发展第二产业即重化工业，以及城市化提速，这些重大变化使湖南环境容量面临旧有压力未缓解、新压力又袭来的紧张态势。本着保障城市环境安全、构建两型社会的美好愿望，笔者认为，当前的首要任务应把握好以下几个关键性问题。

1. 推进工业化要谋求"新型"

我们的工业化要想跨越发达国家"先污染后治理"的发展模式，就必须实施两手抓：一手抓硬件，一手抓软件。硬件建设要致力于用信息化带动工业化，通过信息化提供的多数行业经济增长方式转变的技术基础，使资源的整合和节约成为基本的经济发展内含；通过高新技术和先进适用技术改造湖南的钢铁、有色金属、建材、石化、造纸等高消耗、高污染传统工业，使资源得到最有效的开发和利用，从而使低碳经济得到长足发展。软件建设重在管理，就是以规划环评促进结构调整，以环保审批引导结构调整，以污染整治倒逼结构调整，从结构调整着眼，从管理上着力，全方位把好环保关。

2. 加速城市化要严肃"规划"

城市规划是城市发展的蓝图，是城市发展和城市建设的龙头。它是根据城市的资源状况和社会经济发展状况，包括对未来预期的一个状况来合理配制资源的战略安排。规划需要确定城市发展方向、城市规模和城市布局，并做好环境预测和评价，使整个城市的建设和发展达到技术先进、经济合理、"骨肉"协调、环境优美的综合效果。综观湖南城市的多年发展，规划给人的印象是"规划归话"，即只是讲讲而已，没有谁当真，也没有谁有能力把它当真。规划的非法律效应使规划落实大打折扣，一些人从利益政绩出发，随心所欲地变更，以致出现体现政绩的形象工程、利益工程说上就上，关系到公共事业、公共设施建设的非营利工程说下就下或迟而不动；规划的非法律效应还使城市发展以在任领导的意志和喜好为转移，朝规夕改使城市发展缺少科学性和连续性。这种局面导致的最直接结果就是，环境污染，资源浪费，城市运行成本高昂。严肃规划，就是要体现规划的至高性和权威性，规划一经制定，就要坚决执行，不能因领导人的变更而变更，也不能以权力意志为转移。这方面我们应该向发达国家学习。

3. 推行责任制要严格"问责"

湖南针对环境保护已制定了较详细的考核、奖惩和责任人制度，但在现实生活中，违规审批、立项、上马，违规排污的现象仍屡见不鲜，媒体跟踪报道的污染事件，也总是不了了之，难见因环境问题而承担责任遭到处置的。探其缘由，各级政府和部门从利益出发，对环境事件大事化小、小事化了的"不想问、不追责"的态度是主要原因。基于此，推进环保责任制重在抓落实，关键在于敢动真格，不管是什么人，违规破坏环境就要追究责任，并做出处置，公之于众。同时要善于动真格，要对事件背后的关键性人物进行追究，以使环保责任制产生较大的威慑力和震撼力，使之不至于形同虚设而被戏弄。

4. 加强环保意识要着力"教化"

长期以来，国民对环境的认识是从优势介入的，如幅员辽阔、地大物博等，这使全社会有种很强的优越感，认为中国环境资本很足很强，局部环境的污染与破坏不至于影响到全局。在这种状态下，要使社会和公民树立较强的环保意识，必须要运用超常规手段——教化，即通过从中央到地方制定并推行环保政策，影响并引导社会和公民的行为举止和决策取向，实现政教风化；通过教科书、网络、电视、刊物等一切宣传工具，对社会进行环境资源的危机教育，增强公民的忧患意识，实现教育感化；通过对公共场所、旅游景点、环境资源敏感区进行重点管理、监控和提示，约束社会和公民损害环境的行为，实现环境影响的约束效应。通过教化使人们在潜移默化中增加环境危机感，提高环保意识。

5. 探索市场化路径要果断"尝试"

我国东部有些地区已经初步建立了行之有效的环境设施市场化建设和运营机制，污染治理已经成为对民间资金较有吸引力的投资领域。湖南应加快创新环保市场机制的步伐，针对目前突出的水污染问题，按照产业化发展、市场化运作、企业化经营、法制化管理的要求，深化水域内废水、垃圾处理管理体制改革，切实转变政府职能，实现政企分开、政事分开，确保社会公众利益和城市环境效益。建立和完善污染治理设施的投融资机制，无论工业企业的污染治理设施，还是城市污染治理设施，其建设和运行都应按企业方式来运作，鼓励各种社会资金投资污染治理设施建设，实现产权的股份化、投资的多元化，明确投资者之间的责、权、利，增加污染治理投资能力，保护投资者利益。在污染治理领域引入"特许经营"模式，将污染治理特许经营权给有实力、有经验的专业化污染治理公司，鼓励专业化污染治理公司实行污染治理设施的投资、建设、运行和维护管理等，吸收有实力的国有企业、民营企业等进入污染治理领域，加快污染治理市场化进程。

第三节　资源型城市转型发展

湖南是著名的"有色金属之乡"和"非金属矿之乡"。历次地壳运动，构成了湘中、湘南两个大的成矿带，形成了众多的以围绕矿产资源的开发利用和深加工为主要支撑的资源型城市，这些城市为湖南经济社会发展作出了重大贡献，有些已成为湖南经济社会发展的重要支柱。但同时，我们必须清醒地看到，矿产资源是一种不可再生资源，消费一点就减少一点，鉴于湖南已有耒阳、冷水江、资兴3市被国务院确定为第二批资源枯竭型城市而列入全国44座资源枯竭型城市之列，以及湖南又有郴州、涟源、临湘3座城市进入全国118座资源型城市名单的现状，本着节约资源、保护环境和可持续发展原则，我们有必要从战略的高度对湖南资源型城市进行现状分析与前瞻性研究，使有限的矿产资源得到最有效的开发利用，尽量避免由于矿产资源的过度开采和粗放式经营而导致城市环境破坏和资源枯竭，确保资源型城市的产业安全与可持续发展。

一　湖南资源禀赋与资源型城市

1. 湖南资源禀赋优势

湖南有较优越的资源禀赋，目前省内已发现6000多个矿产地，有各类矿产141种，占全国已发现237种矿种的59.49%。已探明储量的矿种101种，占全国已探明储量的159种矿种的63.52%。尤其是有色金属，国内已发现的全部矿种湖南几乎均已探明储量。在已探明的资源储量中，钨、锑、铋、普通萤石、轻稀土矿（独居石）、石煤等矿产储量居全国之首；锰居全国第2位；锡、钒、重晶石、金刚石等居全国第3位；磷、汞、砷、金红石、镉等居全国第4位。丰富的矿产资源对湖南城市化和工业化贡献是巨大的，仅矿产开采及加工企业的工业总产值就占到全省工业总产值的30%，从业人员占到全省工业从业人员的34%。这还不算产业链延长带来相关产业如物流、贸易、服务业的快速发展。真可谓三分天下有其一。

2. 湖南资源型城市分布

我们知道,资源型城市矿产安全并不取决于矿种的丰富程度,而是由矿产资源的保有储量以及市场经济价值决定的,这是资源型城市最主要的内涵。目前湖南资源保有储量较大且市场走势较好的矿种主要有煤、锰、铅、锌、钨、锡、铋、锑、金、重晶石、普通萤石、石膏、隐晶质石墨、盐矿、水泥用灰岩等15种,从矿种、储量及对国家经济建设贡献度等方面考虑,郴州、衡阳、娄底、永州等地级市,及冷水江、资兴、耒阳、常宁、涟源、临湘、花垣、桂阳等县市是湖南较典型的资源型城市,矿业成了这些城市的支柱产业,资源贡献率较高。还有些城市如邵阳、怀化、湘潭、常德等属次资源型城市,这些城市有一定的矿产资源,但受到储量和矿产品位的制约,矿业发展规模有限。

3. 湖南资源型城市资源特色

湖南资源型城市依矿产资源分布而形成,历次地壳运动构成了湖南依雪峰山脉为主的湘中、湘西成矿带和以五岭山脉为主的湘南成矿带,两大成矿带凸显了沿能源、黑色金属、有色金属、非金属矿产等四大主要矿产群走势的特点。

1种能源:煤炭。主要分布于娄底市、衡阳市、郴州市,三市煤炭资源保有储量占全省总量的67%以上。

4种黑色金属:铁、锰、钒、钛。其中铁、钒、钛主要分布于衡阳市、郴州市、株洲市三地;锰矿集中在永州市、湘西州、邵阳市境内,占全省总量的78%。

9种有色金属:钨、锑、锡、铋、钼、铜、铅、锌、汞。集中分布于郴州市、衡阳市、湘西州三地,其中郴州市、衡阳市以钨、锡、铋、钼、铜、铅、锌为主;湘中的娄底市以锑为主;湘西州以汞、锌为主。

7种非金属矿产:岩盐、芒硝、磷矿、重晶石、黄铁矿、砷矿、硼矿。这些重要化工原料主要分布于衡阳市、常德市。上述四大主要矿产群走势构成了湖南资源型城市的主要资源基础与资源特色(见表14)。

表 14　湖南资源型城市主要矿产储量分布

主要矿种及 在全国排名	资源城市主要矿种储量分布											
	郴州市	衡阳市	娄底市	永州市	湘西州	邵阳市	株洲市	益阳市	怀化市	岳阳市	常德市	湘潭市
煤，石煤（1）	●	●	●			●	●					
锰（2）				●	●			●				●
铅（6）	●	●		●								
锌（5）	●	●				●			●			
钨（1）	●	●										
锡（3）	●	●		●				●				
铋（1）	●											
锑（1）			●			●		●	●			
金	●	●					●	●	●	●		
重晶石（3）		●							●			
普通萤石（1）	●	●										
石膏（5）											●	
隐晶质石墨（1）	●											
盐矿（10）		●									●	
水泥用灰岩（8）	●					●			●		●	

二　湖南矿产资源安全宏观审视

湖南矿产资源支撑着湖南工业，也支撑着城市的发展，但是，矿产资源是一种不可再生资源，使用一点就会减少一点，尽管近几十年湖南发掘出以桂阳黄沙坪大型铅锌银矿，郴州柿竹园特大型钨、锡、铋、钼矿，常宁水口山康家湾大型铅、锌、金、银矿等为代表的一批矿床，但湖南资源禀赋有限，尤其要满足当前经济的高速发展以及正在启动的新一轮工业化、城市化建设对矿产的需求，仍十分艰难。

1. 资源"长腿"不优，"短腿"缺失：禀赋优势大打折扣

湖南矿产资源的"长腿"为有色金属和非金属矿产，但是，从已开采的矿产情况看，"长腿"不优的矛盾突出。一是单一矿产少，共生、伴生

矿产多。在全省148个主要有色金属矿区中，有共生组分的矿区129个，有伴生组分的矿区127个，具有两种组分以上的矿山占总数的87%，省内有名的有色金属矿山的共伴生有益组分多达20种以上，如银几乎全是伴生矿，康家湾的黄铁矿，金银占有率达70%。共生、伴生矿产选冶难度大，开发利用技术要求高，以湖南现有的技术能力与装备，不能进行有效而充分的选冶，资源浪费严重。二是矿产品位低，贫矿多，富矿少。湖南磷、铁、锰、钒等矿产，虽资源储量多，但大多为贫矿，选矿困难，选矿成本高。如磷矿以胶磷矿为主，品位低，选矿难度大；铁矿储量的73%为难选冶的赤铁矿，可利用的铁矿储量很少，富矿不足1%。

湖南矿产资源的"短腿"，主要表现在国民经济支柱性重要矿产资源的严重缺乏。在16种国民经济支柱性重要矿产中，湖南只有锰、铀、铅、锌、磷5种矿产储量进入全国前5位，但品位不高。更为重要的是，像石油和天然气这样重要的战略能源矿产至今没有探明储量，重要的化工矿产钾盐在湖南尚未发现；铅、锌、铜等有色金属矿产及贵金属矿金、银近年在找矿方面无重大发现，铝土、铜、硫、玻璃硅质原料严重短缺，禀赋优势大打折扣。

2. 保有储量减少，需求增加：资源枯竭加速

矿山储量是一个动态变化过程，它可随开采力度加大而减少，亦可随勘探力量、勘探技术的加强而不断发现新的矿源和矿种，增加储量。保证矿产的供需平衡、保持矿产资源较高储备是湖南城市化、工业化发展的战略需求。然而这种理性追求随着高速增长的经济而被打破。近10余年，湖南主要矿产的储量增长速度远低于矿产品产量的增长速度，而矿产品产量的增长速度又远低于消费量的增长速度，资源枯竭加速，供需形势严峻。

（1）消费大于供给，资源呈现负增长。统计显示，湖南矿产资源总量只占全国总量的6.5%，而消费量占到全国总量的15.4%，缺口近9个百分点，这意味着有相当数量的矿产资源需要进口才能满足需求。这一结论可从储量变化得到佐证。依据湖南资源储量情况，共有93种矿产列入储量表。数据显示，2006年有41种矿产储量发生变化，其中增加的有18种，减少的有23种，减少的高出5.38个百分点；2007年有39种矿产储量发生变化，其中增加的有 15 种，减少的有 24 种，减少的高出 9.7 个百分点。将湖南 2007 年主要矿产储量在全国位次与 2002 年比较，5 年间已有 18 种矿产位次后移，多种矿种储量正在递减。

（2）持续减少的矿种达 20 余种。有金、钨、铁、铜、铅、锌等 10 种金属矿和砷、芒硝、玻璃用砂岩等 12 种非金属矿在持续减少。在金属矿中，储量减幅最大的是硫铁矿，2007 年比 2005 年减少了 13.734%，其次是金矿，减少了 12.664%，铟矿和钨矿减幅均在 9% 以上；在非金属矿产中，储量减幅最大的是砷矿，2007 年比 2005 年减少了 11.423%，其次是芒硝，减少了 10.612%，玻璃用砂岩减少了 9.912%（见表 15）。统计显示，目前湖南全省不能满足需求，不能自给的矿产已达 20 余种。

表 15 湖南持续减少的金属矿产和非金属矿产

单位：%

矿 种	2006 年	2007 年	合 计	矿 种	2006 年	2007 年	合 计
金 矿	-11.644	-1.02	-12.664	芒硝	-9.572	-1.04	-10.612
钨 矿	-8.974	-0.03	-9.004	玻璃用砂岩	-9.912	0.00	-9.912
铅 矿	-2.303	-1.37	-3.673	盐矿	-1.218	-0.57	-1.788
银 矿	-3.432	-0.02	-3.452	高岭土	-0.549	-1.61	-2.159
镍 矿	-0.616	-0.51	-1.126	隐晶质石墨	-0.253	-0.06	-0.313
铜 矿	-6.097	+1.38	-4.717	耐火黏土	-0.773	+0.30	-0.473
锌 矿	-3.820	+1.59	-2.23	重晶石	-0.110	-0.02	-0.13
硫铁矿	-13.734	0.00	-13.734	海泡石黏土	-2.501	0.00	-2.501
铟 矿	-9.286	0.00	-9.286	饰面用花岗岩	-0.820	-0.30	-1.12
铝土矿	0.00	-0.07	-0.07	滑石	-0.028	-0.14	-0.168
砷 矿	-11.023	-0.40	-11.423				

（3）主要矿山企业进入中晚期。目前，国有大中型骨干矿山大多已进入中晚期，后备资源严重不足，有色金属系统的 13 家骨干矿山有 7 家因资源枯竭濒临关闭，黄沙坪铅锌矿、锡矿山锑矿维持年限大大缩短；煤炭矿山中，涟邵、资兴矿务局已有多家矿山因资源不足而破产，煤炭可利用资源已严重不足；主要黄金矿山，如湘西金矿、高家坳金矿、龙山金矿的可采年限已十分有限，资源形势十分严峻。

（4）主要能源煤炭需求缺口仍在拉大。煤炭是湖南的唯一能源，保有储量居全国第 18 位，主要用于火电、化工、冶金、建材四大行业。"七五""八五"时期，湖南煤炭储备增量多于消量，保有储量增长，四大行业煤炭消费量占总消费量的 56% 左右。"九五"时期，随着工业化、城市化发展，电力需求加大，火电耗煤消费量由 20% 增长到 25% 左右，四大行业煤炭消费量由 56% 上升到 60%，供需矛盾凸显，但产销大体还能持平。"十五"时期，随着地质勘查力度减弱，全省煤炭保有储量呈递减趋势，2001 年比 2000 年减少了 5.2%，2002 年比 2000 年减少了 6.9%。"十一五"产业结构由"三二一"向"二三一"调整，重化工业出现加速发展态势，煤炭产量与煤炭消费的矛盾进一步凸显。目前，湖南采储比达 1：70，与全国平均采储比 1：777 相比高出 10 余倍，但即便如此大肆开采，年均煤炭需求量还差 1000 多万吨的缺口。

（5）钢铁产业已面临严重资源瓶颈。钢铁工业是湖南重要支柱产业，其工业主营业务销售收入、利税总额、利润总额分别占规模以上工业全年主营业务销售收入、利税总额、利润总额的 11.2%、8.02% 和 7.74%。钢铁工业所需矿产资源种类有：主要原材料的铁精矿、原煤、焦炭、废钢；主要辅助原材料的熔剂用灰岩、白云岩、锰矿石（锰硅合金）等。湖南目前仅能满足原煤、熔剂用灰岩和白云岩三种原料供给；铁矿石因富矿少、贫矿多，品位多在 30% ~ 40%（入炉需在 60% 以上），依湖南现有技术条件难以充分利用，最多只能保证 10% 的供给，其余 90% 需要省外境外供给。焦炭本省只有 20% 的供给能力，80% 需省外采购。锰矿石本省资源储量丰富，但由于近年许多钢铁企业改变冶炼工艺，用硅锰合金取代硅铁，使得湖南目前受加工水平制约，只能保证 10% 的供给，90% 来源于省外。可见，省内资源供给能力严重不足，已成为制约钢铁工业发展的瓶颈。

3. 无证开采、越界开采现象突出：资源浪费、财富流失巨大

湖南有矿山企业 6000 余个，民营企业占 65.56%，受资源、资金、技术等条件限制，大矿小开、小矿乱采现象十分突出，据统计，2005 年、2006 年、2007 年三年立案查处的矿产违法案件中，开采类案件分别占到 97.2%、97.7%、98.18%，并呈上升趋势。尤其是"四小"矿山（即小煤矿、小有色金属、小金矿、小建材）技术落后，设备简陋，不讲安全生产，普遍存在采富弃贫、采厚弃薄、采大弃小、采易弃难的现象，严重制约了资源的集约化利用，造成资源的严重浪费。如小煤矿与国有煤矿争夺资源，导致国有煤矿服务年限明显降低，并引发一系列安全、环境方面的问题。

不仅如此，掠夺式乱开乱采还导致资源财富的严重流失。钨、锑、锡、铅、锌、石墨等是湖南优势矿产，因小矿山的掠夺式开采，不仅使储量消耗过快，而且由于竞相出口，导致国际市场严重供过于求，价格连年下降。如国际市场锑价从 1996 年的 4800 美元/吨下降至不足 1000 美元/吨。资源优势不仅未能转化为经济优势和财富优势，还承担了环境成本和治理成本，而一些国家趁机加紧储备，对我们来说无异于作茧自缚。

4. 矿山企业"三率"水平低：资源利用粗放

"三率"是指采矿回采率、采矿贫化率和选矿回收率。湖南"三率"水平与国内平均水平大致相当，总回收率仅 35% 左右，比世界平均水平低 10～20 个百分点；开展综合利用的矿山只占可综合利用矿山的一半，综合利用指数为 50%，比发达国家低 30 个百分点。将湖南的铜、铅、锌、锑、钨五种优势资源的"三率"水平与国内同类矿山比较，15 个数据有 8 个低于国内同行，占 53.3%。如对矿石中银的回收，仍低于国际水平 10% 以上；金银矿物存在于黄铁矿和毒砂中，尽管占有率高达 70%，但因回收技术未突破，也不能得到综合收回；等等。这些都说明湖南资源开发利用效率仍很低，资源损失和浪费严重。

5. 矿山产业结构失调：优势裂变难免

丰富的矿山资源是宝贵的物质财富，但如何将资源优势转化为财富优势则是一个技术和发展思路问题，国外通常利用优势资源生产高附加值产品，在开发资源财富效应的同时尽量减少资源消费，达到创造财富、节约资源的目的。从湖南矿山产业结构看，情况正适得其反。按采掘业、原材料加工业、深加工业三者关系，正常情况应该是采掘业必须优先发展，深加工业要重点发展，这样才能使资源得到最充分利用并最大限度地创造出矿业经济的高效益。但湖南矿业结构呈现"两头小，中间大"，即采选能力小、深加工能力小、冶炼能力大的格局。这种格局有三大弊端：一是资源消耗快，由于冶炼能力过强，对矿产需求过大，迫使矿山过度开采。二是产业支撑弱。能够起支撑作用的产业不但产业链要长，而且经济贡献度要大，但目前湖南冶炼处于饥饿半饥饿状态，对外依存度越来越高，巨大的产能在资源供给不足并受制于人的状况下，难以有效转化为经济效应。三是财富流失大。冶炼出来的产品是初级产品，经济价值不高，资源优势难以转化为财富优势，只有深加工的高附加值产品才身价百倍，如湖南出口 1 吨钨粉的价格不足 1 万美元，而进口 1 吨成品钨丝则要花费近 20 万美元。从湖南现状看，基本是初加工产品，优势有色金属矿产深加工产品产值仅占 10% 左右，其中锑的深加工产品产值只占锑品总产值的 5% 左右；具有国内先进水平的株洲硬质合金厂的深加工产品产值也只占 15% 左右。非金属矿的开发基本上是粗放型，都是以原矿或粗加工成矿粉内销或出口，如储量全国第一的隐晶质石墨矿仍主要作为煤炭开采销售。这种格局不改变，优势资源将优势不再。

6. 勘查力度薄弱：资源储备无保障

持续的矿产资源优势是靠不断的地质勘探来发现发掘并提供增量保障的。湖南近十多年之所以资源保有储量日益减少，其中一个重要原因就是地质勘查力度薄弱，致勘查成果减少、资源增量有限。一是地质勘查投入不足致勘查工作萎缩。"八五""九五"期间，地质勘查经费主要依赖国家拨款维持基本队伍，真正用于地质勘查的费用不多，如 2000 年仅 2700 余万元，对湖南这种地质矿产勘查程度较高、找矿难度较大的省份真乃杯水车薪，勘查工作受到较大制约。近年，经费虽有较大增长，但安排勘查项目过多，且以普查项目为主，导致人员力量、资金和实物工作量的分散，难以提高勘查工作程度。二是测试设备落后制约对新矿物复杂组分矿物的鉴定和探索。目前实验室设备更新不足，现有仪器设备不能适应现代科技发展要求，因此对于组分复杂的矿床，在物质组分的赋存状态、新矿物的发现、有益元素提取的研究方面因人才及设备问题进展不大。三是地质勘查人才流失严重。这些都直接影响到勘查成果的持续推出。

三 典型资源城市微观洞察

从资源安全角度分析湖南资源型城市，大致有三种类型，即资源枯竭型城市、资源衰减型城市、资源潜在危机型城市。三种类型城市的发展具有相承性、相似性特点，为了延长资源服务年限、推迟并尽可能有效化解资源型城市资源危机的到来及带来的次生灾难，我们必须对湖南资源型城市现状进行分析研究。

1. 冷水江、耒阳、资兴：资源枯竭型城市已向我们逼来

2009 年 3 月 5 日，国务院确定了第二批资源枯竭型城市名单，湖南以"世界锑都""江南煤海"著称的冷水江市，盛产煤炭的耒阳市、资兴市名列其中。这一现实向我们表明，也向我们发出警报，资源型城市的不可再生资源由于人们的过度消费正由丰富走向衰减和枯竭。如曾经拥有世界上独有的特大型锑矿田——储量曾达 200 多万吨而誉满全球的冷水江市锑矿山，目前主体资源已经枯竭。锑矿经过 110 多年的开采，现消耗了 90% 以上的资源量，开采年限不足 5 年。湘煤集团金竹山矿业公司的煤矿开采年限只有 15 年左右，市属和乡镇煤矿开采年限不足 10 年。铅锌矿、石膏矿也濒临枯竭，铁矿和石墨矿资源已完全枯竭。截至 2006 年，资兴市煤炭可开采储量仅剩 2915 万吨，预计开采只能维持 10 年左右。

对不可再生资源的使用，枯竭是一种必然。但从上述三市情况看，不当的甚至是掠夺式的开发是导致资源枯竭提前到来的真正原因。一是无证生产。上述三市中，无证生产企业占到 2/3 以上。如冷水江市涉锑企业 90 家中，只有 5 家采掘企业办理了合法手续，合法开采企业只占 5.6%；在 85 家冶炼企业中，已办理合法手续的仅 23 家，合法冶炼企业只有 27%。无证开采破坏了矿产开采规划，使资源开发与储备处于失控状态，是造成资源流失过早枯竭的最主要原因。二是越界开采。资源有限开采制约了开采权利，越界开采就成了最大限度掠夺资源的主要形式，也是造成资源环境透支、安全事故频发的重要原因。三是无序竞争。矿业企业的利益主体多元化，形成了国有、集体、私营个体企业一齐上，瓜分矿产资源的无序局面。冷水江锑矿，就有省属锡矿山闪星锑业有限责任公司，矿办境内的再兴、佗子冲 2 家锑矿石生产企业，矿山境内的狮子山、金波、金波分井（洪辉锑矿）、物华、矿山、振兴等 6 家锑矿石生产企业。不同利益群体在极其有限的资源和空间内竞争，必然处于掠夺式开发状态。加之企业普遍规模小，技术落后，设施简陋，对资源浪费极大。

资源枯竭型城市的出现之所以让人警惕、让人焦虑、让人担心，是因为它将给城市经济社会发展带来严重的后遗症。

一是没有接续产业支撑地方经济发展。上述三市都是以当地资源及矿业生产为唯一产业和支撑，当赖以生存的资源发生危机，接续产业乏力甚至缺失在所难免。从冷水江市情况看，目前，大部分矿山已无锑可采，可供冶炼的矿产不到冶炼能力的30%，70%的产能不能有效利用；同时，单一的粗放型产业又制约了产业链的形成和发展，从而出现矿业萎缩而无接续产业支撑的局面。这将直接导致地方财政紧张的经济发展受阻。

二是失业加剧。当一个产业萎缩而没有接替产业时，就意味着许多人的下岗和失业。以冷水江市为例，全市总人口36万，城市化率75%，仅锑矿采掘业就由旺盛时的近10万人下降到目前的2.5万多人，减少了近3/4，加上与矿业有关的行业，如物流、服务业的萎缩，初步估算至少有近10万人处于失业和隐性失业状态，真可谓"锑竭城衰"。这将严重影响当地的社会治安和社会稳定。

三是生态环境破坏严重。这几乎是所有矿业城市面临的共同问题。从三市情况看，这种破坏分为两大类：一类是显性的，主要是将废石和尾砂乱堆乱放、采空区塌陷等灾害。如冷水江矿区废石、尾砂多达800万立方米，沉陷面积已达57.4平方公里，且呈逐年扩大之势，导致近80%的田地无法耕作，植被被破坏，地表房屋建筑及公共设施受损，还常引发泥石流等地质灾害，严重危及公共安全；另一类是隐性的，即矿产中重金属、有毒元素、放射性元素对饮用水、土壤、空气的污染，不仅直接影响当地群众的安全，还影响整个地表水及地下水资源的安全，故称为延缓型地质灾害。如资兴煤炭含氟较重，当地出现氟中毒现象。冷水江锡矿山2008年9月25日再次发生砷污染事件，地下水中砷浓度每升37.916毫克，超过国家地下水环境质量标准规定的757倍；小溪中的砷浓度为每升39.117毫克，超标781倍，造成多人中毒。一旦暴雨冲刷，流入资江，极有可能影响资江下游直至洞庭湖水域成千上万人民群众的饮水安全。

2. 衡阳市：资源告急，产业转型迫在眉睫

作为湖南省的资源大市及以矿业采掘和加工为主导产业的老工业基地

城市，衡阳市素有"有色金属之乡"和"非金属矿之乡"之称。长期以来，作为中南地区和湖南省基础能源及重要原材料的供应地，衡阳尤其是有色金属和煤炭资源丰富的常宁、耒阳两市，为全国和中南地区工业经济建设与发展作出了突出贡献。

衡阳有四个矿业开发重点区：即衡阳江柏堰—衡山平田，是高岭土、钠长石、石膏等非金属矿开发利用重点区；衡阳石鼓区桐山—衡南咸塘，是岩盐、钙芒硝开发利用重点区；常宁水口山—柏坊，是有色金属、贵金属开发利用的重点区；耒阳资家台—清水铺，是煤炭开发利用的重点区。近年随着矿产开发加剧，资源供需矛盾突出，尤其是主导矿产——耒阳的煤炭和常宁的有色金属铅、锌、铜矿，资源储量告急。

耒阳已被国家确立为资源枯竭型城市，2009 年，国家安排 1.1 亿元资金，进行产业转型，开发接续替代产业。

现在的问题是，常宁市水口山有色金属矿产资源也已枯竭，供给难以为继。常宁水口山铅锌矿是一个拥有 100 多年历史的老矿，至今已拥有水口山和康家湾 2 座铅锌矿、1 座柏坊铜矿，以及建有铜、铅、锌、氧化锌、无汞锌粉、铍的冶炼厂各 1 座，共计 6 个厂，资产总额达 12 亿元；在职职工 1 万多人，其中专业技术人员占 1/5，离退休职工达 5000多人，连同家属及其他服务人员超过 5 万人。常宁市是全省冶炼设施齐全、拥有人口最多、采矿历史最长、采矿规模最大的一座矿业城市。随着工业对铅精矿、锌精矿、铜精矿等需求日益加大，水口山铅、锌、铜资源保有储量迅速减少，从三个矿山矿石储量看，只有康家湾铅锌金矿情况较好，还可开采 30 年左右，但保有储量都在 500 米以下，工作程度不够，需要较大投入进行补勘方能有效开采。水口山供给的铅、锌、铜精矿只能满足 1/4 的冶炼能力，所缺 3/4 的精矿需要由广西、安徽、江苏、浙江及省内其他地方供给，并且没有可靠的安全供应体系，产品生产受制于人。即便本省供给的 1/4，也只是勉强维持。而柏坊铜矿已面临无矿可采的窘境。

主导产业的萎缩，使以资源输出为支撑的衡阳出现经济明显衰退、生态环境破坏严重、就业压力日趋加剧及基础设施配套滞后等一系列问题。按照我国已经出台的首批资源枯竭型城市界定标准，凡资源开发时间在 40

年以上的，采掘业总产值、采掘业从业人员、限额以上工业总产值、限额以上工业从业人员4项指标有3项数值减少，且城市登记失业人员比重高于10%，地级市失业人员超过10000人、县级市超过5000人的城市都可列入资源枯竭型城市。目前，衡阳市发改委正在抓紧做好衡阳申报资源枯竭型城市的准备，希望借助衡阳厚实的产业基础、优越的交通区位及利好的政策环境，推动衡阳市逐步完成在产业发展、资金投入、开发方式、生产布局、环境建设和维护稳定等6个方面的经济转变。

3. 郴州市：矿产丰富但潜伏危机

郴州是湖南资源大市，也是全国118个资源型城市之一。有特大型矿床3处，大型矿床9处，中型矿床22处，小型矿床116处。保有储量居全省前3位的矿种30种，煤、铀、钨、锡、钼、铋、铅、金、银、伴生萤石、石墨、红柱石、水泥灰岩等13种矿产在全省具有优势，其中钨、铋、隐晶质石墨、萤石等4种资源保有储量居全国首位，在世界上也具有优势。隐晶质石墨和铋的产量可对世界市场价格产生直接影响。据估算，郴州市全部矿产资源储量潜在经济价值高达1500亿元，矿产产业已占同期郴州市工业总产值的60%以上，提供的税收占同期全部工业税收的20.6%以上。目前，郴州市直接从事矿业的人员达几十万人，与矿业相关的人口有上百万之众。丰富的矿产资源已成为郴州市最主要的产业支柱。

但必须看到，在丰富的资源背后仍隐藏着巨大的矿产危机，危机来自经济快速发展对矿产的巨大需要，以及受当前矿业生产能力、技术水平限制和管理缺失、政策缺失造成的矿产资源浪费和流失。从近年郴州市矿产资源储量变化看，有加速递减之势。1990~2006年，郴州8种主要矿种，除铁矿保有储量有所增加外，其他矿种的保有储量均迅速减少（见表16）。比较发现，煤炭、铅锌矿、锡矿、钨矿等4种矿产后6年的递减量竟超过先前10年的递减量，表明资源消费加快，资源负增长增速，资源枯竭逼近。尤其是铅锌矿保有储量，后6年消耗总量竟是前10年消耗总量的4.25倍，换言之，就是后6年消费掉的铅锌矿相当于先前40多年的消费总量，按照这个消费速度，如果没有新的矿产勘查成果，用不了几年，铅锌矿等矿种就将在郴州消失殆尽。

表16 郴州市主要年份主要矿产资源储量变化

单位：万吨，%

矿 种	1990 年	2000 年	2006 年	2000 年比 1990 年储量减少	2006 年比 2000 年储量减少
煤 矿	65730	60780	55011	7.53	9.49
铁 矿	16800	16400	18704	2.38	-14.05
铅锌矿	305	285	200	6.56	29.82
锡 矿	73	72	70	1.37	2.78
钨 矿	158	155	150	1.90	3.23
锰 矿	270	230	222	14.81	3.48
石墨矿	3050	3168	2901	-3.87	8.43
萤石矿	7016	7098	6898	-1.17	2.82

从郴州矿产资源可供性静态角度分析，也体现出资源服务年限极其有限。煤炭资源保有储量、可采基础储量生产服务年限分别为 55 年和 33 年，按回采率 75% 计算，只有 42 年和 25 年；黑色金属矿产保证年限分别为 12.7 年和 9 年；除有色金属矿产钨、钼、铋、铜等储量情况较好外，锡、铅、锌仅勉强保证 10 余年的开采。并且这些都是理论数据，实际探明储量的矿产，有的品位太低，尚不具开采价值，实际生产服务年限更短。

更何况，郴州还面临严重的生态环境危机。据统计，目前矿山占地面积达 6 万公顷，其中占用耕地 4000 多公顷、林草地 5500 公顷；采矿引起水土流失面积达 6.5 万公顷；较大地质灾害隐患达 300 多处，如宜章县、嘉禾县、永兴县、临武县、资兴市等矿山地质灾害隐患十分严重。全市矿业废渣累计堆存量已达 6600 万吨，极易造成滑坡、泥石流。如 2006 年 7 月郴州柿竹园矿区就因暴雨导致坡上采矿废石大量下泄，造成 21 人死亡、2 人失踪的重大事故；临武县甘溪河因废石倾泻致河床淤高 3 米多，方圆 2 平方公里植被被破坏。

总之，资源枯竭型城市凸显的问题，在郴州市也都初见端倪，资源警钟已敲响，唯有未雨绸缪，方能避免因资源供需不平衡而带来的经济社会发展受阻。

四 湖南资源型城市转型战略路径

资源枯竭既是经济安全问题，也是社会稳定问题。因此，尽量延缓甚至化解资源衰减期的到来、保证资源型城市可持续发展既是政府的重要工作目标，也是老百姓最大的愿望。湖南矿产处于早、中、晚期三个储量阶段的资源城市都存在，从既要解决好当前资源枯竭型城市的产业转型，又要避免处于早期的资源型城市紧步后尘，笔者认为，必须从战略高度，高屋建瓴地着力于以下五个方面的工作。

1. 明确原则：从战略上着眼和把握

矿产资源在国际竞争中是战略资源，在经济发展中是基础资源，在资源型城市发展中是依存基础。因此，从经济安全与可持续发展角度考虑，有必要明确并坚持相关原则。

（1）坚持科学发展观指导的原则。矿产资源的不可再生性特点要求我们必须坚持科学发展观指导资源型城市发展，宏观上，必须考虑代内、代际的公平性，就是在满足当代社会对矿产资源各种需要的同时，不能牺牲和损害后代人的利益，既要在同代人之间又能在当代人和后代人之间实现矿产资源及生态环境的合理配置。中观上，必须体现资源型城市的可持续发展性，可持续发展的基本含义就是保证人类社会具有长远的持续发展能力，具体到资源型城市，就是矿业发展必须与城市环境承载相融洽，废弃物排放不能超过生态环境承载力；同时又必须满足城市发展需要，为城市发展提供更多的物质和精神支持。微观上，必须注重合理性，城市产业结构要合理，产业上游、中游和下游资源配置要适当，避免产量和产能过剩。同时要尽量延长产业链，尤其要发展高附加值产业，使资源得到最有效利用，价值得到最大提升，城市实现可持续发展。避免产业单一、产业链过短。

（2）坚持两种资源、两个市场的原则。矿产资源的稀缺性决定了它的战略价值，几乎所有的国家和地区都站在全球的角度考虑本国或本地区的矿产资源供应问题。湖南也应当从资源型城市可持续发展以及矿产资源的战略角度，考虑资源开发与资源储备问题，对一些世界储量有限又能左右国际市场价格的矿产，如锑、墨石，湖南不但不能大肆开发、廉价贱卖，而且应在国际市场价格低廉时进行大量的战略储备，在市场紧俏时规划开采，在获取矿产带来的财富价值的同时保证矿产资源的可持续利用。

但就整体而言，坚持两种资源、两个市场的原则，就是立足省内，面向国内，着眼全球。立足省内，就是要进一步挖掘省内资源型城市矿产资源的潜力，加强老矿山深部、边缘地区的地质勘查工作，尽可能延长老矿山的服务年限；大力开拓资源新区，寻找新的接替资源基地。面向国内，就是要对省内供应不足而其他省尚有潜力的矿产，在国内寻求供应基地。如鼓励省内加工企业到云南、内蒙古等铅锌资源丰富的省份投资开发矿产资源，寻求稳定的供应渠道。着眼全球，就是要不失时机地"走出去"，多元化、多渠道、多方式地利用国外矿产资源。以省内、国内急缺的富铁矿、铬铁矿、铜矿、钾盐为重点，选择资源条件优越、投资环境好的发展中国家，鼓励省内钢铁、有色金属、化工等具有国际竞争实力的企业，通过积极参与国际矿业权和矿业资本市场的运作与竞争，采取灵活多样的方式，逐步建立一批稳定的海外矿产供应基地。

（3）坚持在保护中开发、在开发中保护的原则。资源型城市应实施开源与节流并举、把节约放在首位的方针。依靠高新技术和科学管理，超前开展矿产资源调查评价与综合勘查，不断发现新的矿种、类型和矿区，使各种开发消耗的矿产储量及时得到补充和增长；同时，应注重优势矿产和具备深加工、高增值潜力矿产的保护性开发，强化资源节约型、高科技、集约化高效矿业经济的主导作用。

2. 规划主导：实现矿产资源的合理利用与有效保护

矿产资源规划是国民经济和社会发展计划体系的重要组成部分。制定矿产资源规划必须坚持合理布局、综合勘查、合理开采和综合利用的方针，用战略的眼光，统筹考虑资源开发与人口增长、环境保护的协调发展。

规划是纲，纲举目张。用规划统领湖南矿业发展大局，重点在矿业的总体布局上，通过规划，淘汰规模小、生产技术水平低、资源浪费严重和破坏环境的企业；推进商业性矿产勘查机制的建立和完善，使湖南矿产资源的勘查开发逐步走上集约化经营的道路。通过规划，对具有资源优势的有色金属矿产和非金属矿产，进行有计划的勘查开发，控制开采总量，保证资源开发的效益。通过规划，一方面加强新能源尤其是铀、地热的勘查工作；另一方面对煤炭能源保持适量的开采规模，高效利用。通过规划，制定矿产开发利用所需专项资金，保证矿产资源深加工技术研究。加强对铁、锰、磷等难选冶和低品位矿产的选冶技术研究，有色金属共伴生矿产的综合利用研究，替代矿产的开发利用研究，以及洁净煤、高效煤的技术开发研究等。

3. 整治矿权：强化政府的调控能力

针对当前矿业的无序及资源入不敷出状态，必须加大矿权整治力度。

第一，要把好矿业权审批关。审批矿业权时不仅要看其是否具备取得矿业权的条件，而且还要看其是否符合规划的要求，在区域上和矿种上是不是规划鼓励的，在开发利用方式上是不是符合合理开发与有效保护的政策。

第二，要加强矿业权保护。要层层建立政府治理和整顿矿产资源管理秩序的目标责任制，严格考核，奖罚兑现；综合运用经济的、法律的、行政的手段，切实维护矿业权人的合法权益，追究侵权人的责任，保护和合理利用矿产资源。

第三，要加强对矿业权人的监督管理。严格矿业权的年检制度，严格"三率"指标和对综合利用指标的考核，实行定期或不定期的检查制度，促进矿业权人合理利用矿产资源，保护矿山生态环境。

第四，要积极培育和发展矿业权市场。通过市场配置资源是实现矿产资源优化的有效途径，积极培育和发展矿业权市场，要对国家出资形成的矿产地进行全面清理，充分利用国家公益性、基础性、战略性地质调查评价工作成果，为矿业权市场的运作准备必要的矿产地。要严格规范矿业权出让行为，逐步加大以招标、拍卖的形式出让矿业权的比例，利用矿业权招标、拍卖筹集的资金建立战略性矿产勘查基金，用于战略性的勘查工作，形成矿产资源勘查开发的良性循环。要积极扶持骨干矿山企业开展深边部找矿，延长其服务年限，并鼓励其进行股份制改造，参与矿业权市场竞争。要建立矿业资本市场，鼓励有条件的矿产勘查开发企业通过发行股票和债券等形式多方筹集资金，投到矿产勘查开发领域中，参与矿业权的招标、拍卖，刺激矿业权市场的发展。

4. 主动对接：借各方之力提升矿业科学技术水平

要保证资源型城市资源的可持续利用，就必须解决采矿回采率、采矿贫化率和选矿回收率即"三率"水平落后的问题，这是摆在湖南矿业生产前的一道难以跨越的难题，也是导致湖南矿产资源丰而不优的关键。国务院《关于加快发展循环经济的若干意见》已明确倾国家之力发展六大类技术，其中再利用技术、再资源化技术与湖南矿产资源再开发紧密相关，尤其是文件中将共伴生矿产资源和尾矿综合专项技术、能源节约和替代技术、废物综合利用技术、零排放技术等列入优先攻关、优先开发的专项技术，令人鼓舞。湖南必须抓住这一科技发展机遇期，做好以下几方面工作。

其一，要主动与承担上述专项技术开发的科研机构对接，将湖南资源品位资料，采矿、选矿、冶炼及深加工中遇到的技术难题提供给它们，甚至可派相关人员学习交流，协助工作，借助国家的技术力量早日突破，以求尽早掌握技术主动权。

其二，发挥湖南高等院校科研优势，将关系湖南矿产资源开发利用大局的技术难题委托给它们研究，也可使矿业科研队伍与高校联手攻关，共同探索。

其三，大力依靠国有矿山企业科技队伍，他们不仅有理论，更有丰富的实践经验，在矿山深边部进行二次勘查很有经验，并且探矿成效不错。

其四，要积极推进已有矿业科技成果的使用，如深部探测技术、自动化钻进取芯技术、新一代航空电磁系统、金属矿三维地震勘探技术、深穿透地球化学测量技术、深反射信息精细处理技术等，提高科技利用水平。

5. 结构调整：推进能源的革命性变革

湖南能源贫瘠，石油、天然气没有储量，而煤炭保有极其有限，并且只有 1/4 左右可经济开采。过去几十年，湖南煤炭开采强度过大，几乎一半以上的资源型城市都以煤炭开采为主，2009 年被国家确定的三个资源枯竭城市都是煤炭资源城市。煤炭过度消费是导致湖南能源资源衰减、地质灾害频发、生态环境破坏的主要问题，抓住能源结构调整，也就抓住了湖南矿业—生态—资源型城市可持续发展的主要矛盾。

调整煤炭生产结构，将资源配置与清洁使用同时推进。湖南国有煤矿占了全省绝大部分煤炭资源储量，但产量不足总产量的 50%，并且大多处于亏损状态。因此，必须以煤炭企业整顿为契机，加强国有煤炭企业的改制、改组、改造，并根据湖南煤矿井田数量多、规模小、不适宜规模开采的特点，调整煤炭生产结构，重新配置煤炭资源，科学规划，合理开采小煤矿体及残煤资源。在保持适当的煤炭生产总量和规模的同时，大力发展煤的洁净化和高效利用技术，推进煤炭气化、液化、焦化、洗选加工利用和煤化工产业化，努力提高煤炭的资源效益和环保效益。

调整能源发展方向，实现能源结构的革命性变革。核电是清洁能源，也是当今世界发展的方向，实现煤炭能源向核电能源发展，是能源结构的一次重大变革。湖南铀矿资源较为丰富，是我国重要的核能源基地，1964年我国试验成功的第一颗原子弹所用的铀原料即出自湖南，湖南可依据这一资源优势，上核电项目，以核电代火电，减少煤炭消费，缓解煤炭资源不足、生态环境污染、资源型城市后续乏力的问题。

充分利用能源的多样性，实现能源结构的多层次。由单一能源向多种能源、清洁能源发展应该是今后的方向。地热、煤层气、水电资源等都是能源，湖南在局部地区已发现并有一定的资源基础，但目前开发利用严重不足；加强这些新能源的勘查与开发利用，应成为我们工作中一个重要内容。同时应大力调整能源消费结构，利用西气东送工程最大限度地利用天然气资源，提高新能源在能源消费中的比重。

6. 生态环保：必须与矿业共建共荣

矿业对生态环境破坏有目共睹，为防止资源型城市乃至整个湖南地区生存环境进一步恶化，必须将生态环保与矿业发展齐抓共管，打包推出。

一是从源头开发上将二者打包推出。禁止批准对生态环境产生不可逆转性破坏的矿产开发项目，禁止在自然保护区和生态脆弱区开采矿产资源。对新上的矿产开发项目，矿山基建时环境保护的设施、环境问题的预防工程必须与主体工程同时施工，一并验收并移交生产使用，坚决杜绝"先污染，后治理"项目的上马。

二是在保障机制上将二者打包推出。建立矿山环境恢复保障机制，对新建矿山要严格执行环境影响评价制度，保障矿业开发与环境保护的协调发展；对正在开采的矿山，要全面实现环境达标，并制定综合的、科学的闭坑计划，提高环境恢复水平；对已关闭的矿山，要加强对环境变化和影响的动态监测；对历史遗留的矿山环境治理问题，需要区别不同行业、不同地区、不同企业，实行不同的国家和地方财政扶持政策，共同推进矿山环境的恢复和治理。

三是在健全投资体制上将二者打包推出。建立多元化、多渠道的矿山环境恢复治理投资体制，提高矿山企业对矿山环境保护和恢复治理的自觉性、积极性和主动性，落实好"预防为主，防治结合，综合治理"的方针。

第三章　知识产权论

第一节　知识产权发展省域基础

随着知识产权对经济发展的强劲拉动力日益凸显，各级政府和企事业单位对知识产权高度重视，知识产权的生产和经营在全国已成燎原之势，湖南越来越面临着前所未有的挑战与压力。

一　知识产权生产面临空前挤压

湖南自 1984 年成立省知识产权管理局至 2007 年，已迈入第 23 个年头，尽管与过去比，知识产权尤其是专利生产有了较大发展，已突破万件大关，带动了湖南支柱行业、新兴产业的发展，但横向比较，形势不容乐观。

1. **湖南在专利累计受理和授权量的竞争中，正在节节后退**

中国的专利受理和授权，从 1985 年开始进行累计，纳入国家知识产权局排序的有 49 个省、市、自治区、副省级城市和计划单列市，湖南最初排全国第 4、第 5 位，但随着竞争加剧，专利积累优势在一点点丧失。专利受理在退居第 9 位的位置上稳定数年后，2005 年降到第 10 位，2006 年降至第 11 位（见表 1）。授权量更是从 1999 年的第 9 位降至 2003 年的第 11 位，2005 年再降至第 13 位（见表 2）。

专利累计依靠每年新增的专利量，湖南之所以节节后退，主要是每年专利量在节节溃退。2006 年，湖南当年受理量只排全国第 18 位，当年授权量只排第 15 位，都低于总累计排名（第 11、第 13 位）。尤其 2006 年专利受理总量（第 11 位）与当年量（第 18 位）之间更是相差 7 位之遥，这说明，湖南目前专利总排名在很大程度上沾了历史积累的光，换言之，是在吃老本。这种以总量的小退步掩盖当年量的大步下滑状况，具有相当的掩蔽性和欺骗性，使我们常常为总量排名仍靠前而感到安慰，而恰恰看不到真正的危机在向我们步步逼近。

表1 专利受理累计前20位动态排序

地 区	历年受理累计量排序					2006 年量排序
	1985～2002 年	2003 年	2004 年	2005 年	2006 年	
广 东	1	1	1	1	1	1
北 京	2	2	2	3	4	7
山 东	3	5	5	5	5	4
台 湾	4	4	4	7	7	8
浙 江	5	3	3	2	2	3
江 苏	6	6	6	4	3	2
辽 宁	7	8	8	8	8	9
上 海	8	7	7	6	6	5
湖 南	9	9	9	10	11	18
四 川	10	10	10	9	10	12
河 北	11	11	11	14	17	—
河 南	12	12	13	16	14	14
黑龙江	13	13	16	18	18	—
湖 北	14	14	12	12	12	10
福 建	15	15	14	15	15	17
广 州	16	16	15	13	13	13
沈 阳	17	17	19	19	19	—
天 津	18	18	18	17	16	11
陕 西	19	21	21	21	21	—
吉 林	20	20	20	20	20	—
深 圳	21	19	17	11	9	6
杭 州	—	—	—	—	—	15
宁 波	—	—	—	—	—	16
成 都	—	—	—	—	—	19
济 南	—	—	—	—	—	20

表 2　专利授权累计前 20 位动态排序

地 区	历年受理累计量排序					2006 年量排序
	1985～2002 年	2003 年	2004 年	2005 年	2006 年	
广 东	1	1	1	1	1	1
北 京	2	4	4	4	6	8
台 湾	3	2	2	3	3	6
山 东	4	5	6	6	5	5
辽 宁	5	8	8	8	8	9
江 苏	6	6	5	5	4	3
浙 江	7	3	3	2	2	2
上 海	8	7	7	7	7	4
湖 南	9	11	11	13	13	15
四 川	10	9	9	9	9	10
河 北	11	10	10	12	14	—
黑龙江	12	15	15	16	17	—
河 南	13	14	14	14	15	16
湖 北	14	16	16	17	16	18
陕 西	15	19	20	20	20	—
沈 阳	16	17	19	19	19	—
福 建	17	12	12	11	11	11
天 津	18	18	18	18	18	20
广 州	19	13	13	10	10	12
吉 林	20	20	21	21	21	—
深 圳	41	21	17	15	12	7
宁 波	—	—	—	—	—	13
杭 州	—	—	—	—	—	14
成 都	—	—	—	—	—	17
重 庆	—	—	—	—	—	19

2. 湖南专利正面临着来自四川、湖北、河南、福建、河北等崛起省份以及广州、深圳、天津等发达城市的空前挤压

目前，全国专利受理和授权大致分为三大阵容（见图 1）。第一大阵容

是以广东为代表，以浙江、江苏、北京、山东、上海等沿海发达省市为主体，在这个阵容中，广东一枝独秀，专利受理和授权量至少是其他发达省份 2 倍左右。第二大阵容主要由四川、湖南、湖北、河南、福建、河北等正在努力崛起的省份和广州、深圳、天津等发达城市构成，从图 1 中清楚可见，第二阵容与第一阵容差距较大，与第三阵容紧密相连，阵容内竞争异常激烈。第三大阵容主要由山西、江西、广西、安徽、甘肃等欠发达地区构成。

湖南属第二阵容，在这一阵容中，与湖南实力相当、对湖南形成赶超之势的省份主要有四川、湖北、河南、河北、福建等，四川和福建对湖南的挑战体现在，它们在专利受理累计量上始终能够巩固已获地位，四川稳定在第 10 位，福建稳定在第 15 位（见表 1），较之湖南的节节后退，它们是胜者。在专利授权累计量上，坚持稳中求进，四川由第 10 位上升到第 9 位；福建由第 17 位上升到 11 位，纷纷超过湖南（见表 2）。专利授权累计量排名高于专利受理累计量排名，说明这两个省专利申请质量较高，潜在科技优势较强，是湖南最强劲的对手。

湖北和河南都是中部省份，对湖南的威胁体现在，湖北专利受理题诗量稳打稳扎，由第 14 位上升到第 12 位，2006 年当年受理量更是闯进前 10 名，体现了较强的专利意识和爆发力，同时也说明湖北近年对专利申请已发起强劲攻势，优先保证受理量的增长。只是专利质量并不高，反映在专利授权累计量上，从第 14 位退居第 16 位，2006 年当年量更是排名第 18 位。虽目前居湖南之后，但二者差距不大，如果湖南掉以轻心，湖北赶超湖南将指日可待。河南则是全线发力，专利受理、授权累计量排名都直逼湖南，2006 年当年量更是超过湖南，是正在加速发力的专利省份。

此外，需要特别正视的还有广州、深圳、天津等城市，数据显示，它们一个城市的专利量甚至超过湖南一个省的总量。尾随而来的还有杭州、宁波等城市，2006 年当年受理量都过万件，且都超过湖南。

专利竞争不仅反映着一个地区科技发展水平和创新能力，更重要的是能通过专利圈占市场，扩大份额，实现经济快速增长。湖南专利量排序后退，已向我们传递着两个负面信息：其一，湖南新型工业化建设所需要的科技支撑和专利保护非常脆弱；其二，湖南新型工业化发展的创新空间已

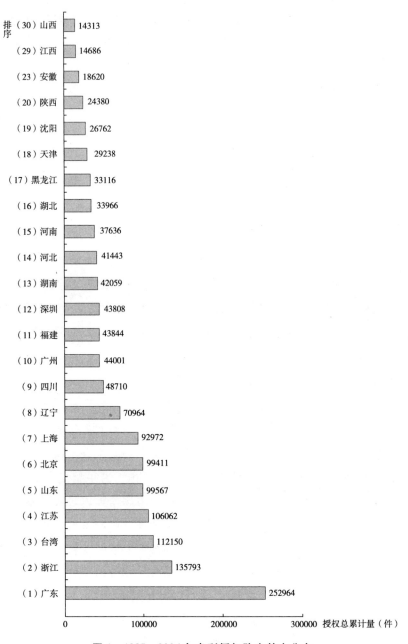

图1　1985～2006年专利授权阵容基本分布

注：本图只取前20位省市，另加中部安徽、江西和山西。全国专利授权大致为三大阵容：1～8为第一阵容，9～18为第二阵容，其余为第三阵容。

受到严重挤压，新型工业化所需要的创新能力和科技竞争能力的形成受到严重遏制，极大地制约湖南"十一五"建设目标的实现。例如，新材料是高技术产业，也是新型工业化的重要内容和发展方向，具有可观的市场价值和需求，2000～2004 年，湖南授权的发明专利共 1277 项，但新材料仅 8 项，只占总量的 0.6%，所占比例微乎其微。在国内外积极抢占制高点、进行新材料领域的专利布局情况下，湖南要想突破专利防御，技术难度非常大，经济成本非常高，这在客观上制约了湖南在该领域的发展。

二 企业知识产权发展滞后

企业是专利创造的主体和积极推动者，在发达国家，知识产权法规政策的每一次改进，都是在企业的强烈要求和积极推动下完成的。在我国沿海发达地区，企业经过一系列专利索赔案件的洗礼，正在成为专利创造的主体。反观湖南，企业知识产权工作仍主要由政府和相关职能部门推动，企业的积极性相当欠缺，有相当一部分企业甚至采取应付和漠视的态度。

调查显示，在湖南的 566 家大中型企业中，只有 20% 左右的企业建立了知识产权管理制度，只有 1/3 的企业拥有专门的知识产权经费，只有 5% 左右的企业设有知识产权管理机构，只有 40% 左右的企业申请过专利，且累计平均只有 5 件左右，并且发展极不平衡，有 1/3 的企业至今没有专利、商标和版权。

企业商标意识要强于专利，但扎堆现象突出，有 50% 的注册商标主要集中在卷烟、食品等资源型企业，高科技产品商标很少。

进行版权登记或软件登记的企业很少，大致在 2% 左右。知识产权成果得以实施的就更少，还不到企业申请量的 1/2。

湖南企业申请量在全国处于中下等水平，以 2006 年 9 月～2007 年 2 月为例，半年中，工矿企业专利受理量占总量的平均值，全国是 37%，其中北京为 39%，天津为 53%、上海、深圳近 70%，湖北也有 31%，而湖南只有 22%，比全国平均水平还低 15 个百分点。在专利成为占领市场的利器和保护自身利益不被侵犯的防御工具的情况下，专利少或缺，就意味着企业发展将受制于人和被动挨打。尽管近几年，省知识产权局不竭余力地加强工作力度，共将 17 个县（市、区）列入省专利试点县，推荐 8 家企事业单位进入全国试点，在全省 30% 左右的县（市、区）成立了知识产权局，但至今仍有相当一部分企业对知识产权依然无动于衷，更不用说运用知识产权战略谋划企业发展。这种状况，不用说湖南企业"走出去"，就是面对国内、面对中部其他省份的挑战，也将难以招架。

三 科技资源与知识产权生产

知识产权的生产与创造必须要有物质支持，科技资源是其必要的物质保障。科技资源主要包括：科技活动人员、拥有的科学家工程师、从事研发的科技人员、科技经费及支持力度等。湖南尽管在中部六省知识产权比较中占有优势，但知识产权赖以发展的科技资源还相当薄弱。宏观审视，整体实力薄弱，与中部乃至全国比较，处于中等偏下水平（见表3）。在中部六省 11 个科技资源项目比较中，湖南有 5 个项目排名第 3 位，4 个项目排名第 4 位，只有 2 个项目排名第 2 位。11 个项目，第 3、第 4 名占到 9 个，整体处于中等偏下水平应是不争的事实。将湖南放到全国 31 个省市区对 11 个项目进行比较，湖南排第 12 ~ 15 位的有 6 个，排第 16 ~ 19 位的有 5 个，显然，仍处于中等偏下水平。整体实力薄弱，将直接影响湖南进行新型工业化建设所必需的专利大提速。

微观分析，一是科技活动力不强，科技活动人员和科工人数只有同等经济实力省份的 2/3。科技活动指在所有科学技术领域内进行的，包括研究与发展活动、研究与发展成果应用活动和科技服务活动。科技活动人员是科技活动的主体，在中部 6 省比较中，湖南科技活动人员只有湖北的 76%、河南的 77%；科学家、工程师是发明创造的主力，湖南比湖北竟少 3 万多人，只有湖北的 70%。尤其每万人参加科技活动的人员，湖北 28 人，山西 32 人，湖南只有 19 人；在全国比较中，直逼湖南的四川、福建分别以 22 人和 24 人高于湖南，就是陕西、甘肃也走在湖南前面。科技活动既是科学知识与技术知识创造和传播的主要途径，也是解决技术难题、实现技术突破的重要方式。科技活动人员少，科学家工程师队伍不强，科技交流不踊跃，是影响科技创新成果产生的重要原因。

表 3　中部六省科技资源一览

指　标	湖北省	河南省	安徽省	山西省	江西省	湖南省	湖南中部排名	湖南全国排名
科技活动人员（万人）	15.94	15.74	9.05	10.86	6.72	12.14	3	13
科学家工程师（万人）	11.37	9.55	5.86	6.27	3.88	8.01	3	13
万人口科技活动人员（人）	28	17	15	32	16	19	3	并列18
科技活动人员（万人）	6.12	5.12	2.84	2.74	2.2	3.8	3	15
科技活动科工（万人）	5.16	3.91	2.32	2.21	1.68	3.2	3	14
科技经费支出额（亿元）	151.42	125.12	128.12	76.95	48.07	104.02	4	16
科技经费支出占 GDP 比重（%）	2.32	1.18	2.38	1.84	1.18	1.6	4	18
科技活动经费（亿元）	74.95	55.58	45.9	26.28	28.53	44.52	4	17
科技活动经费占 GDP 比重（%）	1.15	0.52	0.85	0.63	0.7	0.68	4	19
地方财政科技拨款（亿元）	11.39	13.84	5.96	6.52	4.93	12.26	2	12
占地方财政支出比重（%）	1.46	1.24	0.84	0.98	0.87	1.4	2	12

资料来源：根据 2006 年《中国统计年鉴》及科技网数据整理。

二是经费投入严重不足，尤其金融机构支持更低于中部和全国平均水平。湖南研发投入严重不足，在中部，湖南的科技活动经费低于湖北、河南和安徽，排名第 4 位，只有湖北的 59%。在全国，湖南排名第 17 位，与对湖南最具挑战力的四川比，科技活动经费只有四川的 46%、陕西的 48%、福建的 83%。不但总量低，而且占 GDP 比重更低。湖南的科技活动经费占 GDP 比重只有 0.68%，排全国第 19 位，这一比重大大低于湖北的 1.15%、四川的 1.31%、陕西的 2.52%、安徽的 0.85% 和福建的 0.82%。与发达省市更不可比。

进一步分析发现，导致湖南科技活动经费投入不足的一个重要原因，是金融机构支持力度过小。当前中国企业融资主要来源于政府、企业和银行三个方面，相比之下，湖南金融机构贷款较少，只占总筹集额的 5.9%，不但低于全国 10.0% 和中部 9.3% 的平均水平，也大大低于河南的 13.7%、湖北的 11.0%、安徽的 19.6%、福建的 9.8% 和河北的 8.0%。另一个值得关注的现象是，东部金融机构贷款占总筹集额比重，普遍高于中西部。这一动态告诉我们，必须强化金融机构为地方经济服务的工作职能。

总之，资金投入是科学技术研究与开发的基础和根本保证，投入比重和总量过小，既与新型工业化建设不匹配、不吻合，也是专利生产持续萎缩的根本所在。

四　知识产权与高新技术产业

高新技术产业是新兴产业，主要包括电子信息、生物医药、新材料、光机电一体化、新能源、高效节能、环境保护等行业。它与传统产业最大的不同在于，发展前景的无限探索性，这为知识产权提供了巨大的生产空间与创造机遇，而不像传统产业，在铺天盖地的专利网保护下难有突破。但就是这具有非常大的市场需求和良好的发展前景、有着巨大财富积累功能和推动经济跨越式发展的新兴产业，湖南则落伍于时代。

数据显示，在中部和全国有关高新技术产业的 12 个项目比较中，湖南均处于偏下水平（见表 4）。中部六省 12 个项目比较，湖南有 8 个项目排名第 4 位，1 个项目排名第 6 位，只有 3 个项目排名第 3 位。全国 31 个省市 12 个项目比较，湖南有 3 个项目排名第 17 位，8 个项目排名在第 19 ~ 22 位，只有 1 个项目排名第 13 位，可见湖南高新技术产业发展滞后。

比较中，突出的问题就是高技术产业规模小、产值少、份额少。在中部高技术产业规模以上企业产值比较中，湖南只有湖北的 41.9%、河南的 58.7%、江西的 67.4%。在全国，只有同等层次四川的 25.9%、陕西的 32%、河北的 55.6%、福建的 9.2%，略同于贵州。由于高技术产业不发达，高技术产品进出口份额低，在中部，湖南进出口额只有湖北的 27.4%，落后于安徽、山西，排中部第 4 位，在全国落居第 21 位。这种落后反映在专利上也尤为明显。"十五"时期，湖南共授权发明专利 1277件，其中属强项的化工和医药分别拥有 291 件和 277 件，占总数的 22.8% 和 21.7%。与之形成强烈反差的是电子信息、新材料等高新技术产业，发明专利拥有量分别只有 61 件和 8 件，只占总量的 4.8% 和 0.6%。在湖南崛起振聋发聩的口号下，高技术产业发展居然仍在谷底徘徊，这不能不说是一个较严峻的现实问题。

表 4 中部六省高新技术状况一览

指 标	湖北省	河南省	安徽省	山西省	江西省	湖南省	湖南中部排名	湖南全国排名
高技术产业规模以上企业产值（亿元）	285.31	203.87	118.07	51.53	177.46	119.63	4	19
占全国比例（%）	1.01	0.72	0.42	0.18	0.63	0.42	并列第4	并列第19
高技术产业规模以上企业增加值（亿元）	165.4	103.04	55.24	27.07	75.84	74.88	4	17
占全国比例（%）	2.03	1.27	0.68	0.33	0.93	0.92	4	17
高技术产业规模以上企业增加值增长率（%）	36.96	31.33	31.95	36.21	32.41	34.15	3	13
规模以上工业企业增加值中高技术产业份额（%）	8.24	3.05	3.72	1.54	8.6	4.59	3	20
高技术产品进出口额（亿美元）	12.27	3.33	5.81	4.9	3.11	3.36	4（后三名差距不大）	21
占全国份额（%）	0.3	0.08	0.14	0.12	0.08	0.08	并列第4	并列第21
高技术产品进口额（亿美元）	7.85	2.38	2.83	3.84	2.42	2.37	6	22
占全国份额（%）	0.4	0.12	0.14	0.19	0.12	0.12	并列第4	并列第20
高技术产品出口额（亿美元）	4.42	0.95	2.98	1.06	0.69	0.99	4	19
占全国份额（%）	0.2	0.04	0.14	0.05	0.03	0.05	并列第3	并列第17

资料来源：根据 2006 年《中国统计年鉴》及科技网数据整理。

五 研发氛围与知识产权发展

知识产权是一项创造性劳动，需要有适合的空气和土壤才可能蓬勃而发，目前湖南科技研发氛围却不利于知识产权发展，表现在以下几个方面。

（1）专利奖酬不到位。专利权属就是利益归属，专利权属性主要有职务发明和非职务发明两种。凡执行本单位的任务或者主要是利用本单位的物质条件完成的发明创造，属于职务发明，申请专利的权利属于所属单位；凡不是执行本单位的任务或主要不是利用本单位的物质条件完成的发明，属于非职务发明创造，申请专利的权利属于发明人或者设计人。

在专利权属这一反映利益归属的根本问题上，国内与国外在专利申请上有天壤之别。国内职务发明占总申请量的 46%，非职务发明达54%；国外却恰恰相反，职务发明占总申请量的 96% 以上，非职务发明仅占 3.0% 左右。按理，专利在发明过程中，除需要个体的创造性思维外，还要做许多研发实验，这都离不开物质支撑，包括资金、设备、人力、技术情报和技术资料等，而在我国目前条件下，这是绝大部分个体以一己之力所难以达到的。换言之，我国专利权属中的职务发明应高于非职务发明，但为什么却出现颠倒现象，答案只有一个，就是利益分配失衡。报道显示，职务发明实施或转让后，利益分配"单位吃肉，发明者喝汤"的现象在一些企业已是常见，发明人想争得自己的成果回报，就千方百计把本属于单位的职务发明变成属于个人的非职务发明，"59岁博弈"现象反映的就是这一实质，这也就是我国为什么非职务发明高于职务发明的根本所在。

湖南也同全国一样，非职务发明比例高，竟达 70%，高出湖北 22 个百分点，也高出全国平均水平 17 个百分点，与北京的 36% 和上海的 12%更是无法比拟。这种状况充分说明，湖南有关知识产权激励措施严重缺失或不到位。调查显示，湖南目前实施专利奖酬的企业只有近 1/3，奖金也不高，多以一次性奖金形式兑现。单位发明人或设计人希望享受专利许可使用费提成、专利转让费提成、技术入股分成等愿望，基本难以实现。这无疑严重打击了专利发明人和设计人的创新积极性。其负面影响是：使本可能在专利发明人创造下形成的系统专利池、专利网战略付诸东流；使企业资产在非职务发明的掩盖下严重流失；使本可以创造重大经济效益的发明专利由于个人条件限止而不能有效进行产业化和专利经营。

（2）重成果、重评奖、重论文依然十分突出，严重制约了知识产权发展。湖南在知识产权立法上基本与国际接轨，但科技成果评价机制却变革不大，科研单位、高等院校是知识产权生产的重要部门，但对科技人员的评定，仍将科技成果鉴定、获奖等级、论文发表数量和级别作为硬指标加以考核，而对申请多少专利、成果转化以及产生多少经济效益和社会效益则不予考核。因此，许多科研人员有了发明创造或完成了科研项目，首先就是发表论文，进行成果鉴定，申请各级评奖，以致湖南科技成果多，而拥有的专利等自主知识产权数量少的情况较为突出。

以中南大学在湘院士为例，在国家级奖励中，专利申请数只占获奖数目的50%；在部级奖励中，专利申请数只占获奖数目的40%；在省级奖励中，专利申请只占获奖数目的52%；平均只有50%。也就是说，还有一半成果作了无偿奉献。又如，2003年，省政府投资104亿元支持24家骨干企业进行科研和技改，取得了包括省部级以上大小科研成果在内的成果共计6408项，可只有308件申请了专利，占总数的4.8%，也就是说，其中绝大部分都无偿贡献给了竞争对手。这种现象的根本原因就在于湖南科研评价和激励机制滞后于时代发展。

其直接后果是：本可为企业发展保驾护航的科技成果，由于没有专利保护而可能成为企业发展的屏障；本可能获得巨大经济社会效益的成果，由于没有专利保护而使大量财富流失。

第二节　知识产权发展战略选择

中国科学院可持续发展战略研究小组组长牛文元院士曾在"促进中部崛起高层论坛"上指出：中部发展不能再亦步亦趋、由低到高、跟在别人后面承接产业转移了，而必须是跳跃式的异军突起，这就是在中部"尽速构建全国的知识市场与专利发明的永久集散地，形成世界知识产权的固定交易平台和全球每年最新技术发明的展示中心"。此话道出了知识产权发展战略的真谛，它是欠发达地区实现后发制胜和实现跳跃式发展的法宝。

湖南作为中部省份的一员，也能够通过知识产权，抓住跳跃式发展的先机，实现历史性跨越。

一 实现跳跃式发展的战略资源

知识产权是知识、科学技术转化为资本和生产力的桥梁，它具有独占性、排他性、垄断性特点，并作为一种法律所确认的权利——财产权受到保护。知识产权又是一种资源，是国家、区域和企业参与竞争，求得生存和发展的重要竞争和战略资源。在知识经济时代，知识产权最能够依靠法律保护与特性支撑，通过智力成果形式占领市场，形成垄断，获得丰厚的财富与资本，故人们称其为当今"最具价值的财富形式"。温家宝总理将之概括为："世界未来的竞争，就是知识产权的竞争。"

从全球角度看，知识产权作为竞争和战略资源，已越来越具有让经济跳跃式发展的功能，世界银行对许多国家经济增长差异进行的分析表明，当今物质资本能解释这些差异的不到30%，其余的70%以上直接或间接地取决于知识因素。图2所反映的技术进步对经济增长的贡献率，就说明了这点。图2表明，技术进步对经济的贡献已明显超过资本和劳动的贡献。

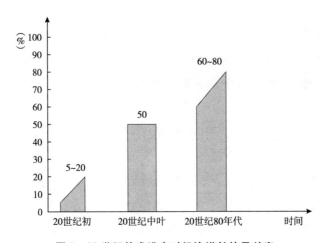

图2 20世纪技术进步对经济增长的贡献率

从国家角度看也是如此。20世纪70年代，美国经济由强转弱，面临着欧亚发达国家和新兴工业国家的经济威胁，美国产业界感到了巨大的竞争压力，朝野上下深刻反思，采取了扭转乾坤的一着高棋：第一次将知识产权战略提升到国家战略的层面。并一举使其在全球经济的霸主地位得到空前巩固。日本战败后满目疮痍，经过 50 年奋斗，一跃成为世界经济大国，一条重要经验就是：实施了从"技术立国"向"科技创新立国"转变的知识产权战略，目前，日本是世界上每百万人申请国内专利最多的国家，达到 2837 件，居世界 131 个参与排名国家之首。

从区域角度看也证明了这一点。创造财富神话的硅谷，直到 20 世纪 70 年代还是以农业为主，特别盛产樱桃，满目都是樱桃树。可就是这个从旧金山向南纵深 100 公里的一小块谷地，创造的 GDP 总值约为 2400 亿美元，占美国全国的 3% 左右，相当于中国 GDP 总值的 1/4，也就是说，这么一块小地方顶我国 3 亿人左右的产值。

为什么比硅谷条件优越得多的波士顿（波士顿附近有两所著名大学——哈佛大学和麻省理工学院，又有充足的资金——波士顿靠近纽约这一金融中心和商业中心，并且在 20 世纪 80 年代前，其高科技遥遥领先于硅谷）没有创造这种神话？原因是多方面的，但有一点是可以肯定的，这就是：在硅谷"允许失败，但绝不允许不创新"，"或有专利，或被淘汰"是硅谷人信奉的名言。他们以每天几十项发明专利的业绩，确立着自己在全球的创新地位和财富神话。

从企业角度看更是如此。1992 年，中国石化集团在中美第二轮知识产权谈判后，敏锐地注意到，中国的专利制度开始对药品、化学物质等给予专利保护，他们立即从专利角度分析外国石化公司在中国的市场动向，发现在与石化工业密切相关的有机化学、高分子和石化催化剂领域，外国公司在华的专利申请量已分别达到该领域中国专利总量的 81%、68% 和 61%，外国公司已在未来的中国石化技术市场获取了相当大的发展空间。面对这一局面，谈不上有什么优势的中石化选择了艰难但明智的强身之道，在引进他人技术的同时，以创新性开发策略取代多年沿用的仿制性开发模式，开发性研究课题必须有明确的技术创新要求。近 10 年过去了，中石化累计申请了 5000 多项专利，申请外国专利也有近 500 项。这些专利中的 40% 正在热火朝天地创造效益，还有一大批专利已为中石化圈占了未来的技术市场。中石化在湘骨干企业专利申请及业绩就说明了这一点

（见图 3、图 4）。

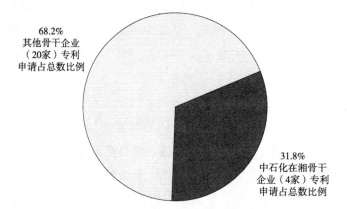

68.2%
其他骨干企业
（20家）专利
申请占总数比例

31.8%
中石化在湘骨干
企业（4家）专利
申请占总数比例

图 3 中石化在湘骨干企业专利申请累计情况

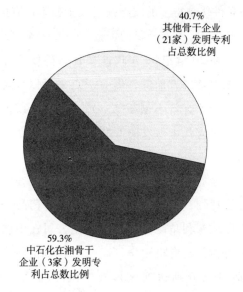

40.7%
其他骨干企业
（21家）发明专利
占总数比例

59.3%
中石化在湘骨干
企业（3家）发明专
利占总数比例

图 4 中石化在湘骨干企业发明专利申请累计情况

图 3、图 4 清楚地表明，中石化实施知识产权战略后，其企业在湖南 24 家十大标志性工程骨干企业中，专利申请几乎占了 1/3，而最能衡量专利质量水准的发明专利几乎占到六成，达 59.3%。这也就是其产品能在市场上占有相当大的份额，特别是在国外市场也有一席之地的根本原因所在（见表 5）。

表5　2003年中石化在湘骨干企业主要产品国内外市场占有率情况

单位：%

在湖南24家骨干企业中的排序	企业名称	主要产品	国　内	国　外
1	长岭炼油	重整催化剂	80	—
4	巴陵石化	环己酮	60	—
5	长岭炼油	加氢催化剂	55	—
11	巴陵公司	己内酰	34	—
12	长岭炼油	裂化催化剂	34	—
17	巴陵石化	SBS	30	-3（排序3）
22	巴陵石化	环氧树脂	15	—
28	巴陵公司	尿素	7.75	—
31	巴陵公司	帘子布	5.15	—
36	巴陵公司	尼龙彻布	2.71	5.39（排序2）
—	巴陵公司	己内酰胺	—	12.5（排序1）

　　图5、图6让我们清楚地看到，在湖南十大标志性工程骨干企业中，石化只作为其中的一大标志性工程，却依托知识产权的质与量，创造了占总额1/4的财富与价值。这就是知识产权的竞争力所在，这就是湖南实现跳跃式发展的希望所在。这也就是周伯华省长一再强调的"努力营造尊重劳动、尊重知识、尊重人才、尊重创造，保护知识产权的社会氛围"的原因所在。

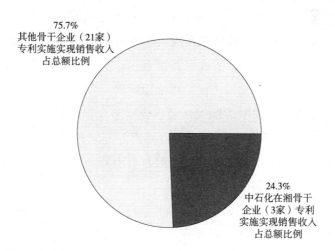

75.7%
其他骨干企业（21家）
专利实施实现销售收入
占总额比例

24.3%
中石化在湘骨干
企业（3家）专利
实施实现销售收入
占总额比例

图5　中石化在湘骨干企业专利（申请）实施实现销售收入情况

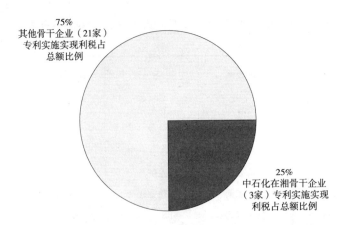

图6 中石化在湘骨干企业专利（申请）实施实现利税情况

二 湖南知识产权强省条件透视

运用知识产权战略强国是当今提高国际竞争力，抢占国际市场的一大法宝和利器，我国及各省特别是发达省市都在积极运作和应对之中，上海、北京、广州、武汉等大城市还提出了用知识产权提高城市竞争力的口号。湖南作为欠发达省份，在知识经济时代，要实现强省目标，一举扭转被动局面，其中，最有效的路径就是大力推进知识产权及战略。从当前情况分析，湖南已具有了相当的发展条件和发展空间。

（1）湖南累计专利申请量在全国仍排名前10位，说明专利意识和知识产权保护基础工作仍处于全国中上等水平，这为湖南向知识产权发力、冲刺奠定了坚实基础。湖南知识产权工作体系建设起步早，自1985年开展知识产权工作以来，省委、省政府高度重视，从省到市州都有一套工作班子，一支队伍，为全省知识产权工作全面开展、专利申请的节节上升打下了基础。尽管湖南专利申请量从1985~1992年全国排名第5位、第4位下降到目前在全国49个省市区（包括台湾省）累计排名第9位，但仍表明湖南专利意识和知识产权工作有良好的发展态势。这无疑为湖南向知识产权发力提供了极其有利的必要条件。

（2）作为知识产权创新主体的企业、科研机构、高等院校正在实现由计划经济向市场经济转轨，市场需求推动知识产权发展的时机已经到来。湖南知识产权发展20年的进程显示，1993~1995年是知识产权发展低谷

期，当时正处于转型关键期，多数工业企业活力不足，亏损面高达
43.09%，高出全国平均水平 11.29 个百分点。科研机构正建立新的体制格
局，人心不定，在这种大环境影响下，湖南专利申请量连续 3 年滑坡，由
3342 件下降到 2628 件，申请量下降 21.4%。1996 年后，情况发生变化，
市场经济体制和机制开始基本建立，知识产权创造主体——人，在市场机
制导向、配置和激励下，迸发出新的创造热情和动力，反映在知识产权申
报量上是节节攀升，近两年更是结束了申请量在 3000 件左右徘徊达 6 年之
久的历史，2004 年已达到 7693 件。只要湖南不失时机地加以引导、保护
和支持，专利申请特别是发明专利会有大的突破和质的跨越。

（3）企业既是专利技术的最大买主和使用者，又是专利最大的申请者和
拥有者，按照相关企业集群产生激励效能的理论，湖南企业相对集聚，可为知
识产权的生产提供更大的发展空间。据有关部门统计，目前湖南登记在册的大
中型企业有 631 家，其中有 566 家在开展知识产权工作上做了不同程度的努力，
这 566 家企业和 24 家十大标志性骨干企业在行业和区域分布上，呈现两大特
点：一是企业相对集中于长株潭一带，二是行业集聚较明显（见表6、表7）。

表 6　566 家中部分企业区域、行业分布情况

单位：家，%

区　域	企　业	行　　业				
长　沙	68	机械制造	电子电器	烟　草	医药食品	建材
株　洲	62	设备制造	有色金属	化学原料	化学制品	
湘　潭	60	冶　金	化学原料	化学制品		
共　计	190					
占总数比例	33.6	—	—	—	—	—

表 7　24 家部分标志性工程骨干企业区域行业分布情况

单位：家，%

区　域	企　业	行　　业			
长　沙	7	电子信息	高档卷烟及食品	汽车	工程机械
株　洲	4	城市轻轨地铁	有色金属深加工		
湘　潭	2	精品钢材			
共　计	13				
占总数比例	54.2	—	—	—	—

从区域分布看，566 家大中型企业有 1/3 多（33.6%），24 家十大标志性工程企业有 1/2 多（54.2%），较为集中在两两相距 45 公里的长株潭一带。这种格局不但有利于节约成本，更重要的是由于在同一区域内存在大量竞争对象，充分的竞争压力有利于形成强大的创新动力，使集群内每个企业都必须加快技术创新步伐。为此，拥有高质量的专利产品将成为企业的自觉追求。

（4）在中部 6 省中，湖南相对科教实力较强，为知识产权的大幅提升提供了源源不断的发展后劲。在科技与教育方面，与 2003 年数据比较，湖南在湖北、江西、安徽、河南、山西 6 省中的位置（见表 8、表 9）。

表 8　2003 年湖南科技在中部六省中排名

指　标	数　值	排　名
R&D 经费占 GDP 比重（%）	0.6	5
专业技术人员数（万人）	91.3	2
申请专利数（项）	6054	2
省级以上科技成果（项）	727	2
技术市场成交额（亿元）	21.1	2
科技贡献指数（%）	46.5	1
人均科技三项及科技事业费支出（元）	10.7	3

表 9　2003 年湖南教育在中部六省中的排名

指　标	湖南	湖北	江西	安徽	河南	山西	湖南排名
普通高校（所）	73	76	50	73	71	44	2
"211" 工程学校（所）	4	6	1	2	1	1	2
万人大学生率（%）	80.6	120.2	85.6	64.4	55.7	82.7	4
院士（人）	43	48	0	15	3	2	2
在校研究生（人）	19421	52000	5711	13535	8465	6669	2
万人研究生率（%）	2.9	8.7	1.3	2.2	0.9	2.0	2
万人高中生率（%）	160.8	179.2	171.5	142.0	152.3	174.1	4
人均教育经费（元）	322	328	312	268	282	385	3

　　表 8、表 9 告诉我们，湖南科技方面的申请专利数、省级以上科技成果、技术市场成交额、科技贡献指数等都排在中部前列；湖南教育综合实力仅次于湖北，排中部第 2 位，基础教育和职业教育多项指标居中部前列，院士人数、普通高校数量均高于除湖北外的其他中部省份，这为湖南通过知识产权战略实现跳跃式发展提供了技术保证和智力储备。但需要引起高度重视的是，必须提高万人大学生率和万人高中生率，这是影响从业人员整体素质的重要因素。此外，湖南 R&D 经费投入、人均教育经费都偏低，加大投入当是首选。

　　（5）信息产业是知识经济时代最重要的载体和战略性产业。它知识含量高，相对投入和测试规模不大，进入门槛相对较低，是湖南开发和利用专利、实现跳跃式发展的最佳捷径。湖南有中部唯一的国家级软件产业园，还有国防科技大学的尖端计算机、卫星定位导航系统等产品以及目前开发并已具有一定影响的"蓝猫"动漫，这为湖南依托软件园尽速集中力量抓好软件研发和应用打下了良好的基础和条件。用知识产权抢占 IT 动漫产业制高点，建成全国最大的娱乐软件基地应是希望所在。

三　打造湖南知识产权现代平台

　　（1）努力把长沙构建成中部地区的知识市场与专利发明集散地，形成知识产权的固定交易平台和新技术发明的展示中心。湖南要实现"三化"，应抓住知识经济的时代特点，构筑知识市场，形成知识产权的固定交易平台和专利发明集散地，通过无形资产实现跳跃式发展。根据《中国城市竞争力报告》，长沙在中国城市竞争力 50 强中，综合竞争力居第 25 位，武汉居第 24 位，郑州居 50 位。长沙与郑州比，有明显优势；与武汉相比，长沙在结构竞争力、环境竞争力、制度竞争力、政府管理竞争力、企业管理竞争力、开放竞争力方面有明显优势，尤其是结构竞争力，排在北京、温州之后，位列全国第 3 位。说明长沙第三产业高级化程度较高、产业结构升级和调整速度、经济体系的灵活性等方面具有优势。加之，目前湖南全省技术交易机构达到 3300 家，并新建省科技成果与技术市场网，只要湖南整合资源，尽先推进，形成中部乃至全国有影响的知识市场指日可待。

　　（2）尽快把岳麓山大学科技园办成全省技术创新的"辐射源"、高新技术产业发展的"孵化器"、经济腾飞的"起跳板"和创业公司的"栖息地"。湖南与发达省市比较,工业基础较薄弱,但科技较发达,因此,充分运用自己的长处,取长补短当是首选。培育岳麓山大学科技园的四大功能,重点应放在第四个功能上,只有把它培育成创业公司的"栖息地",凡创业者都愿意到这里集聚、安家、创业,前三个功能才能更好地实现。实现第四个功能,关键在政府,政府应做的一件重要事情就是为创业者服务好,除采取积极政策调动和保护创业者的积极性外,政府还应该出面整合科技资源,包括仪器设施共用、科学数据共享、科技文献共睹等,形成研发服务平台,降低创业门槛,营造创新环境,宽容创业失败,让想创业者都能在这里进行人生一博。要知道,在知识经济时代,创新往往产生在那些看上去既无技术力量又无资金的新创立的小企业上。

(3)建立健全科技创新检索评价机制,从根本上扭转重成果数量、重鉴定级别、重立项评奖、轻专利保护的现象。科技成果多,拥有专利等自主知识产权数量少,是湖南科研院校、企事业单位的一个普遍现象。如2003年,省政府投资104亿元支持24家骨干企业进行科研和技改,取得包括省部级以上大小科研成果在内的成果共计6408项,可申请了专利的却少得可怜,只有308件,占总数的4.8%,也就是说,其中绝大部分无偿贡献给了竞争对手。这种现象的根本原因就在于专利申请激励机制没有落实,科技创新还是沿用老的评价方式,对科技创新没有要求一定要进行专利检索、预测、分析、论证并明确知识产权目标,对成果的认定也是重鉴定、重立项、重奖项,并未与经济利益和奖酬挂钩。改革科技创新成果评价方式,根本上应将是否拥有专利特别是发明专利作为科技创新成果评价的重要标准(不宜公开的除外),并加以重奖,同时与经济利益挂钩,激发人们的专利申请热情。

(4)加大政府用于促进专利技术产业化的专项资金投入。专利转化为商品、知识产权转化为核心竞争力,从申请到实施专利产品产业化,每个环节都需要资金支撑。据了解,我国一些省市为加大专利技术对地方经济的强劲拉动,不仅设立了专利申请资助和专利实施开发资助基金,而且加大了资金投入(见图7)。

相比而言,湖南在中部地区专利专项经费还算高,但与全国相比,则显得少了,由于专利申请、实施的经费有限,影响和制约了人们创新的积

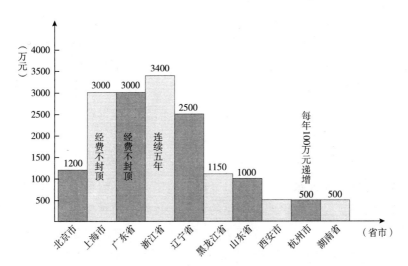

图7 部分省市专利专项经费投入情况

极性。近几年，仅长沙的科技成果在外地实施的就有 1432 项，而在本地实施的只有 244 项，就地转化率仅 14.6%，究其缘由，除专利实施机制乏力外，经费问题也不能不说是一个重要原因（2005 年专项经费由 200 万元增加到 500 万元，情况有所好转）。从全国情况分析，一般专利专项资金投入较多的省市，大都是专利大省或后起之秀。

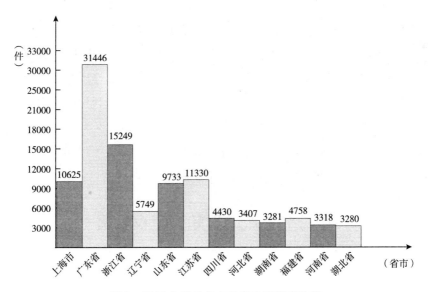

图8 2004 年部分省市专利申请授权比较

从图 8 可见，一是只有高投入，才能保证专利的高产出，专利大省年授权量上万件或接近万件。二是目前湖南专利授权量面临激烈的竞争与巨大的挑战，与湖南排位相近的四川、河北、河南、福建和湖北，除湖北 2004 年申请授权比湖南少 1 项外，其他省都高于湖南，这是非常危险的信号，如果湖南不加大投入、加强保护，将只能成为知识经济时代发达省份的"加工厂"和资源消耗省，这不是湖南希望的结果。

（5）尽速构筑功能强大的科技中介服务体系。知识产权转化为生产力，离不开科技中介机构的服务与支撑。因此，尽速构筑功能强大的科技中介服务体系，适应知识产权转化的要求，乃湖南的首要任务。有关资料显示，目前，湖南有 60.1% 的成果所有者认为成果转化过程中亟须解决的首要问题是资金问题，有 45% 的项目是因为启动资金缺乏。因此，构筑功能强大的科技中介体系，重点应放在科技融资中介机构上，包括培育和建设风险投资、贷款担保、投资咨询、资信评估等中介机构。对风险投资和担保机构，可根据其为企业提供风险投资和贷款担保的额度，由政府建立补偿机制分担部分风险。为保证中介机构健康发展，需要建立风险管理平台，通过资格认证、客户投诉、资信评估和业绩排行等制度，加强监管，维护中介服务的市场次序。

（6）利用电视等媒体强化宣传，让人们树立敢于想象的创新意识和知识产权就是自己财产一部分的价值观。据报道，广东万名就业人员专利申请量为 8.66 项，浙江为 6.09 项，福建为 3.81 项，湖南仅为 1.40 项。这说明湖南对知识产权的认识远没有发达地区深刻，发达地区是通过侵权赔偿的沉痛教训认识到拥有知识产权的重要性的。因此，利用电视等媒体在省内大规模地进行知识产权知识的普及非常必要，这种必要在于扫除人们在知识经济时代对智力成果权属意识的模糊认识，增强法律保护意识和全社会创新意识，为知识产权的推进打下牢固的社会基础。

第三节　城市群知识产权发展

21 世纪，知识产权已作为"最具价值的财富形式"为人们所公认，并已成为许多国家和地区创造财富、提升城市群竞争力的战略选择。那么，作为欠发达地区的湖南，是否也能通过知识产权"加快以长株潭为中心，以一个半小时通勤为半径，包括岳阳、常德、益阳、娄底、衡阳在内的'3＋5'城市群建设"，实现跨越式发展呢？

一　知识产权与跨越式发展

知识产权是科学技术转化为资本和生产力的桥梁，是占领市场和垄断市场的利器，是国家、地区和企业参与竞争，求得生存和更大发展的重要战略资源。在当今"知本论"响彻全球的时代，它甚至决定着经济发展的动力、经济运行的秩序、经济发展的速度和经济的竞争力和影响力。因此，利用知识产权实现国家、地区和企业的财富积累和跨越式发展，就成为一大时代特征，尤其经营知识产权，更成为财富积累和跨越式发展的新范式。

1. 知识产权：发达国家经济由被动变主动的利器

知识产权兴起于发达国家，其设计初衷主要为尽快摆脱被动、增强国际竞争力。最早运用此战略的是美国，20 世纪 70 年代，美国经济由强转弱，在面临欧亚发达国家和新兴工业国家的经济威胁下，1979 年，美国总统卡特提出"要采取独自的政策提高国家的竞争力，振奋企业精神"，并第一次将知识产权战略提升到国家战略的层面。经过十多年践行，美国实施知识产权战略最大的收获是信息产业迅速崛起，不仅使其经济转危为安，霸主地位空前巩固，而且使美国由工业经济时代一举跨入知识经济时代，实现了经济发展形态的革命性跨越。

另一个经济强国日本亦如此。日本战败后，满目疮痍，经过 50 年奋斗，一跃成为世界经济强国，其中一条最重要经验就是实施了从"技术立国"到"科技创新立国"转变的知识产权战略。目前，日本是世界上每百万人申请国内专利最多的国家，达到 2837 件，居世界 131 个参与排名国家之首。

从世界范围讲，大多数发达国家，如德国、法国、英国、韩国、荷兰、瑞士等，都是利用知识产权的独占性、排他性、垄断性等特点占领市场，使自己获得经济主动与腾飞的。

2. 知识产权：欠发达地区和企业实现跨越式发展的法宝

如果说美国、日本这样的科技强国，对欠发达地区和企业运用知识产权，实现跨越式发展不具有借鉴，那么，曾主要以农业为主的美国硅谷地区和曾只是一个小型民营企业的中国华为公司的成功，应能给人以启迪和借鉴。

硅谷直到 20 世纪 70 年代还是以农业为主，盛产樱桃。可就是这个从旧金山向南纵深 100 公里的一小块谷地，创造的 GDP 总值约为 2400 亿美元，相当于中国 GDP 总量的 1/4。华为能从 18 年前一家几万元规模的小公司发展到年营业收入近 60 亿美元、员工人数达 4.5 万名的跨国公司，实现财富、规模、市场的三大跨越，主要得益于其对知识产权的重视和常抓不懈。公司每年拿出销售收入的 10% 以上投入研究开发，用知识产权为企业发展保驾护航。截至 2006 年 3 月底，华为已申请中国专利1.1 万件、PCT 国际专利和国外专利 1765 件、授权专利 1900 余件，列国内企业第一。

如此，像湖南这样处于欠发达地区和拥有众多企业的省份，同样可以通过知识产权实现财富、规模、市场的跨越发展。

3. 知识产权经营：知识经济时代跨越式发展新范式

21 世纪最大的特点就是进入知识经济新时代。这个时代的发展特征是以知识和科学技术的创新、运用为主要形态。因此，知识经济主导下的知识产权与工业经济主导下的知识产权，在盈利模式上已发生较大变化。

工业经济时代以生产商品为中心，主要通过法律对专利的保护，实现商品的市场占有，以获得商业高额利润。它从研发到收益的运行模式主要表现为：基础研究、应用研究、专利获取、生产商品、销售商品、赚取利润。

知识经济时代以创造智力成果为核心，专利成为智力成果的主要载体和形式，经营专利成为获得知识和智力成果商业利润的新范式。经营专利包括专利实施、授权、许可、合资合作以及专利标准化等多种形式，它从研发到收益的运行模式主要表现为：基础研究、应用研究、专利获取、专利经营、赚取利润。

可见，知识经济时代的知识产权盈利重点在有步骤地获取专利，进行本行业、本领域的专利布局，形成专利网、专利池，再最大限度地开发、利用和经营专利，以获得丰厚利润。这种模式增加了科技研发开支和专利申请、专利维护的开支，但省略了生产商品、销售商品两大环节，而这两大环节，恰恰是工业经济时代企业资金投入的主要环节。一般情况下，企业主营业务成本占主营业务收入的80%左右，而用于固定资产投入、生产资料投入和流通投入是主营业务成本的最主要构成，省略这两大主要环节，也就省略了企业资金投入的大头，意味着企业投入大大减少、盈利空间大大增加，这正是企业乃至地区实现财富积累和跨越式发展的成功路径（见表10）。

表10　知识产权盈利模式与跨越式发展

形态	知识产权盈利模式	实现途径	形态	知识产权盈利模式	实现途径
工业经济时代	基础研究	主要以商品利润形式体现。通过法律对专利的保护以及专利的排他性特点，实现商品的市场占有，以获得商业垄断利润。美国、德国、法国、英国等发达国家以及日本、韩国等后发国家，大都通过这种模式实现了财富积累和跨越式发展。目前，这一模式仍是许多地区和企业创造财富的重要形式	知识经济时代	基础研究	主要以专利赔偿、专利许可、专利转让等形式体现。通过经营专利，包括专利实施、授权、许可、合资合作以及专利标准化等多种形式，直接获取商业利润，实现跨越式发展。日本电子表霸主地位的确立和对瑞士机械表毁灭性的冲击，就是得益于专利许可。这一模式节约了创造财富所需的人力、物力、财力和时间，对湖南这样的欠发达地区更具有战略意义。目前，这一盈利模式已被越来越多的国家、地区和企业所运用，已成为知识经济时代实现跨越式发展的新途径和新范式
	应用研究			应用研究	
	专利获取			专利获取	
	生产商品			专利经营（阶段跨越、时间跨越）	
	销售商品				
	赚取利润（财富跨越）			赚取利润（财富跨越）	

例如，美国IBM公司（即国际商业机器公司），自从调整营销策略（由以销售产品为主向经营专利转移）后，专利授权收入由1993年的2亿

美元剧增到 2001 年的 15 亿美元，相当于销售 160 亿美元的产品。这就是说，IBM 公司依靠专利经营，节约了生产和销售 160 亿美元产品所需要的庞大资金投入。

声称要"统治数码世界"的英国 ARM 公司，正成功地经营这种"知识产权生意模式"，目前全球移动电话、便携式个人电脑等，70% 有 ARM 设计的微型处理器，其收入的 72% 来自转让科学技术时收取的许可证费和投产时收取每件产品的专利权税。

最具说服力并最能说明问题的莫过于湖南长沙巨星轻质建材股份有限公司（以下简称"巨星公司"）。该公司能由一个名不见经传的小企业一举成为中国建材行业的知名企业，实现企业经济效益和社会效益的双重跨越，完全得益于其对知识产权的重视和成功经营。该公司为民营小企业，最初，申请专利完全是为了用法律保护企业利益。6 年间，总经理邱则有在自己经营的空心楼盖领域，精心进行专利研究与布局，共申请专利 3900 多件，其中发明专利 2600 多项，形成了空心楼盖专利体系。依靠专利申请和授权量在本领域的绝对优势以及对专利维权的深入研究和了解，邱则有开始"玩"起了专利，他运用专利集群战术（即对同一侵权者，同时启用数个数十个专利维权），在不到两年时间里，发起 39 件专利诉讼，使侵权者在专利群的围剿下难以招架。

巨星公司经营专利使自己声名大震，并迅速实现了大跨度发展。一是获得可观的经济效益。目前共获专利赔偿费 1600 余万元，每年还将获得专利许可费 1000 余万元；同时又节省了在生产和销售两大环节的资金投入，生产业务通过订单形式实现。二是扩大了社会影响力和知名度，构建了新的发展平台。专利优势为巨星公司赢得主动，由巨星公司牵头，发起成立了"中国专利保护协会空心楼盖专利联盟"和"中国专利保护协会空心楼盖产业联盟"。这两个联盟将全国空心楼盖企业凝聚在一起，对外形成了舰队，提高了竞争力；对内规范了行业和市场，抑制了恶性竞争。最为重要的是两个联盟形成了利益互补，一方面，专利联盟（主要是巨星公司专利）在为产业联盟提供专利保障的同时，也使专利权人利益通过专利有偿使用得到保障和维护；另一方面，产业联盟有了专利保护，可以无后顾之忧地大胆拓展自己的事业。目前，产业联盟的成员和准成员已发展到 81

家，遍布全国各地。

巨星公司运用知识产权不仅使自己脱颖而出，而且演绎了一个在知识经济时代实现整体跨越式发展的新范式。这对推进"3＋5"城市群建设进程，加快新型工业化建设步伐具有借鉴、推广和指导意义。

二　城市群知识产权优势分析

加快"3＋5"城市群建设、大力推进新型工业化、地区生产总值在2000年基础上提前翻一番、财政总收入在2005年基础上翻一番、科技进步贡献率达到55%以上，这是中共湖南省委第九次党代会对湖南未来5年发展提出的奋斗目标和战略安排。但无论是城市群建设还是地区生产总值、财政总收入翻番，根本的是要有高度发达的工业化支撑。大力推进新型工业化，核心是提高科技含量和科技进步贡献率。当前衡量科技水平的国际通用标准，就是看知识产权拥有量，通过生产和经营知识产权实现财富积累和经济跨越。因此，湖南要实现上述目标，从根本上讲，必须大力推进知识产权的生产和经营。

1."3＋5"城市群企业相对集聚，相互竞争能有效促进知识产权的发展

"3＋5"城市群由8个城市组成，土地面积占全省的45.8%，而就在不到全省1/2的土地上，集聚了湖南产业之精华。

一是企业相对集中。在这一区域集聚的大中型企业有394家，占全省大中型企业618家的63.8%，将近占到2/3。在这618家企业中，湖南省又确定了24家十大标志性骨干企业，其中22家在"3＋5"城市群内，占总数的92%。根据省"十一五"规划纲要，湖南要围绕10大优势产业，抓好50个产业集群，壮大100家核心企业，新上300个投资过亿元的重大项目。在50个产业集群中，"3＋5"城市群有45个，占90%；壮大的100家核心企业中，"3＋5"城市群有78家，占78%；新上的300个投资过亿元重大项目，也主要集中在"3＋5"城市群（见表11）。

表11 "3＋5"城市群产业聚集一览

指　标	全　省	"3＋5"城市群	占比（％）	说　明
大中型企业（家）	618	394	63.8	其中：长沙68家，株洲62家，湘潭60家，岳阳27家，常德54家，益阳33家，娄底26家，衡阳64家
十大标志性企业（家）	24	22	92	其中：长沙7家，株洲4家，湘潭2家，岳阳5家，常德2家，娄底1家，衡阳1家
产业集群（个）	50	45	90	"十一五"规划
核心企业（家）	100	78	78	"十一五"规划
主导产业分布	长沙		—	机械制造、电子信息、医药食品、烟草制造等
	株洲			装备制造、有色金属、化学工业、建材等
	湘潭			电器机械、机械、有色金属、纺织、建材等
	岳阳			石油化工、电力、造纸印刷、饮料等
	常德			食品饮料、烟草制造等
	益阳			机械、轻工纺织等
	娄底			黑色冶金、压延加工、采掘业等
	衡阳			机械、有色金属等

资料来源：主要根据《2006年湖南省国民经济和社会发展报告》《省域城镇化战略》归纳整理。

二是行业集聚明显。湖南确定的十大优势产业，如以装备制造、钢铁及有色金属、卷烟加工为主的3大支柱产业，以电子信息、新材料、生物医药为主的3大新兴产业，以食品、石化、建材、造纸为主的4大传统产业，几乎都集中在"3＋5"城市群内。

众所周知，企业既是专利技术的最大买主和使用者，又是专利最大的申请者和拥有者，按照相关企业集群产生激励效能的理论，上述格局不但有利于产业链的成本节约，更重要的是由于在同一区域内集聚大量竞争对象，充分的竞争压力必将形成强大的创新动力，促使集群内每个企业都必须加快技术创新步伐。为此，拥有高质量的专利产品和对专利产权的有效运作将成为企业的自觉追求。

2. "3＋5" 城市群科技力量相对雄厚，为高质量生产和开发专利奠定了基础

俗话说："巧妇难为无米之炊。"光有低水平企业集聚难以生产出高质量的专利产品。"3＋5"城市群优势还在于集合了全省大部分科技研发力量。

其一，大部分高校集聚于此。高校是培育科技人才的摇篮，是科技研发的重要基地，是产学研结合的重要构成，是知识产权生产和经营的重要阵地。全省高等院校（含分院和大专）共有 195 所，其中"3＋5"城市群就有 177 所，占总数的 90.8%。

其二，大部分高新技术开发区落户于此。全省有高新技术开发区 7 个，共 416 家企业，其中"3＋5"城市群有 407 家，占总数的 97.8%。

其三，科技机构集中。全省共有中央属、省属、市属科学技术研究机构 78 家，其中"3＋5"城市群达 77 家，占总数 98.7%。

其四，企业科技力量相对雄厚。据统计，2005 年全省企业办科技机构共 264 个，其中"3＋5"城市群占 228 个，占总数的 86.4%；全省企业科技机构拥有从业人员 15790 人，"3＋5"城市群就达 15001 人，占总数的 95.0%；全省参加企业科技活动人员为 50040 人，"3＋5"城市群达 45915 人，占总数的 91.8%；全省大中型企业有高中级职称人员 20710 人，"3＋5"城市群拥有 19026 人，占总数的 91.9%；全省当年科技活动经费筹集总额约为 435.9 亿元，"3＋5"城市群共筹集约 407.6 亿元，占总额的 93.6%。全省拥有发明专利 1012 件，"3＋5"城市群获 952 件，占总数的 94.1%（见表 12）。

高校、高新技术开发区、科研机构和企业科技是推动科学发展、技术创新、技术进步的根本力量，也是生产知识产权的主要载体和阵地。目前，我国获取发明、实用新型、外观设计三种专利主要来自大专院校、科研单位、工矿企业、机关团体和个人。国家知识产权局统计数据显示，在这五个层面，个人专利申请量居首位（一般个人获得专利与本人科学知识结构、水平和从事的职业成正比），其他依次是工矿企业、大专院校、科研单位和机关团体。个人申请量平均占到总量的 50% 以上，企业申请量在 30% 以上，大专院校占 5% 左右。显然，个人、企业和大专院校成为科技研发和专利生产的主力军，而"3＋5"城市群则正集聚着这支主力军。科技力量的集聚，一方面能在研发中形成你追我赶的竞争局面，使专利开发与生产不断获得量的增长和质的提高；另一方面，这种局面很具有感染力和辐射带动力，容易形成创新氛围，从而推动全局的发展。

表 12　"3+5" 城市群科技实力一览

指　标	全　省	"3+5"城市群	占比（%）	说　明
高等院校（含分院和大专）（所）	195	177	90.8	其中：长沙 107 所，株洲 14 所，湘潭 16 所，岳阳 6 所，常德 7 所，益阳 5 所，娄底 4 所，衡阳 18 所
高新技术开发区（处）	7	6	85.7	其中：长沙、株洲、湘潭、岳阳、益阳、衡阳各 1 个
高新技术开发区企业（家）	416	407	97.8	其中：长沙 226 家，株洲 81 家，湘潭 34 家，岳阳 33 家，衡阳 26 家，益阳 7 家
科研机构（家）	78	77	98.7	其中：中央在湘机构 18 家，省属 53 家，市属 6 家
企业科技机构（个）	264	228	86.4	其中：长沙 82 个，株洲 32 个，湘潭 15 个，岳阳 16 个，常德 32 个，益阳 15 个，娄底 10 个，衡阳 26 个
企业科技机构从业人员（人）	15790	15001	95.0	其中：长沙 7571 人，株洲 1983 人，湘潭 1515 人，岳阳 811 人，常德 1301 人，益阳 269 人，娄底 399 人，衡阳 1152 人
参加企业科技活动人员（人）	50040	45915	91.7	其中：长沙 11651 人，株洲 10866 人，湘潭 6393 人，岳阳 3790 人，常德 4214 人，益阳 775 人，娄底 1433 人，衡阳 6793 人
大中型企业高中级职称人员（人）	20710	19026	91.9	其中：长沙 5102 人，株洲 5268 人，湘潭 2424 人，岳阳 1359 人，常德 1428 人，益阳 317 人，娄底 785 人，衡阳 2343 人
当年科技活动经费筹集（万元）	435884	407649	93.5	—
拥有发明专利数（件）	1012	952	94.1	其中：长沙 288 件，株洲 115 件，湘潭 34 件，岳阳 118 件，常德 29 件，益阳 1 件，娄底 16 件，衡阳 351 件

资料来源：主要根据 2005～2006 年《湖南统计年鉴》和湖南教育网相关数据归纳整理。

3. "3 + 5"城市群具有一定知识产权优势，及时把握，能在中部城市群角逐中较快崛起

中部共有6个省，6省都在进行着城市组团式发展，它们是：湖北省以武汉为中心，包括黄石、天门、鄂州、咸宁、潜江、黄冈、孝感、仙桃，由9个城市组成的武汉城市圈；河南省以郑州为中心，包括洛阳、开封、新乡、焦作、许昌、平顶山、漯河、济源，由9个城市组成的中原城市群；安徽省由马鞍山、芜湖、铜陵、池州、安庆、巢湖、宣城、滁州等8个城市组成的皖江城市带；山西省以太原为中心，包括晋中、吕梁、忻州、阳泉，由5个城市组成的大太原经济圈；江西省由南昌和九江两市及南昌、新建、永修、德安、九江等5个县组成的昌九工业走廊；湖南省以长株潭为中心，包括岳阳、常德、益阳、娄底、衡阳，由8个城市组成的"3 + 5"城市群。

中心城市是城市群发展的核心，它起着龙头带动作用。武汉、郑州、太原、南昌、"长株潭"是上述各城市群的中心城市（合肥市不在皖江城市带内，也未确立带内中心城市），其知识产权发展状况对以它为中心组团的诸城市起着重要的甚至是关键性的辐射和带动作用。

数据显示，在对上述中心城市和以它们为中心的六大城市群进行知识产权综合比较中，"长株潭"以及"3 + 5"城市群无论是在专利申请、发明专利申请、全国驰名商标等方面，还是在争取知识产权试点城市、知识产权示范创建城市等方面都名列前茅（见表13、表14）。

表 13　中部城市群中心城市知识产权状况一览

指　标	武汉	郑州	太原	南昌	"长株潭"	"长株潭"排名
2006 年专利申请（件）	8125	3361	甚少	甚少	6698	2
其中发明专利申请（件）	1733	900	甚少	甚少	2815	1
所占比重（%）	21.3	26.7	—	—	42.0	1
全国驰名商标（个）	8	8	2	7	22	1
占省总数比重（%）	44.4	32.0	13.3	38.8	78.6	1
知识产权试点城市（个）	1	1	1	1	3	1
占全国比重（%）	2.0	2.0	2.0	2.0	6.12	1
知识产权示范创建城市（个）	1	暂不是	暂不是	1	2	1
占全国比重（%）	11.1	—	—	11.1	22.2	1

资料来源：主要根据国家知识产权局、湖南省知识产权局数据整理。

表 14　中部六省城市群知识产权状况一览

指　标	武汉城市圈	中原城市群	皖江城市带	大太原经济圈	昌九工业走廊	"3＋5"城市群	"3＋5"排名
2006 年专利申请（件）	10662	8250	1890	—	—	8555	2
其中发明专利申请（件）	1733	1722	445	—	—	3243	1
所占比重（%）	16.2	20.8	23.5	—	—	37.9	1
全国驰名商标（个）	12	18	7	5	8	28	1
占省总数比重（%）	66.6	72	43.7	33.3	44.4	100	1
知识产权试点城市（个）	2	2	1	1	1	3	1
占全国比重（%）	4.0	4.0	2.0	2.0	2.0	6.12	1
知识产权示范创建城市（个）	1	1	暂无	暂无	1	2	1
占全国比重（%）	11.1	11.1	—	—	11.1	22.2	1

资料来源：主要根据国家知识产权局、湖南省知识产权局数据整理。

　　这种优势，有利于营造知识产权保护氛围。"3＋5"城市群崛起，首先需要吸引大量的资金项目，特别是国际投资项目，拥有较好知识产权保护环境，则是国外投资企业的首选。"3＋5"城市群区域内众多知识产权示范试点城市的涌现，使人们更多、更早、更广泛地认识和了解了知识产权，接受了知识产权的洗礼，这为营造良好知识产权保护环境、吸引更多投资创造了有利条件。

　　这种优势，有利于"3＋5"城市群运用知识产权较快实现跨越式发展。2006 年数据显示，"3＋5"城市群不仅在专利申请量上位居中部城市群前列，而且在发明专利申请上位居第一。发明申请占到总数的 37.9%，高于国内 26% 的平均值，也高于全国（包括外国在华申请）36.7% 的平均值。发明专利在专利三项构成中科技含量最高，产品竞争力最强，最能创造财富价值，是城市群积累实力、实现跨越式发展的根本所在。尤其是近期，又有 8 家企事业单位进入全国知识产权工作试点；株洲轨道交通正式被批准为国家专利技术产业化试点基地；株洲和湘潭各拥有一个国家知识产权局在湘布点建设的行业专利信息平台；长沙正在申报国家级知识产权展示交易中心等，围绕知识产权生产和经营进行的这一系列努力，无疑为"3＋5"城市群跨越式发展由设想变为可能，关键是加紧推进，乘势而上。

4. 作为知识产权创新主体的企业、科研机构、高等院校已实现由计划经济向市场经济转轨，市场需求推动知识产权发展的时机已经到来

走向市场的经济实体对技术转让、技术服务、技术咨询等经营知识产权获得利润的新范式逐步重视和积极起来，并正成为众多市场主体的自觉追求。2005 年，湖南科技计划项目进入技术市场的有 2000 多项，比 2004 年增加 500 多项。高新技术产品增加值 4700 多亿元，比 2004 年增加 840 亿元。各类技术合同金额达 400 多亿元，其中技术转让合同金额比 2004 年增加了近 40 亿元。

科技投入力度也不断加大。在 618 个大中型企业中，有科技活动的企业已占到 47.9%；科技活动全职人员占 46.9%；2005 年，企业自筹科技活动经费近 380 亿元，占总额的 86.6%。一串串数据表明，走向市场的经济实体正在依靠科技与专利开辟市场空间，争取跨越式发展。市场推动湖南知识产权发展的时机已经到来。

三　推进知识产权新发展

分析可见，"3 + 5"城市群发展既有知识产权优势，又面临群雄崛起的强力挤压和自身的一些不足。如何发扬知识产权优势，转变劣势，实现经济跨越，是当前需要解决的一个紧迫而艰巨的问题。

1. 各级政府必须抓好知识产权工作，尽快阻止专利下滑

知识产权对开放的中国来说是新生事物，即全国在认识起点上差别不大，但同时，知识产权又具有强大的经济爆发力、攻击力和防御力，这就给竞争中的各省市提供了新的发展机遇和崛起机会。湖南在 1992 年以前，专利申请一直处于优势，但这以后逐渐后退到第 11 位。专利后退，意味着别的省市在加强市场和企业保护时，湖南则将自己的市场和企业更多地暴露在别人的侵犯和攻击下；专利后退，意味着湖南本可以获得更大的发展空间，但被别人超前占领；专利后退，还意味着湖南可利用知识产权实现跨越式发展的机遇与机会拱手让给了别人。一句话，专利后退，意味着湖南被动挨打和丧失了新一轮发展契机。

要彻底扭转专利被动局面，迎接新一轮挑战，湖南各级政府和领导要像抓计划生育工作那样，狠抓知识产权不放松。一是提升认识不放松。各级政府和领导必须从战略的高度充分认识知识产权的重要性，把加强知识产权工作作为推进经济发展的一个重要组成部分，作为指导经济发展的一种新的思维方式，并时时贯穿于决策和领导中。二是咬住数量不放松。知识产权优势首先靠拥有量体现，靠数字说话，因此，作为各级政府和领导，必须将有无知识产权以及知识产权推进程度纳入考核，将知识产权拥有量作为政绩和衡量政府推动经济工作的一个重要标尺和考核标准。三是抓住关键问题不放松。各级政府和领导要针对知识产权推动中出现的问题，特别是在企业尤其是重点行业和支柱产业企业中出现的问题，进行分析研究，抓住带关键性、全局性、战略性的问题不放松。如对"十一五"期间湖南经济社会发展亟须的专利技术进行研究和确定，引导并帮助企业制定知识产权发展战略，健全知识产权管理机制，等等。总之，面对专利排名持续下滑，当务之急是运用政府权威，动用行政力量强势推进，尽快扭转被动局面。

2. 积极稳妥地推进专利权质押贷款新机制，以解资金短缺之围

资金不足是制约湖南知识产权生产和产业化的"软肋"，因资金等问题，湖南专利实施率只有25%左右，有近3/4的专利闲置一旁，未产生经济效益和社会效益；在已获得的专利中，有15%左右的专利因费用原因而被终止。为解决企业尤其是科技型中小企业"有技术优势，无资金支持"问题，有必要积极稳妥地推进专利权质押贷款新机制，解决专利产业化的资金瓶颈问题。

一是转变银行观念。针对湖南金融业为地方经济、社会发展支持力度不强的问题，加强银行为地方经济服务的思想意识。可通过政策措施，让银行"走出去"，主动与科技部门建立长期合作关系，寻求技术含量高、创新性强、成长性好、有良好产业发展前景的企业作为信贷支持对象。

二是积极稳妥地推进专利权质押贷款新机制。通过专利技术融资，实现知识资本与金融资本的结合。在推进中，需要重点把好三个关键环节：第一，银行和政府及职能部门，应从已掌握的信息资料中确定借款企业。主要是将符合国家产业政策、科技含量高、创新性强的优势企业确定为支持对象。第二，政府及职能部门要加强监管，确保专利评估质量。专利权的评估价值是银行决定是否贷款及贷款数额的重要依据，过高或过低地评估价值对银企双方都有不公。因此，必须对评估事务所的资质、诚信及评估经验等情况进行全面了解，特别应对其专利评估的方法进行分析，力求通过科学而客观的评估，尽量减少评估误差。第三，银行要不断完善机制，防范金融风险。在专利权质押贷款中，专利权作为质押物交贷款银行占有成为债权的担保，在借款企业不履行债务时，贷款银行有权以该专利权折价、拍卖或变卖所得价款受偿。但在实际操作中，专利权一般难在较短时间内处置变现，为防范风险，贷款银行有必要在合同中附加限制资金用途条件，以便一旦出现问题，银行可用房屋、土地等不动产做抵押。目前，这种新机制已在湘潭成功运作，对科技型中小企业激励作用非常明显、政府财力有限、中小企业自身经济实力有限的情况下，很有必要加以推广。

三是把好专利评估中的"三个结合"和"一大突破"。"三个结合"，即评估专业人员与相关行业的专家相结合、评估价格与权利质量相结合、文献检索与研究分析相结合。"一大突破"，即要突破只有会计人员才有评估资格的限制，对有经验的技术专家、技术管理人员、知识产权专家授予评估资格。

四是加紧拓宽融资渠道，为专利产业化提供多元化资金支持。多元化融资在国外已是常态，国内发达省市也已初见端倪。湖南必须突破政府、企业和银行三位一体的传统融资模式，引入社会风险投资。一要尽快设立以政府投资为主的风险基金，主要作为种子基金，为发展前景良好的企业提供贷款贴息；为拥有自主知识产权的科技企业适当提供前期启动资金。二要积极引导并鼓励民间投资设立风险基金，让民间资金更多地流入技术创新领域。目前，湖南民间储蓄已达4000多亿元，如果正确引导，将出现双赢局面。三是尽早成立专门服务于无形资产的信用担保机构，可由政府财政、金融机构和科技企业共同出资创立科技企业贷款担保基金，也可以鼓励由企业联合投资形成会员担保机构，发挥联保作用。

3. 改革科技评价体制，促进知识产权量的增长和质的提高

科技成果多，拥有专利等自主知识产权数量少，这是湖南科研院校、企事业单位的一个普遍现象。科技成果流失，已使湖南遭遇切肤之痛，这

种现象的根本原因就在于科技评价机制与现实发展相脱节。

改革科技评价体制要由重鉴定、重获奖、重论文、重立项为评价导向向重专利、重专利产业化转变。一项科技成果问世，是否具有科技价值和科技贡献，是否具有创造性、新颖性和实用性，主要应以这项成果是否获得专利，以及专利产业化、市场化前景如何作为评价标准，而不是看发表的论文、获奖的次数和鉴定的等级。同时，应将专利发明，尤其是产生经济效益和社会效益的专利发明与物质利益如职称、职务、奖金、报酬、荣誉等挂钩，当然，不宜公开的除外。只有这样，才能从根本上扭转科技评价值导向。

改革科技评价体制，要由以官员或职务职称双肩挑的领导者为主组成的评审机构向由科学技术专家、经济学家、管理学家相结合组成的机构转变，尤其是要将企业中从事一线研发的科技人员纳入其中。当前，一个项目是否立项，是否具有现实需要性，主动权在评审机构，我们常常看到：一些科技评审机构看好的课题和项目，企业并不感兴趣或不需要；一项投入了大量人力、财力、物力的研究成果诞生之后，市场并不看好，最后被束之高阁；一项好不容易申请下来的专利，却没有市场需求，最后成了垃圾专利；而企业迫切需要解决和发展的项目，评审机构并不看好。造成这种脱节现象的关键在科技评价机构人员构成不科学，将从事一线研发人员尤其是企业高科技人才纳入评审机构，可使课题或项目更贴近市场和需求，生产出更多更有价值的科技专利成果。

4. 落实企业知识产权奖酬政策，激活生产主体创造热情

加强企业知识产权管理，要在建立健全管理机构、人员配置和工作经费基础上，特别重视奖酬政策的制定和落实，这关系到企业知识产权生产和开发的程度和水平，是企业知识产权发展之源。国家《专利法》规定：职务发明专利实施"一奖两酬"制，发明者除了在专利授权后可获得500～2000元奖金外，发明专利和实用新型专利实施后，每年至少可从该项专利创造的税后利润中获得2%的报酬，外观设计专利每年至少可获得0.2%的报酬。职务发明许可其他单位或个人实施后，发明者可从专利许可使用费中至少获得10%的报酬，结合湖南奖酬政策落实不到位、职务发明人积极性不高等问题，当务之急是落实奖酬政策，激活

生产主体创造热情。

首先，必须做好企业法人工作，启发企业法人从战略高度思考问题，让他们深刻认识到，职务发明对企业发展以及后续开发的无比重要性，要尊重知识、尊重人才、尊重智力成果，不要为点滴利益斤斤计较，而应实现企业与发明人共享双赢。

其次，将落实知识产权奖酬等相关政策纳入对企业法人的考核，对知识产权政策落实好的企业要进行表彰和奖励，对不执行、执行不力或擅自克扣奖酬者，应提出通报批评并责令及时纠正。

再次，对已实施的职务发明，在奖酬分配上力求做到公平、公正、公开。需在专业评估机构对专利进行价值评价和效益评估的基础上，提出分配方案，并处理好发明者团队内的利益分配，避免不利于工作、不利于团结的局面发生。

最后，进一步完善湖南知识产权法规。国家在 1989 年制定了《关于职务发明创造专利的发明人、设计人奖酬提取办法的规定》，湖南在此基础上，于 2002 年下发了《关于加强知识产权工作意见的通知》，其中规定了职务发明人、设计人的奖酬提取办法。尽管湖南奖酬标准较国家规定提高了许多，但考虑到近年湖南面临的挑战越来越严峻，正在启动的"新型工业化""循环经济"和"节约型社会"构建，都亟须职务发明专利的强力支持与保障；同时，也为彻底扭转企业非职务发明高、科技资源浪费、严重影响专利后续开发、制约企业进一步发展的问题，湖南有必要在现有法规基础上，参照上海经验，进一步提高奖酬标准，如"将自行实施知识产权产业化，在知识产权有效期内从实施该项目所取得的税后利润中，提取不低于 5% 的比例奖励"，提高到 8% ~ 10%。同时，单位如与发明人约定职务发明知识产权共有，则发明人按一定比例共享职务发明的收益；如约定职务发明产权归单位所有，单位也应该按国家及地方规定兑现职务发明"一奖两酬"。这样，将大大提高科技人员将知识和智慧变为专利和生产力的积极性。

5. 夯实科技基础，做大高新技术产业

科技资源弱，高技术产业弱，影响着湖南知识产权数量质量和转化效益，已成湖南发展的掣肘。解决这两大难题，关键在于人才和资金。

在市场经济条件下，人才都是双向选择和自由流动的，哪里发展空间和平台好，人才就会向那里集聚。湖南条件当然比不上北京、上海等发达地区，但在中西部地区具有一定竞争力，尤其是实施中部崛起战略，对人才而言，又是一次新的机遇和选择，湖南可充分利用这一时机，优化环境，集聚人才。

当前，湖南应充分利用省会长沙文化产业在全国的影响、辐射和带动力，通过把岳麓山大学科技园办成高新技术产业发展的"孵化器"、经济腾飞的"起跳板"和人才创业的"栖息地"，吸引人才。资料显示，湖南文化产业强大的引力作用，已使近两年湖南高校特别是中南大学、湖南大学等的高考录取分数线拉高了5分左右。因此，充分利用这一人脉资源，留住现有人才、吸引高科技人才是完全可能的。具体是，在培育岳麓山大学科技园的三大功能时，重点应放在培育人才创业的"栖息地"，只有创业者都愿意到这里集聚、安家、创业，前两个功能才能更好地实现。实现第三个功能，关键在政府，政府应做的一件重要事情就是为企业和创业者服务好，除采取积极政策、调动和保护创业者的积极性外，政府还应该出面整合科技资源，包括仪器设施共用、科学数据共享、科技文献共睹等，形成研发服务平台。通过降低创业门槛，营造创新环境，宽容创业失败，将科技人才集聚于此，实现人才的快速聚合与成长。

资金问题是制约湖南科技活动和高新技术产业发展的根本问题。对这个问题必须进行两方面的分析：一方面，湖南作为欠发达省份，在科技活动和高新技术产业发展上，受经济制约是不争的事实；但另一方面，湖南在科技投入上过于保守、过于权衡、过于求稳也是一个较突出的问题。现状分析揭示，无论经济实力与湖南相当的省份，还是不如湖南的省份，给予的科技支持力度都大大超过湖南。可见，湖南科技投入不足，关键在于认识，在于没有真正把科学技术放到优先发展的位置上。

解决的办法：一是增强危机意识。目前，凡科技投入较高的省份，都蕴藏着较大的经济爆发力，有些已实现跨越式发展，如湖北高新技术产业化已从全国第18位跨越到第7位，四川从第11位升到第8位。反观湖南，则从第19位退到第21位。尤其是科技进步环境已从全国第11位倒退到第

26 名，触目惊心的后退应已给湖南沉重的警示（见表 15）。二是制定科技重点倾斜政策。要打破资金常规分配办法和分配比例，加大科技经费支出和 R&D 经费总量，加大它们在 GDP 的比重，在科技投入上，一定要与实力相当的省份一比高低，否则，湖南将连现在的优势——科技活动产出（全国第 10 位）也将丧失。三是加强执行力，制定促进科技发展的配套服务政策和措施。

表 15　部分实力相当省份科技比较一览

地区	专利授权全国排名	制造业质量竞争全国排名	科技进步环境全国排名	科技活动投入全国排名	科技活动产出全国排名	高新技术产业化全国排名	科技促进社会经济发展全国排名	2006 年 GDP（亿元）	同比增长（%）
四川	9	11	17	14	17	8	22	8637.80	13.3
福建	11	2	15	13	28	6	8	7501.63	13.4
河北	14	18	9	20	29	28	12	11613.70	13.2
河南	15	21	21	23	24	25	18	12464.09	14.1
湖北	16	17	22	11	5	7	16	7497.17	12.1
湖南	13	14	26	19	10	21	23	7493.17	12.1
湖南在中部排名	3	3	6	4	2	4	6	6	并列第 5

注：根据 2006 年统计数据整理。

6. 尽速构筑功能强大的科技中介服务体系

专利中介服务体系是专利技术转让、转移、许可和产业化的重要桥梁，是专利技术合理流动与扩散的重要社会力量，是财富积累和经济跨越式发展的重要保障。湖南由于科技中介组织不健全，专利转让转移和产业化不到总数的 1/3，这既浪费了科技资源，又使知识产权经营这一能够创造财富、实现跨越式发展的新范式不能为湖南充分利用和创造价值，而这恰恰是经济快速崛起的一个新契机。因此，尽速构筑功能强大的科技中介服务体系，以适应知识产权转化的要求，乃湖南的首要任务。

针对近年湖南专利代理人队伍萎缩的现状，加强专利中介代理服务机构队伍建设。通过短训、轮训、对口交流等形式，提高中介代理服务人员的基本素质，尤其是专利申请文本的撰写水平和法律诉讼水平，加速中介服务人员在专利申请、维权、咨询、行业状况研究等方面的素质提升。

针对专利技术市场化不充分，尤其是专利向中部和泛珠三角区域转移及产业化不发达问题，应抓住知识经济的时代特点，构筑知识市场，形成以"长株潭"为核心的知识产权固定交易平台和专利发明集散地，通过无形资产实现跨越式发展。目前，湖南全省技术交易机构达到3000余家，并新建省科技成果与技术市场网，只要湖南整合资源，尽先推进，形成中部乃至全国有影响的知识市场是有可能的。

针对专利技术信息化程度不高的现状，尽快建立和完善专利技术信息网络化建设。主要利用专利信息网、检索工具、文献数据库等，为各类专利技术转移和产业化提供全面、便捷、准确的服务。目前，三一重工公司的专利信息平台已投入运行，湘潭机电行业专利信息平台已整装待发，株洲轨道交通专利信息平台已向全国开放，必须借助这一推动力，在省内形成网络，同时积极搭建同行业、同领域咨询投资平台，推动湖南知识产权发展。

第四节　实施"专利战略"的认识

党的十七大报告郑重提出要"实施知识产权战略"，这是继十五大"实施保护知识产权制度"、十六大"完善知识产权保护制度"后的又一重大战略抉择。这一发展和变化，一方面彰显了中国知识产权进步已经由完善、实施、保护知识产权制度的起步阶段上升到运用知识产权制度和资源提升国家核心竞争力的总体性谋划阶段；另一方面也凸显出必要和紧迫，以专利为主要内容的知识产权已成为国际竞争的焦点。实施"专利战略"不仅成为众多国家振兴本国经济、提升科技和贸易实力、增强国际竞争力的战略举措，也成为我国增强自主创新能力、突破壁垒、快速实现跨越式发展的战略选择。

一　实施"专利战略"刻不容缓

所谓"专利战略"，就是运用专利制度和专利资源，为提升国家核心竞争力而进行的长远性和总体性谋划。长远性在于既要研究解决当前与专利有关的亟须解决的问题，更要着眼于中长期战略目标的实现。总体性强调对专利的创造、管理、应用和保护各个环节，即整个过程进行谋略和策划。我国制定并开始实施国家"专利战略"是由专利的国际发展态势和当前我国所肩负的历史重任决定的。

1. 国际专利制度变革对我国形成严峻挑战

现代专利制度距今已有 300 多年历史，最早建于英国，随后美国、法国、德国、日本等相继跟进，目前，已有 180 多个国家和地区实施，但主导并制定专利制度规则的仍是少数发达国家和跨国集团。在国际经贸一体化日趋深化的形势下，发达国家和跨国集团充分利用世贸组织这一平台，通过《与贸易有关的知识产权协议》（TRIPS），将技术专利化、专利标准化、标准全球化，实现其垄断利益。他们一是修改《与贸易有关的知识产权协议》（TRIPS），重新规定了知识产权涵盖的保护范围、保护条件、保护措施，以及最低保护标准。二是变革专利规则。通过了对《专利合作条约》（PCT）的改革，促使《专利法条约》（PLT）生效，推进《实体专利法条约》（SPLT）制定。三是强化专利国际化进程。要求世贸组织各成员都必须将已定的原则和标准体现在其知识产权法律和法规中；同时运用世贸组织的争端解决机制，强化 TRIPS 协议的落实。不断变革的专利规则将国际专利保护水平提高到前所未有的高度，使我国面临着前所未有的技术创新和自主知识产权创造与应用压力。不断加速的专利国际化进程使我国经济走向世界面临着极其严峻的挑战。

2. 专利壁垒已严重威胁我国经济安全

专利这种凝聚着技术创新成果并依法享有的无形财产，在知识经济时代和经济全球化下，越来越显示出独占性、排他性、垄断性的特点。《专利法》规定，专利权人对授予的发明创造专利拥有独占实施权，他人未经专利权人许可不得实施该项发明创造，否则构成侵权行为。发达国家正是倚仗着它们对专利规则制定的主导权、对专利制度娴熟的驾驭运用能力和绝对的科学技术优势，通过技术与知识产权结合，实现专利壁垒。我国是发展中国家，企业以模仿组装居多，随着专利保护内涵与外延不断扩大，及专利巨头搜索侵权行为加剧，国内企业已频频遭遇国外知识产权诉讼和产品出口封杀，导致的直接结果是：迫使企业购买国外专利技术，或成为国外公司的加工企业，或逼迫企业退出相关行业市场。近年震惊全国较大的案事有：思科诉华为侵权案，丰田诉吉利侵权案，通用诉奇瑞侵权案，汤姆逊公司追缴 MP3 专利费、索要彩电专利费，3C、6C 联盟索要 DVD 专利费，等等。以 DVD 为例，我国企业在国外每销售一台 DVD 缴纳的专利费，从刚开始的 5 美元涨到了 20 多美元，仅 DVD 出口一项，国外厂商就已从我国收取专利费 30 亿元。虽然缴纳专利费是法定义务，但是如此密集和高昂的专利费使我国企业难以为继，我国 DVD 厂商数量已经从几年前的数百家降至现在的 20 多家。资料显示，目前我国 60% 的出口企业遭遇国外技术壁垒，每年经济损失高达 500 亿美元。专利技术壁垒已严重威胁我国经济安全。

3. 发达国家"知识产权战略"正在挤压我国发展空间

发达国家异常重视以专利为主要内容的知识产权战略。美国把知识产权作为振兴国家经济的产业基础性、战略性资源；日本把"知识产权立国"作为基本国策，将知识产权置于产业发展的基础地位；韩国提出建设知识产权强国，建立以知识产权为基础的现代社会目标。发达国家实施知识产权战略，一方面为了强化核心技术专利保护，保持科技优势；另一方面为了谋求在世界范围内进行专利布局，抢占市场制高点，挤压别国发展空间。目前，这一序幕正在中国悄然拉开。据统计，1985 年 4 月～2008 年 6 月，发达国家通过 PCT 系统，共在华申请专利 769290 件，专利授权 326610 件，其中在华申请的发明专利达 663884 件，占国内外发明总申请量的 45.3%，占国内的 54.7%。在华授权的发明专利达 241111 件，占国内外发明总授权量的 59.4%，占国内的 40.6%。专利三项中，发明专利最具创造性和竞争力，而恰恰就是发明专利，发达国家占据了我国总量的一半多，尤其在计算机与商用自动设备、航空航天、微生物与基因工程、激光、半导体、电子通信技术等高技术领域，有些甚至已完成了专利布局，形成了难以突破的专利池。这极大地制约了我国自主创新的空间和市场的拓展，对我国科技经贸进一步发展造成巨大威胁。

4. 实施"专利战略"是我国建设创新型国家的战略抉择

党的十七大报告明确提出要"提高自主创新能力，建设创新型国家"，"这是国家发展战略的核心，是提高综合国力的关键"。党中央把提高创新能力，建设创新型国家提高到前所未有的高度，表明这既是当前的工作重心，也是时代赋予我们的使命和重任。自主创新是建设创新型国家的路径，市场需求是自主创新的导向，创新能力是自主创新的基础，获取自主知识产权是自主创新的核心。因此，评价一个国家是否成为创新型国家，专利水平是一个主要标志。我国市场主体和创新主体的创新能力、运用专利制度和专利资源参与国际竞争的能力，以及专利制度在激励自主创新和有效保护专利权的作用，都与创新型国家的要求存在较大差距，需要通过制定和实施国家专利战略，充分发挥专利制度激励和保护自主创新的基础性作用。

我国专利在 23 年发展中，专利申请已累计突破 400 万件大关，专利授权突破 200 万件；2007 年我国 PCT 国际专利申请排名世界第 7 位，初步展示出我国的创新潜力，在迈向创新型国家的进程中，实施国家专利战略的基础和条件已基本具备。如果说 23 年前实施专利制度是一次重大战略抉择，那么现在制定和实施国家专利战略是又一次重大战略抉择。在经济全球化下，专利竞争和专利博弈更激烈，来自发达国家跨国公司的挑战更加严峻，我们既面临挑战，也获得了难得的历史性机遇。抓紧制定和实施国家专利战略，是我们迎接挑战、把握历史性发展机遇、建设创新型国家、实现中华民族伟大复兴的重要战略抉择。

二　必须解决的几个突出问题

我国专利事业正处于加速发展期，一方面，各项专利工作快速发展，成绩显著；另一方面，我国经济融入全球化的发展趋势和我国经济社会发展内在需求不相适应的问题也日益突出，不正视并加紧解决这些问题，将会影响到我国专利战略实施的效果和进程。

1. 专利制度导向与作用问题

我国专利法律法规是在改革开放的进程中快速形成的，随着形势发展，出现了与经济社会发展不相适应的问题。一是专利法律法规与一些相关法律法规之间缺乏相互配套的衔接和协调，如《专利法》与《技术进口管理条例》就技术转让规定方面存在冲突；二是制度设计存在缺憾，如将有实质区别且科技含量不同的专利三项（发明、实用新型、外观设计）统称为专利，而对实用新型和外观设计不做实质审查；三是条文过于原则，不便于操作，如"量化侵权人责任"，究竟如何计算、如何确定侵权人获得的利益没有进一步规定；四是对专利保护与侵权惩治都缺乏力度，如赋予专利行政执法的职权、手段比较薄弱，缺乏办案手段及责令立即停止侵权行为和惩治恶意侵权等措施。专利制度是为保护和鼓励发明创造、促使发明创造的推广应用、推动科技进步和经济发展而设计的，因此，法律条文应是越全面、越明确、越细致、越具体才越好操作，才越有利于立法者、守法者和执法者之间达成共识、制约关系。从当前我国专利法律法规存在的问题看，显然不能较好地在经济、科技和贸易中发挥它应有的作用。

2. 机构设置与整合问题

我国知识产权工作体系基本建立，并取得了一定成效，但与建设创新型国家的要求还不相适应。一是知识产权管理分散，资源难以整合。知识产权是由专利、商标和版权三部分组成，但在行政管理上却分属知识产权局、商标局和国家版权局三个不同的部门，管理分散，职责权限分散，使知识产权工作步调难以一致；同时，由于分属不同部门，在法律法规和政策制定、重大问题解决及涉外工作方面难以协调和整合。二是地方知识产权管理部门的机构性质、行政级别、隶属关系不合理。在知识产权地位得到历史性提升的情况下，这种政出多门、职能交叉、级别偏低的管理运行方式，不仅没有行政效率，而且也不具有威权性和影响力。

3. 专利执法与保护问题

专利制度是一种法律制度，违反了《专利法》，就要追究法律责任。我国是以行政执法和人民法院"两条途径，并行运作"实现对专利的保护的。总体上讲，存在着保护体制不健全、执法保护不力问题。司法保护上，审判标准把握不统一。如不同法院对法律术语、规则以及专业技术名词的理解偏差较大，导致基本相同案件的判决结果产生差异，影响司法公正与权威。司法程序上，审判周期长，程序复杂。如对专利权的有效性引发争议，一般需要经历三四个裁判程序，繁杂的程序，长时间的诉讼，提高了维权成本。行政执法上，执法权限过窄，执法程序复杂，没有体现方便、快捷、低成本的特点。尤其对跨地区专利大案要案，联合行政执法力度非常薄弱，存在严重的地方保护主义，不能给侵权行为以应有的威慑。专利权是财产权，财产得不到较好保护或维权成本高，就会打击专利权人创造发明的积极性，给假冒伪劣滋生的土壤和空间。

4. 运用专利制度与专利资源的能力问题

随着专利事业的发展，专利保护意识不断增强，但运用专利制度、专利资源的总体水平仍然较低，主要体现在：一是企业专利创造能力不强。企业是创新主体，但目前我国仅有 0.03% 企业拥有自主知识产权核心技术，99% 的企业没有申请专利，60% 的企业没有自己的商标。二是专利管理制度不健全。专利管理制度是专利制度有效运用的关键，但我国企事业单位、科研院校的这一制度都不健全。据 2006 年对 2668 家企业的调查，60% 的企业没有制定专利管理办法，79% 的企业没有建立知识产权管理机构，73.8% 的技术没有专利保护，92% 的企业未对知识产权进行评估，2/3 的高等院校科研院所未建立知识产权规章制度，73% 的高等院校科研院所未与职工签订知识产权协议。三是产学研严重脱节。产学研相结合是专利转化的主要途径，但我国产学研严重脱节，由于体制问题，科技与经济"两张皮"问题没有从根本上得到解决，传统科技管理体制形成的成果观念仍起着重要的导向作用，重成果轻专利、重研发轻转化的现象在高等院校和科研院所非常普遍。由于大量的创新资源掌握在高等院校科研院所，本应作为创新主体的企业又缺乏创新能力，使专利商业化、产业化受到严重制约。

5. 人才队伍建设与文化建设问题

与我国提出建设创新型国家、实施国家知识产权战略的重大战略任务的要求相比，与国际知识产权制度变革和发展的形势相比，专利人才队伍建设不能适应和满足形势发展。首先，专利人才数量不能满足发展需要，尤其专利审查、专利社会服务和企业专利人才缺口较大。其次，专利人才质量不能满足社会需求。目前，既懂专利又懂经济且了解国外法律诉讼的高层次复合型人才匮乏,与我国不断遭遇国外专利诉讼,亟须此类人才帮助企业支招应诉的需求不相适应。最后,公众专利意识不强,特别是政府部门、企事业单位一些领导干部和管理人员的专利知识欠缺,对专利作为一种战略资源的重要性认识不足。造成这种局面的一个重要原因,就是在全社会还没有形成敢于创新、善于创新、宽容失败以及"或有专利,或被淘汰"的知识产权文化氛围,没有从根本上认识到世界未来的竞争就是知识产权的竞争。

三 实施"专利战略"的有效路径

国家专利战略是解决专利发展中的全局性、制度性和基础性重大问题,我国专利发展中碰到的种种困难、遇到的层层阻力、遭到的重重非难、存在的种种问题,需要通过制定并实施专利战略,具体是通过专利制度建设、专利能力建设、专利支撑体系建设这三大举措去落实和推进。

1. 完善专利制度,为实施"专利战略"构筑基础

专利制度建设是一个国家为保障专利的创造、管理、应用和保护所做出的制度安排和建立的主体运行框架。专利制度滞后于经济社会发展,不能有效保护和鼓励发明创造、维护市场经济秩序、提高综合竞争力、促进经济社会进步;专利制度太激进和超前,脱离经济社会发展水平,容易形成过度保护,制约弱势企业和弱势行业发展,尤其对需要扶植的民族产业和新兴产业形成较大制约。同时,制度建设还具有根本性、长期性和稳定性特点。因此,完善专利制度,搞好专利制度建设,要根据经济、科技和社会的现实发展水平,未来发展需要以及专利国际公约的内容和趋势进行设计和安排,主要通过完善专利法律法规和政策体系,健全专利管理体制和专利执法体制,激活专利运行机制来实现。专利制度建设的最终目的,是使制度的安排更合理,运行更有效。

专利法律法规体系是专利制度运行的基础,完善专利法律法规,对其外部而言,要通过合理制定立法规划,建立立法工作协调机制,整合知识产权相关法律的内容,解决专利法律法规之间的相互冲突和不协调问题。对专利法本身而言,需要改革实用新型和外观设计制度,在实体、程序和保护等方面针对其特点做出具体规定,提高授权质量和权利的稳定性,更

好地发挥实用新型和外观设计制度的作用。同时需要考虑制定职务发明法规，合理界定职务发明权利归属，完善和规范发明创造激励机制的配套政策和措施，激励技术创新，鼓励企事业单位和个人发明创造的积极性。同时，法律应赋予专利管理部门查处严重损害市场经济秩序、损害社会公共利益的大规模侵权、恶意侵权行为的职能和相应的执法手段，完善专利不得滥用的相关法律，规制捆绑销售、恶意诉讼、价格歧视等专利权滥用的不当行为。

配套的专利政策是专利制度有效运行的保障，专利制度要靠相关政策承载、落实和实施，配套的专利政策不完善，再好的专利制度也落不到实处。配套专利政策主要有：专利统计指标体系、科技评价机制、税赋政策、技术标准专利政策等。其中税赋政策主要体现为对专利的税赋倾斜，如进一步完善减免企业研发开支的政策，免征企业和个人专利许可收入的所得税；设立财政专项，对可以获得专利权并具有市场前景的对外专利申请给予资助，为专利技术产品提供出口优惠政策；鼓励设立专利涉外诉讼援助基金，为我国专利权人境外维权提供援助；等等。企业发展，尤其是科技研发与维权，最缺的就是资金，税赋支持政策不但在资金上给予了帮助，更在精神上给予了鼓舞。建立鼓励专利创造和应用的科技评价机制，是促进科技成果转化成专利和现实生产力以及解决科技、经济"两张皮"的有效途径。这种评价机制要突出专利的导向作用，应用研究要以获得自主知识产权为评价重点，解决国家科技政策与专利等知识产权制度相脱节的问题。

专利行政管理体制是专利法规体系的重要组成，建立起统一、协调、高效、权威的专利行政管理体制，首先要在国家层面上统合专利管理职能，建立统一的知识产权管理部门，理顺专利管理体系。其次要将地方知识产权联席会议和保护知识产权工作组整合为知识产权工作领导小组，统一领导和协调知识产权工作事宜，整合知识产权协调机制。只有从专利法律法规、配套的专利政策和专利行政管理体制等多方面进行配套改革、完善与构建，才能为专利战略的实施构筑坚实的法制基础。

2. 搞好专利能力建设，为实施"专利战略"提供保证

专利能力是政府的公共服务能力在专利工作中的体现。搞好专利能力

建设，主要通过提高政府的专利产权制度安排能力、专利产权界定能力和专利产权保护能力，从而进一步提高专利制度的运行效率，提高专利工作为国家经济科技和社会服务的能力，提高市场主体和创新主体运用专利制度和专利资源的能力。

企事业单位是专利创造的主体，也是运用专利制度和专利资源的主体，搞好专利能力建设，对政府而言，就是帮助企事业单位健全以知识产权为核心的无形资产的管理、评价和经营业绩评价的指标体系，并把企业自主知识产权的创造、管理、应用和保护的状况纳入企业经营者业绩考核指标，以增强企业原始创新、集成创新和引进吸收再创新的活力和动力。就是通过"以试点促普及发展，以示范促深化推广"的方式，引导企业设立知识产权管理机构，建立贯穿研发、生产、营销全过程的专利管理制度，制定和运用专利战略，提高运用专利制度和专利资源的能力。

专利保护是支撑整个专利制度有效运行的核心环节，因此，增强专利保护能力是搞好专利能力建设的重点和关键。增强专利保护能力重点是加强对专利的司法保护和行政保护。专利的司法保护能力提高，更多的应体现为针对专利案件技术性较强、案情事实认定比较复杂等特点，完善知识产权诉讼制度，设置专家证人、技术调查、诉前检索以及错告反赔等制度，简化程序，降低诉讼成本，切实维护当事人合法权益；专利的行政保护能力提高，应体现在充分利用行政资源，发挥行政执法查处迅速、程序简便的优点，规范行政执法程序，加强执法手段，严格依法办事，切实维护当事人合法权益。同时开展多形式的"联合执法"活动，加大严处恶意侵权和群体侵权力度。总之，专利能力建设不仅要求专利创造主体具有运用专利制度和专利资源的能力，而且要求专利的第三方即执法者，有能力为主体的产权提供保护，为此，实施专利战略才有了根本保证。

3. 打造专利支撑体系，为实施"专利战略"提供保障

专利支撑体系是指专利制度运行的环境和条件所给予的支持力度和架构。搞好专利支撑体系建设，主要通过加强专利信息传播利用与专利信息化建设、专利预警与应急机制建设、专利社会服务组织建设、专利人才队

伍建设以及知识产权文化建设，为自主创新和建设创新型国家提供国家专利战略资源、创新服务环境和专利人才保障。

针对我国专利纠纷增多，已严重困扰众多企业特别是出口企业发展的现实，打造专利支撑体系，除加强专利信息全面、准确、及时传播，搞好信息化建设和专利社会服务组织建设外，加强专利预警应急机制建设应是重中之重。专利预警机制建设应以政府主导、行业组织和企业参与的多层次结构为宜，主要是对可能发生的重大专利纠纷发布专利信息分析报告和警示预报，并提出相应的对策。同时，还应加强专利应急机制建设，专利应急机制建设应分为三个层次，即政府主导型、行业协会协调型和企业主导型，主要对突发性专利争端和与专利有关的市场紧急事件的发生启动预案，采取正确的步骤和措施加以应对和处置。与上述工作同步的是，要建立国家专利预警应急机制的领导机构和工作机构，综合协调各部门在专利预警应急方面的有关工作，并在国家启动与组织应对重大突发性专利争端，或与专利有关的市场紧急事件中履行应急职责。

专利人才是做好专利工作的第一战略资源。针对我国专利人才缺乏，特别是高层次人才严重缺乏的现实，完善有利于专利人才成长的政策环境和工作机制是首要任务，要把人才工作放在重要战略位置，抓住培养、吸引、用好人才三个环节，加强专利人才队伍建设的整体规划、宏观指导和协调服务工作。不仅如此，还要充分发挥高校知识产权人才培养基地的作用，发挥各级知识产权培训中心对在职人员进行知识产权知识培训和继续教育的作用；同时还需利用党校和行政学院这些培养领导干部的教育阵地，来设置知识产权课程，提高领导干部的知识产权意识和水平。加强专利人才队伍建设，要实施知识产权人才培养工程，有计划、分层次、分期分批地培养各类知识产权人才，包括精通知识产权法律法规、熟悉国际规则、具有较高知识产权专业水平和实务技能的高层次专门人才；具有较高知识产权行政管理和执法能力的高素质行政管理人才队伍；大批业务精、素质好的从事社会各类知识产权工作的专业人才队伍。为专利战略实施做好人才培养、储备和输送。

知识产权文化是知识产权制度的灵魂，没有文化熏陶，知识产权制度就没有根基和生命力。培育和发展知识产权文化的任务是在全社会形成

"崇尚创新精神，尊重知识产权"的基本理念和文化氛围；着力于知识产权知识的普及、法制观念的树立和道德标准的培育；着力于公众自主创新和知识产权创造意识与能力的培养；着力于处理好知识产权制度下各种观念和思潮的冲突与协调。通过知识产权文化建设，让更多的人才加入知识产权队伍，成为专利的发明者、产权的保护者和维权的服务者。形成强大的专利支撑体系，为专利战略提供社会保障。

第五节　日、美、欧技术贸易壁垒

加入世贸组织以来，技术贸易壁垒已越来越成为我国出口贸易的屏障，有报道，我国每年约有 450 亿美元的出口商品受到技术贸易壁垒的限制，其中我国近75%的商品销往美、日、欧，而这三大经济实体正是技术贸易壁垒的积极倡导者、实施者和推动者。因此，有针对性地探索研究上述三大经济实体技术贸易壁垒的特点及动向，对我们冲破壁垒、把握主动、防患于未然有着积极的现实意义。

一　日本的技术贸易壁垒

战后，由于日本搭乘美国的免费安全列车，使其有足够的资金发展科学技术；又因受到地理、资源的限制，保护自己、向外扩张的潜在意识极为强烈。因此，日本在以贸易立国的经济活动中，运用科学技术制定技术贸易壁垒尤为突出，并呈现出个性化特点。

1. 日本标准很少与国际标准一致

日本经过战后几十年的发展，成为世界经济强国，而蕴藏于骨子里的武士道精神也使民族彰显出一种自大和傲慢的亢奋，表现在制定并实施技术法规和标准上，很少与国际标准一致，而是更注重并强调实行本国制定的技术标准与法规。日本工业标准调查会（JISC）是日本国际标准化工作的主管机构，该机构在组织、应用、推广技术法规和标准过程中，通过了许多有利于保护本国市场和生产企业，并高于国际标准的日本技术法规和标准，如《食品卫生法》《药品法》《蚕丝法》《消费生活用品安全法》

《电器使用与材料控制法》等，这些法规和标准更突出强调日本的要求，实际上成了高于国际贸易交易水平的一道门槛。以化妆品为例，它不仅要求符合国际标准，还要同时与日本规定的化妆品成分标准（JSCL）、添加剂标准（JSFA）、药理标准（JP）的要求一致，否则，就会被日本以质量不达标为由拒之门外。我国输往日本的家禽，其卫生标准要求竟高出国际卫生标准 500 倍。因此，国外产品进入日本市场，不仅要符合国际标准，更重要的是必须清楚日本标准，与日本标准相吻合。

2. 日本标准严于一般发达国家标准

日本标准的严格，一是体现在苛刻的指标数据上。日本资源匮乏，它的富强主要依托于科学与技术，为此，在贸易战中，技术壁垒更是其所长，它们凭借技术优势，通过制定严格的技术标准阻挠别国产品入日。如我国输往日本的 10 多吨冻鸡被日方检出二氧二甲吡啶酚（即克球粉）残留量超过 0.01ppm 限量而遭退货，而欧洲国家的冻鸡基本没有此项指标的限量要求。我国输往日本的大米，日方规定的检验项目多达 56 个，其中 90% 以上是卫生和检疫措施项目（而一般仅检测 9 个项目即可）。近日，日本又将中国进口大米农药残留含量从原来的 65 项检测指标增加到 104 项，增幅达 60%，其中相当一部分检测内容其他发达国家都不曾设置。二是体现在诸多规定中。日本要求进口的药品和化妆品必须在日本政府指定的实验室进行试验，并有许可证和标签规定；对商品的技术标准要求不仅要在合同中体现，还要附在信用证上，并且在入境时，由日本官员检验是否符合各种技术标准。三是体现于具体操作过程中。以英、日汽车贸易为例，日本销往英国的小汽车英国认为可由英国派人到日本进行检验，如果发现不符合英国技术安全的，可在日本检修或更换零件，这种做法比较方便和合理。相比之下，日本就要苛刻许多，日本不仅要求英国销往日本的小汽车运到日本后，必须由日本人进行检验，还要求如果不符合日本技术安全，英国须雇日本雇员进行检修，这既费时费工，又给英国汽车输入日本制造了一定麻烦。

3. 日本技术贸易壁垒带有明显的政治倾向

日本是美国在亚太地区的战略伙伴，由于其经济发展和政治地位提升还将继续依赖美国的保护和支持，因而，在重大问题上它首先考虑的是美国利益与要求，并尽量与其一致，就是在技术标准设置过程中也充分体现了这一点。最近日本公布了《日本食品卫生法》修订议案，对各种农药的最大允许残留量制定出"肯定清单"，该议案的一个显著特点是提出了一套与美国现行管理办法相似的农药管理体系，之所以如此，其目的是促使美国政府与生产企业密切合作，以保证每一种在美国正常使用的农药可以根据类似的残留标准和检验方法在日本也得到通过，从而避免贸易破裂，也避免到 2006 年上述新法规全面实施时一些美国商品被拒于日本市场之外。相比之下，中国则远没有这般幸运。由于近年日本右翼势力抬头并主导着日本社会发展，对中国常常表现出不友好姿态，在中日进出口贸易中，更是以技术法规与标准对中国加以阻挠和刁难，据统计，2002 年日本共检验出进口不合格产品 718 件，其中中国 365 件，占总量的 50.84%，最高月份达到 64.86%，且大部分产品被废弃、销毁。特别是日本国内生产者、产业协会、媒体与官方密切配合，对中国产品进行诋毁。日本媒体通过报纸、杂志、电视等各种渠道不断对中国蔬菜进行攻击，煽动日本民众抵制中国蔬菜。日本的《文春周刊》就刊登了《中国蔬菜含有 DDT、砒霜（砷）等致癌性农药》的文章；日本农民运动全国联合会食品分析中心称中国产菠菜农药残留超过标准值（0.01ppm）的 6 倍，致使日本主要超市宣布停止对中国蔬菜乃至所有中国农产品的采购。

4. **贸易歧视较突出**

世界贸易组织倡导的首要原则是"无歧视原则"，体现在贸易中是给予成员国以"最惠国待遇"和"国民待遇"。但日本无视世贸规则，对进口产品进行通关检验，明确规定对不同时间进口的同种商品，每一次都要有一个检验的过程。而对本国同类商品，则只对生产厂家做一次性检验就可确认。

5. **提倡民间组织协商解决贸易壁垒**

贸易立国使日本贸易与政治紧密相连，一方面，促使日本政府从政治出发，更注重各利益集团的利益要求，从而为民间行业组织在对外贸易中的作用提供了基础和条件；另一方面，贸易立国也促使了日本民间行业组织的建设与发展，日本各类联合会、商会、协会几乎涵盖了所有行业产业，当某一行业或产业认为进口产品对其构成威胁时，该行业组织就会向政府施加压力，通过技术、贸易手段设置贸易壁垒。另外，进入日本市场的产品的审查过程也给予各类行业组织极大的发言权。日本政府规定，当一种产品进入日本时，都要由进口部门对国内生产、消费、需求领域做动向调查，并由商品流通业界做出定性分析。而民间行业组织恰恰可以通过市场调查反映自己的意愿、主张和要求，通过定性分析发出最权威声音。同时，日本对商品的技术标准要求的实现形式也为行业组织的权威性提供了有利条件，如日本对商品的技术标准要求分为两种：一种是强制型规格，商品的品质、形态、尺寸和检验方法必须满足特定标准，否则就不能在日本制造与销售；另一种是任意型规格，主要有国家规格、团体规格、任意质量标志，如 JIS 规格（工业品）、JAC 规格（农产品）等，当一种产品进入日本市场时，行业组织可根据自身利益在制定团体规格、任意质量标志上做文章，决定取舍。正是由于日本民间行业组织在对外贸易全过程中有相当的权利和运作空间，因此，当贸易壁垒发生后，首先由民间行业组织直接与出口国接触、协商就有了较大主动和优势，同时也为政府留下较大回旋余地，减少了政府间摩擦。为此，日本在近年的贸易壁垒中，不仅传达了这样一种信息，而且进行了这方面的尝试。1995 年，日美贸易摩擦就是通过"民间合意"形式，通过两国民间行业组织接触、协商、调整份额圆满解决的。2001 年，日本对中国发起的农产品贸易战，日本又有意以"民间业者协议"手段达成解决方案。中日双方在谈判协议中也提出"双方民间组织建立具有广泛代表性的农产品贸易信息沟通和协商机制……引导两国农产品种植、生产和贸易的良性发展"的要求。并认为这场争端的一个重要原因是双方"无协调机制，无民间渠道"。因此，我们应充分利用这一有利因素，积极主动地与日本民间行业组织取得联系，相互沟通，尽量避免贸易壁垒和纠纷的发生。

二　美国的技术贸易壁垒

美国是世界上政治、经济、军事大国和强国，以"世界警察"自居，在世界走向多极化时，美国通过伊拉克战争突出其国际单边主义形象，这种形象表现在技术贸易壁垒中亦是一种咄咄逼人的霸气和霸道，从来都是它制裁别国。同时，美国又是世界贸易组织的积极倡导者和推动者，世界贸易的游戏规则是在以美国为首的西方发达国家主导下制定和发展起来的，因此，明显地带有制约发展中国家的特点，并且美国总以自由、民主标榜自己，凡此种种，使美国在技术贸易壁垒战中呈现出有别于他国的特性。

1. "任意性"技术壁垒突出

美国是联邦政府，标榜的自由、民主使各州之间在立法、执法、政府机构运作等方面都有相对的自由度，同时美国又是一个多元化国家，这种体制下的美国技术标准化建设就呈现出较大的自由与多元性，并为任意性技术贸易壁垒提供了较大的发展空间。

其一，自由分散的标准化体制为任意性技术贸易壁垒大开方便之门。美国是一个没有公共或私营机构主导标准制定和推广的国家，联邦政府、行业组织、私营企业都可成为制定标准的主体。在标准化建设中，美国国家标准协会是所谓"自愿标准体制"的协调者，协会本身不制定标准。美国联邦政府负责制定一些强制性标准，主要涉及制造、交通、环保、食品和药物等方面，更多的行业标准是由各行各业主要是工业界自愿参加编定和采用，如美国近400个专业机构和学会、协会团体都可以自行制定和发布各自专业领域的标准。目前美国制定的包括技术法规和政府采购细则等在内的标准有5万多个，私营标准机构、专业学会、行业协会等制定的标准在4万个以上，如果将一些约定俗成的事实上的行业标准计算在内，有10余万之多，是名副其实的标准大国。但这种公共、私营、各行各业各自为政制定标准的体制也使标准的客观性大打折扣，各参与制定者不仅可以根据自身利益和比较优势设置技术壁垒，同时还可以根据形势发展、情况变化随时调整、设置新的技术标准。如美国为阻止墨西哥土豆输入本国，就任意修改土豆标准，对土豆的成熟性、大小等进行新的规定，迫使墨西哥土豆难以销往美国。

其二，自由分散的质量认证管理体制为任意性技术贸易壁垒推波助澜。美国认证体制与标准化体制是遥相呼应的，美国没有统一的国家质量认证管理机构，政府部门、地方政府机构、民间组织都可开展质量认证工作，目前大约有55种认证体系。出口国为了获取进口通行证，不得不千方百计达到标准，通过认证，而这一实现过程实际上就是在落实和强化任意性标准，就是纵容任意性标准的继续发展。人们常常感觉美国的技术标准数量众多、错综复杂、苛刻烦琐、防不胜防，就是上述原因所致。如进入美国的通信设备、广播设备必遭遇两道壁垒：一是标准壁垒，即必须符合美国的安全标准，辐射（电磁兼容）标准、通信规程（标准）、互联标准，而在自由分散的标准化体制下制定的这些标准是可根据需要随时更改的；二是认证壁垒，即还必须通过 UL 安全证书、FCC 认定、开放系统互联（OSI）一致性测验等。因此，凡想进入美国市场的通信设备、广播设备，必须在标准与认证双壁垒上进行突破，而这种突破实质上就是对任意性技术贸易壁垒的强化和推动。

2. 难过的 FDA 技术屏障

FDA 是美国食品药品管理局，由于美国认证体系五花八门，对进口商品只得充分利用安全、卫生检疫及各种包装、标签规定进行严格检查，FDA 就承担了这种职能，负责对进入美国市场的国内外食品、药品、医疗器械、化妆品等生产与销售企业进行管理与监督，严把国门，特别是对进口食品、药品更是严格有加。FDA 规定凡进入美国的水产品，其生产加工企业都必须执行 HACCP 体系（HACCP 是危害分析与关键控制点的英文缩写），是防止食品污染的一种管理方法，已被应用于罐头、水产品、肉类和家禽的处理操作过程。该体系包括对有害物质进行分析、确定关键控制点、确定控制范围、建立监督程序、制定纠正措施、确定验证程序、建立保留档案和编写文件程序等原则，实质上是将原来对商品流通领域的控制扩大到生产、加工领域，这无疑对进口国特别是发展中国家的产品增加了一道难以逾越的门槛。以对水果汁、蔬菜汁的检测为例，FDA 不仅规定要在水果汁、蔬菜汁生产过程中强制推行 HACCP 体系，使浓缩果汁的检验范围不断扩大，检验项目已达 26 项，而且还要求进口新鲜水果和蔬菜食品必须含有 10% 的维生素 A、维生素 C、钙、蛋白质和纤维素等建议摄取量。对进口的标有"健康"的生鲜及冷藏食品要求必须符合低脂肪及饱和脂肪含量，并规定了每 50 克食物中钠的含量必须降低到 360 毫克以下，胆固醇的含量一般不得超过 60 毫克。显然，这些严格而苛刻的指标规定，将使许多进口产品被阻于国门之外。

资料显示，因各种原因，每月被 FDA 扣留的各国进口商品平均高达 3500 批左右，平均每天约 117 批次。我国仅 2002 年被 FDA 拒绝进口的产品就达 949 批次，主要集中于食品、饮料、农产品等种类，占总数的 43%。其中因标签原因被拒绝进口的占 25%，因安全、卫生原因的占 30%，因注册、批准原因的占 28%。因此，我们应对 FDA 保持高度重视和警惕，对 FDA 制定的相关法规要深入了解和研究，加强已被美国盯上的如食品标签问题、安全卫生问题的管理、规范和技术攻关，努力突破 FDA 对中国形成的思维定势，赢得主动。

3. "食品标签"——不可小视的大问题

美国是世界上食品标签法规最为完备、严谨的国家，新法规研究一直处于领先地位。表现在以下两个方面。

一是食品标签建设不断丰富发展。美国食品标签在 1992 年才开始实施，1994 年开始对包括进口食品在内的全部包装食品实行强制使用新标签的规定，1995 年美国食品药物管理局（FDA）用正式法令的形式颁布和完善了食品标签的内容，重点对食品营养标签内容做了补充和修改。尽管美国食品标签全面启动晚于法国（1975 年）、德国（1984 年）、英国（1990 年），但近年发展速度惊人，为使食品标签建设尽快处于国际领先地位，美国加紧了这方面的研究与开发，如 FDA 要求大部分食品必须标明至少 14 种营养成分含量，仅仅在这一领域处于领先地位的美国制造商就为此每年多支出 10.5 亿美元的费用。最近，美国又全方位推出"有机食品标签"制度，规定凡有机程度达到或超过 95% 的食品，都要贴上一个专门的新标记，由此将转基因动植物、采用抗生素喂养的牲畜等与有机食品严格区别开来。美国颁布的《食品过敏标示准则》要求食品加工企业必须在食品标签上标明易引起过敏的食物成分，并且必须使用浅显易懂而又内容详尽的文字说明。这些都充分说明了美国在食品标签建设中的超前与发展。

二是标签法规严谨苛刻。美国食品药物管理局对进口食品标签进行了多类规定，包括对食品标签的一般规定、食品标签的成分表规定、净含量规定、食品名称的规定、标签上营养素的规定、营养素内容的规定、标签上说明内容的规定、说明内容的要求等。并对所有用词都进行了规范和解释，对食品中的各类含量都有严格的指标要求和限制，如要求大部分食品必须标明至少 14 种营养成分含量；仅营养素中胆固醇含量的表述就有三个格式：不含、微量、少量/较少。对少量/较少的含意解释为，每参考值食品中胆固醇含量至少比相应参考食品少 25%，参考食品不能是"低胆固醇"食品等。对一般情况下食品规格的标示也进行了规定，如按杯标、按液体盎司标、按汤匙标、按茶匙标等，简直应有尽有、严谨而烦琐，一不注意，就有可能违规受阻。这也就是我国自 1987 年以来，每年会有 25% 的食品由于标签原因被美国海关扣留的原因所在。

4. 必须获得的质量认证

尽管美国质量认证体系自由分散，但从总体上看，仍需把握几个关键点。

第一，必须获取国际标准组织 ISO9000 系列（简称 ISO）认证。ISO 在美国被等效采纳，美国规定，供应商必须进行 ISO 注册，否则不购买其产品。因此，凡进入美国市场的产品要先取得 ISO 认证，才具备入围资格。

第二，必须获得权威认证。美国保险商实验室（UL）是美国最有权威，也是享有较高世界知名度的认证机构，该机构主要从事产品安全认证和经营安全证明业务，经过 100 多年的发展，到目前已制定了 700 多种标准，75% 的 UL 安全指标被美国政府采纳为国家标准，因此，凡要进入美国的商品，其安全性能必须通过 UL 安全评定体系认证，在美国许多大的连锁店基本不销售未取得 UL 安全认证的电器。我国每年被 FDA 拒绝的产品有 15% 左右属电器类，因此，必须加大获得 UL 认证力度。此外，美国石油学会（API）、美国联邦通信委员会（FCC）也都是具有较大权威和影响的认证机构。如进入美国的许多无线电应用产品、通信产品和数字产品，不仅要求要有 FCC 认可，还要求要有 UL 安全认证，只有获得这些权威认证，才能使产品畅通无阻。

第三，必须了解美国普遍采用的"第三方评定"制度。第三方评定是指独立于政府和企业之外的认证体系，如学会、协会等中介机构，主要由政府通过筛选和指定，委托有法定资质的专业技术单位来承担既属非政府职能又不能让企业自身实施的社会职能，如常规检测、资格认证、技术鉴定、学术交流、科研攻关、咨询服务、中介活动等。美国社会的多元性和自由化状态，形成了美国独特的分散化标准体制，由第三方主导制定、颁布和实施标准成了美国标准化建设的主流，如美国铝协会标准（AA）、美国轴承制造商协会标准（ABMA）、美国航天工业协会标准（AIA）、美国机械工程师协会标准（ASME）等，都是第三方制定的标准。基于此，美国国家标准学会（ANSI）全面开展了对第三方认证体系的认可、质量认证机构的注册和实验室的认可，凡经资质审查合格的第三方，都具有认证、评定资格。目前，美国已形成了55种认证体系和专门从事测试认证的独立实验室，仅美国独立实验委员会就有400多个会员，承担着大量测试认证的工作。对美国"第三方评定"制度的了解，有助于对美出口企业及产品在寻求认证过程中获得相对自由的空间。

5. 美国是贸易法规最多的国家

美国是世界上法律法规最多的国家，它涵盖了人们生活、工作和学习的方方面面，这种现象也在贸易活动中集中反映出来。美国的贸易法规数不胜数，以美国食品药品管理局（FDA）为例，就有《食品、药品、化妆品法》《公共卫生服务法》《公平包装和标签法》《婴儿药法》《茶叶进口法》《婴儿食品法》等众多法规与之紧密相连，FDA的权威和作用就是靠这一系列法律法规的支撑，靠众多严谨而苛刻的规定和条文发挥功能和作用的。不仅如此，在美国，贸易法规几乎涵盖了各行各业，如对电子产品进口限制的规定主要有《控制放射性的健康与安全法》等，对植物检疫的重要法律有《植物检疫法》《联邦植物虫害法》等，对职业安全与健康的法律有《联邦危险品法》《家庭冷藏法》等。总之，凡对外贸易所涉及的内容都有严谨的法律及条文规定，进入美国的商家首先应详细了解与该商品相关的法律条文及规定，否则，就有可能被拒之门外。

6. 须高度重视的美国标准化战略

随着世界技术贸易壁垒不断升级和演变，以及美国通过伊拉克战争推行单边主义获得巨大成功，美国将国家标准演变为国际标准的欲望更为强烈，在决策上，美国国家标准学会不失时机地推出了"国家标准战略"，明确提出要利用美国标准体系的优势，整合资源，推进美国标准的国际化。在实施中，他们充分利用美国市场巨大的贸易吞吐量，通过实行带强制性的 UL、FCC、API 等认证，潜移默化地熏陶进入美国市场的企业及产品，使它们对美国标准的认识与认可由自在转变为自觉，以实现事实上的跨越。在方略上，它们主动向国际标准化组织靠拢，积极参加国际标准化组织举办的各种会议，在会议上尽量唱主角。特别是它们积极争取承担国际标准化组织的日常工作，仅在国际标准化组织信息技术标准化委员会所属的 17 个分技术委员会中，美国就负责 6 个秘书处的工作。这些努力都将为美国标准国际化战略的实施打下基础，也提示我们尽早做好准备，争取主动。

三 欧盟的技术贸易壁垒

欧洲是工业革命发源地，工业化程度和科学技术水平高、技术实力强、技术标准严，这为它们进行技术贸易壁垒提供了丰富的资源优势。同时，该地区又是个地域狭窄、国家狭小、国家众多的区域，迫切需要在国际上以"一个声音说话"，而其独特的地理条件，共同的民族信仰、宗教文化、价值理念、利益取向则为欧洲政治、经济一体化提供了基础和条件，不仅使欧洲国家走到一起，成立了欧盟这一地区性政治经济组织，而且也使该地区在技术贸易壁垒中呈现出自己的特色。

1. 欧盟标准转化为国际标准最多

欧盟是最先意识到国际贸易中技术壁垒的国家，并在充分总结、吸收、借鉴 15 个成员国技术标准基础上，形成了统一的欧盟技术标准体系，如欧洲标准化委员会（CEN）、欧洲电工标准化委员会（CENELEC）、欧洲航空标准化协作组织（ECSS）、欧洲电讯标准化协会（ETSI）、欧洲质量组织（EOQ）等技术标准，这一捷足先登的行为为欧盟标准变为国际标准打开了方便之门。我们今天遵循的国际标准中许多就是欧盟标准，如欧洲标准化委员会（CEN）、欧洲航空标准化协作组织（FCSS）、欧洲电工标准化委员会（CENELEC）、欧洲电信联盟（ETSI）等技术标准。现在风靡全球的 ISO9000 国际标准认证和 ISO14000 环境管理体系标准认证也是起源于欧盟成员国英国的 BS5750 标准和 BS7750 标准。欧盟之所以能成功地将一些区域性甚至成员国的技术标准演变、放大为国际标准，实现以其为原创、为中心、为主流的技术贸易壁垒战略，一方面是其全面标准建设起步早，在许多领域已走在了世界的前列；另一方面说明其标准相当成熟和严谨，国际标准在许多方面需要吸收、借鉴和引用它们的成功经验；再一方面也是欧盟积极公关的结果。有报道，欧盟各成员国在世贸组织秘书处工作服务的人员将近一半，这为欧盟传递信息、内外沟通、争取主动创造了有利条件。标准是衡量事物的准则。技术标准是检验产品是否符合标准和法规的依据。在国际贸易中，技术标准也是一种游戏规则，哪个企业、国家掌握了技术标准的制定权，拥有完备的技术标准体系，就能够有效地掌握竞争的主动权，获得最大的经济利益。在当今世界，国际标准更多的是源于发达国家标准，也就是说，发达国家实际上掌握着国际标准的制定权。由于发展中国家的技术标准普遍落后于发达国家，于是，发达国家凭借着这些技术标准，其产品可以长驱直入于发展中国家，同时，又可以用这些技术标准保护本国的利益，将发展中国家的产品阻挡于国门之外。据统计，发展中国家受贸易技术壁垒限制的案例大约是发达国家的3.5倍。因此，对一个国家来说，没有完备的技术标准体系，就如同一座不设防的城，根本没有技术壁垒可言。

2. 进入欧盟市场的必备条件

欧盟不仅有统一的技术标准、法规，而且其成员国也有各自的标准，并且对进口商品可以随时选择对自己有利的标准。但从总体看，进入欧盟市场的产品必须至少达到以下三个条件：其一，符合欧洲标准 EN，取得欧洲标准化委员会（CEN）认证标志；其二，与人身安全有关的产品，要取得欧共体安全认证标志 CE；其三，进入欧共体市场的产品厂商，要取得 ISO9000 合格证书。凡涉及欧共体指令的进口产品，必须符合指令的要求并通过一定认证，才允许在欧洲统一市场流通。因此，进入欧共体市场，必须首先重视上述三个先决条件，根据实际做出选择和突破。

3. 难迈的"CE"门槛与欧盟"指令"

"CE"标志是产品安全合格标志，"CE"标准是对欧盟颁布的有关产品安全、技术标准等一整套技术体系的统称。欧盟自1985年实施新方法指令以来，共颁布了21个新方法指令，覆盖了包括压力容器、玩具、建筑材料、电磁干扰设备、个人防护用品、机械、电子医疗设备、通信设备、气体燃料设备等 16 大类产品，这些产品都被规定必须符合指令提出的有关产品安全、卫生、环保的基本要求，并由欧洲标准化组织制定协调标准满足这些基本要求。凡进入欧共体市场的上述产品都须经过由欧洲标准化组织根据指令要求制定的一系列协调标准（即 CE 标准）的检验，并获得符合评定的 8 种运作模式中任意一种模式的认证，贴上 CE 标志后才能自由地在欧盟统一市场内流通。由于 CE 标准是根据欧盟指令不同内容和要求制定的，因此，从宏观上讲，CE 标准是个动态的技术标准体系，欧盟通过不断颁布各种指令丰富它的内含，扩大它的外延，使标准越来越高，难度越来越大，这也就是通过 CE 认证越来越难的原因。以电子电器产品为例，1992 年欧盟颁布实行了 89/336/EEC 指令，对电磁兼容的安全性能进行了规定；1995 年又颁布实行了 73/23/EEC、93/68/EEC 指令，对低电压的安全性能进行了规定；2003 年欧盟又出台了《报废电子电气设备指令》和《关于在电子电气设备中禁止使用某些有害物质指令》，并于 2006 年强制实行。这两个指令从环保角度大大扩充了上述指令的内涵与外延，不仅将家用器具、信息技术和远程通信设备、电气和电子工具、医用设备、玩具等十大类产品囊括在内，还提出了回收费用由生产商单独负责，历史垃圾由目前的制造商按市场比例分别承担，回收率和再利用率要达到 80%，禁用含有铅、汞、镉、六价铬、聚溴二苯醚和聚溴联苯等 6 种有害物质的规定。这样一来，凡 2006 年以后进入欧盟的电子电器产品要同时符合上述 4 个指令的基本要求，并经过 CE 标准检验认证，才能获得 CE 标志进入欧盟市场。不仅如此，欧盟还通过频频颁布新指令，全面提高进口门槛，如在 1990 年玩具指令 88/378/EEC、1992 年产品安全指令 92/59/EEC 基础上，于 1999 年又颁布了强化玩具安全标准的 1999/815/EC 指令，规定玩具若以聚合物（如塑胶和橡胶）制造，并能让 3 岁以下儿童放入口内，则必须进行溶剂、着色剂及原芳香胺的毒性测试，并要求聚氯乙烯塑料（简称 PVC）中所含六种邻苯二甲酸酯类物质总含量不得超过 0.1%。在 2001 年颁布的一般产品安全指令 2001/95/EC 基础上，2002 年欧盟标准化委员会又具体针对打火机颁布了安全标准（简称 CR 标准），规定出厂价或海关价低于 2 欧元的打火机必须安装防止儿童开启的安全锁（简称 CR 装置），且须通过相关认证。欧盟通过出台一系列指令不断推动 CE 标准发展，而 CE

标准的不断提高又反过来促进新指令的诞生，二者相辅相成，促使技术壁垒的疯狂升级，也使进口产品难以招架。

4. 难以应对的"绿色技术壁垒"

绿色技术壁垒是近年发达国家利用自身经济、技术优势，借环保之名，行贸易保护之实的一种壁垒战略，主要包括绿色技术壁垒、绿色环境标志、绿色包装制度、绿色卫生检疫制度、绿色补贴等5个方面。目前，美国、德国、日本、加拿大、挪威、瑞典、法国、芬兰、澳大利亚等发达国家都已建立了环境标志制度，并趋向于协调一致，相互承认。在上述先行者中尤以欧盟成员国居多，从整体发展态势看，欧盟已走在了绿色技术壁垒的前列。

首先，欧盟率先在15个成员国中全面推选ISO14000环境管理体系标准。ISO14000环境管理体系标准是由英国率先发起并在欧盟境内首先实施，既而推向全世界的一种国际环保标准。欧盟在推进中要求进入成员国的产品从生产前到制造、销售、使用以及最后的处理阶段都要达到规定的技术标准，只有获得ISO14001认证即"绿色护照"，并贴有"绿色环境标志"才能在欧盟市场通行。而壁垒的重点恰恰是发展中国家劳动密集型产业生产的、在出口贸易中占有相当份额的产品，如纺织品、纸制品、电池、家庭清洁用品、洗衣机、鞋类、建材、洗护发用品、包装材料等。这对发展中国家来说无疑是个沉重的打击。

其次，欧盟积极凭借其先进的科技、装备与体制，使绿色壁垒已发展成一个较完整的标准体系。以对生态纺织品和服装的标准为例，它由40多个分指标体系构成，包括农药残留、重金属残留、生物降解、污水排放及处理、铈的化合物使用、染料原材料、甲醛含量、阻燃剂含量、色牢度、防缩整理、填充物、涂料、黏合膜、能源和水的应用、生态标签的内容、水洗和水洗尺寸变化率、印刷、剥色或褪色等，都有明确而详尽的规定，并且标准极为苛刻。如在农药残留一项，规定棉和天然纤维素纤维中的艾氏剂等19种杀虫剂含量要小于0.05ppm；含脂毛和其他蛋白纤维中的林丹、艾氏剂等杀虫剂总量不得超过0.5ppm，有机毒虫畏等总量不得超过2ppm，毒虫畏等总量不得超过0.5ppm；毒杀芬、PCB及其有机物在产品的运输、储存和半成品加工中不得使用。而其他发达国家绿色技术壁垒是没有这般详尽、周全和严格的。并且严谨的指标体系与设置使进口国很少有"空间""空档""空白地带"可钻、可利用。

最后，内容丰富而难以逾越。欧盟通过不断扩大绿色技术壁垒的内涵与外延，加大壁垒难度，如引用 UPF（紫外遮挡系数）概念，规定只有 UPF 值大于 30 的纺织品，才可以称为抗紫外线的功能性产品，才有资格进行抗紫外线等级评定与贴牌。提出纺织品偶氮染料问题，继德国禁止在纺织品和服装生产过程中使用 118 种可能致癌的偶氮染料后，欧盟公布了 2002 年第 61 号指令，禁止使用四氨基联苯等 22 种偶氮染料，规定在欧盟市场上销售的有关产品中所含 22 种偶氮染料不得超过 30ppm 的限量。同时发布了禁用含重金属铬的偶氮染料指令，表明了欧盟对偶氮染料使用的最新动向。仅此限定，就使我国 119 种染料被迫停产。此外，欧盟还决定从 2009 年起在欧盟范围内禁止在动物身上进行化妆品检毒和过敏实验，也不允许成员国从外国进口和销售违反上述禁令的化妆品。也就是说，2009 年以前在动物以外必须寻找到化妆品替代检测方法。这或许是一场根本的革命，或许只是一个良好的愿望，但不管怎样，都说明这一规定的不可思议和带来的空前大的难度，因为人类许多科学与实验都是通过动物完成的，对化妆品成分安全性能测试也是如此。

5. 双重关卡下的贸易

进入欧盟市场的商家还必须认识到的一个问题是：要能够承载双重关卡、双重标准的诘难。尽管贴有"CE"安全标志就能在欧盟市场上通行，但欧盟毕竟是有着 15 个成员国的共同体，各国情况不尽相同，对同一进口产品的要求也不同。因此，从宏观上说，必须着重于欧盟标准体系的研究与攻克；从微观上说，又不能忽略各国的标准差别，只有二者兼之，才能游刃有余。以对不同形态纺织品的耐燃性要求为例，欧盟规定建筑物使用的纺织品材料必须满足区域建筑产品的指令和各种防火试验；但意大利根据本国实际，进一步制定了旅馆家具覆盖物、褥（垫）和地板覆盖物等纺织品的安全法规；英国、爱尔兰还具体到必须以香烟试验、火柴试验为制定安全法规的依据。可见，即使进口的纺织品耐燃性能符合欧盟要求，也难免不在某个成员国中出现插曲和意外。又如，进入欧盟的电子电器产品首先要符合欧盟"CE"标准才能上市，但进入德国的电器用品还必须符合

VDE（德国电气工程师协会）的安全标准；用以气体燃料为动力的设备必须符合 DVGW（德国燃气协会）标准；机器、工具、家用器具、运动设备、玩具等必须遵照目前德国承认的有关安全的机器工程条例。法国要求电动工具必须经过法国指定机构进行的技术鉴定，合格后才能进入法国市场销售，家电的设计、生产必须标准化，所用材料必须符合法国规定的卫生标准，进口彩电还必须符合法国电视机 NFC92 - 250 强制性标准，进口玩具必须符合法国 NFS51 - 202 和 NFS51 - 203 法令中的强制性安全标准。英国更是规定详尽，如对销售到英国的电热毯不仅要求符合英国技术标准3456 号安全要求，还必须在标签上说明人躺在床上时这种毯子是否可用，是盖毯还是床垫。凡此种种，表明进入欧盟的产品必须同时面对双重壁垒，充分的思想准备和产品的安全、质量、环保准备是必需的。

6. 值得关注的新动向

绿色食品的兴起促使了有机农业在欧、美、加、日等发达国家蓬勃发展，进入 21 世纪更成迅猛之势，尤以欧盟发展最快。据国际贸易中心（ITC）公布，全世界有机管理用地面积最多的 10 个国家，欧盟成员国就有 5 个，占 1/2；5 个成员国有机农业面积相加，排到世界第 2 位，达到281 万公顷，仅次于澳大利亚。如果按有机农业用地占农业用地面积比例最多的 10 个国家排序，除当时暂不是欧盟成员国的捷克共和国之外，其他9 个是清一色的欧盟成员。这充分表明，欧盟在有机农业发展规模上已走在了世界前列。欧洲、美国、加拿大、日本等国已陆续建立了有机农业指南、标准、法规、条例。

欧盟有机农业的快速发展主要得益于欧盟的高度重视和政策支持，为了解决有机农业发展的资金问题，欧盟建立了 4 项结构性发展基金，有农业发展指导保障基金、渔业发展指导基金、地区发展基金和农业社会发展基金，既为落实欧盟共同农业政策提供了必要的财政支持，又向落实欧盟各个成员国结构性的政策提供了必要的资金帮助，还为欧盟共同市场行为提供了资金，如干预收购、各项不违背市场准则的补贴和支持出口等，从各个方面为有机农业的发展提供了重要保证。目前，有机农业在各个成员国农业生产中所占的比重已经在 9% ~ 12%，列支敦士登甚至达到 18%。1985 ~ 1998 年，欧盟各个成员国符合有机农业标准的农场从 6000 多个发展到 10 万多个。在欧盟农业比较发达的国家，如西班牙、意大利、希腊、芬兰和奥地利等国，农场达到有机农业标准的年增长速度都在 50% 以上。

　　欧盟之所以不遗余力地推行有机农业，一是由于有机农业在生产中是不采用基因工程获得的生物及其产物，不使用化学合成的农药、化肥、生长调节剂、饲料添加剂等物质，遵循自然规律和生态学原理，协调种植业和养殖业的平衡，采用一系列可持续发展的农业技术，维持持续稳定的农业生产体系。欧盟强烈反对转基因食品、抗生素和违禁添加剂等环境污染的经济体，有机农业符合欧盟的利益要求。二是有机农业属于劳动密集型产业，这有利于农村人口就业。并且欧盟成员国的农场大都属于非集约化的家庭式经营，有机农业适合欧盟这种农业经济体制。同时，有机农业还能使农田得到休养生息，保证农业的可持续发展。三是有机农业所生产出来的产品以及由这些产品加工出来的食品有利于人体健康，最受消费者欢迎。特别是有机产品涵盖了如粮食、蔬菜、水果、奶制品、禽畜产品、蜂蜜、水产品、调料以及纺织品、皮革、化妆品、林产品等与人们生活密切相关的消费品，这里有着巨大的商业利润和消费空间。国际贸易中心公布，1997 年全世界有机食品零售总额为 100 亿美元，2000 年增长到 175 亿美元，2001 年高达 260 亿美元。估计到 2008 年全球有机食品零售额将达到 800 亿美元。欧盟正是看到了如此诱人的发展前景和市场，并且完全可以凭借其完善而严格的技术标准体系，将别国产品拒于国门之外，同时还可利用其着眼早、见效快的优势而入主其他国，此乃一举多得。作为像中国这样的发展中国家，对欧盟利用技术标准壁垒进行新的经济跨越动向应有超前而清醒的认识，及早应对。

第四章　安全保障论

第一节　矿山环境安全审视

湖南作为"有色金属之乡"和"非金属矿之乡",在享有丰富矿产资源的同时,也给经济社会发展带来了较为严重的负面产品——污染。2009年7月30日,浏阳市镇头镇发生上千名村民因镉污染围堵政府机关的群体性事件;同年8月18日,又发生了邵阳武冈市逾千人血铅超标事件,实际上这一期间在湖南还发生了湘乡、双峰、益阳市资阳区等多起因环境污染引发的群体性事件。重金属引发的环境污染事件不仅严重威胁到人民群众的生命财产安全,也严重影响到了社会稳定和经济发展。尽管一件件突发性事件的发生看似偶然,其实背后蕴藏着必然,它在很大程度上是当前生态环境超越承载极限的客观反映,暴露的可能还只是冰山一角。

一　湖南矿山环境安全现状

湖南矿业环境安全问题是在20世纪80年代中后期至90年代末,受"大矿大开,小矿放开,有水快流"思想影响,矿业经济呈无序发展状态而积累和叠加起来的。至今,它造成的影响和破坏巨大,已有上千个矿山因采矿引发崩塌、滑坡、泥石流、地面塌陷等地质灾害,造成直接经济损失10多亿元;因废渣、废水、废气任意堆积排放,导致大量植被被破坏、水土流失、江河淤塞、局部农作物减产绝收、局部水域土壤甚至人群遭受重金属污染,环境污染已严重威胁到人民群众的生产生活安全与稳定,影响到经济社会秩序与可持续发展。

受矿产成带分布规律影响,湖南矿业"三废"对环境污染也呈现区域特点,"废气"污染以湘西北非金属矿区最为严重;"废渣"污染以湘中煤矿区最为严重；"废水"污染以湘南有色多金属矿区最为严重。

矿业活动导致的生态环境破坏从空间上讲，主要包括大气环境破坏、地表环境破坏、水环境破坏以及次生地质灾害四大类；从破坏的形式及时间上又可分为突发型地质灾害和延缓型地质灾害。延缓型地质灾害对环境和人体的危害不能在短期内显现出来，只有在超过水土吸纳有害物质的承受范围和突破生态系统的缓冲能力、有害物质被释放活化后才能产生有害效应。因此，有害效应一旦发生，想将其治理，无论是对环境还是对人都是非常困难的，从这个角度讲，它比看得见的采空区塌陷、废石尾砂占地等突发型地质灾害产生的后果更为严重。从目前看，矿业引发的环境地质灾害仍在持续。

1. 矿业引发的大气污染仍未得到有效遏制

大气环境破坏是延缓型环境灾害的一种表现形式，它相对于突发型地质灾害在瞬时破坏力上要缓和些，但随着时间的推移，破坏程度和影响将越来越显现。

湖南"非金属矿之乡"是建材和化工原料的物质来源，也是水泥制造厂、石灰厂、制砖厂赖以生存的基础和大气被污染的主要来源。湖南废气污染主要以二氧化硫、烟尘、粉尘为主，污染重灾区除重化工业区域外就是矿产地，以湘西北地区的建材业污染最重，其次为湘中煤炭业和湘南地区有色金属选冶业。

湖南矿业对大气环境破坏呈现四大特点：其一，强度大。据省环保局统计数据，2008 年全省工业废气排放总量仍达 9248.6 亿标准立方米，其中排放二氧化硫达 84.01 万吨，烟尘 37.77 万吨，工业粉尘 55.47 万吨，与过去相比，废气排量在减少，但绝对数值仍相当大。其二，污染重。在矿产区及周边地区，因废气排放，大气污染情况严重，如湘中渣渡煤矿矿区附近粉尘含量严重超标；常德澧县境内水泥厂、制砖厂烟囱林立，建筑物、植被表面都是粉尘；湘南雷坪有色金属矿区，曾在炼砒鼎盛时期，大气中三氧化二砷的浓度已超国标 8 倍。其三，破坏力强。如湘南雷坪曾受坤烟熏染，全村 120 亩田地无法耕种，茶林因受砷烟熏染，枯死面积达数百亩，各种豆类作物颗粒无收。其四，屡禁难止。目前，各级地方政府和环保部门加大整治力度，甚至动用警力对非法开采行为进行强制性制止，但在暴利的诱惑下，个体私营者与政府进行"游击战"，出现"你进我退，你走我开，你打我跑，你撤我驻"的局面，如打击桂阳雷坪非法炼砒就呈现这种尴尬。同时，还与腐败和当地经济利益紧密相连，在建设两型社会大背景下，"五小企业"能够生存，往往背后都有当地政府的默许或提供保护伞，武冈铅污染、浏阳镉污染事件，充分暴露出这方面的问题。仅武冈一个小镇附近就开有4家冶炼厂，共7个高炉，而经营者都有"背景"，据群众反映，像这种小冶炼厂在当地到处都有。

2. 矿业引发的地表环境破坏还将持续

地表环境破坏包括矿区废渣灾害、土地损毁破坏和土壤化学污染三种灾害，这里既可因气象原因诱发突发型地质灾害，也可因重金属对土壤的持续侵蚀诱发延缓型地质灾害。从时间上讲，矿区废渣、土地损毁更易诱发突发型地质灾害。

（1）矿区废渣成灾

矿区废渣的大量堆积是导致突发型和延缓型两种地质灾害发生的最直接原因。湖南的矿业废渣主要包括煤矸石、尾矿和冶炼废渣等，全省生产矿山的废渣堆存最多，其中又以煤炭企业的废渣堆存量最大，其次为有色金属企业、建材企业和黑色金属企业的废渣堆存量。据不完全统计，在全省4456个矿山中，目前共分布排土石场（含煤矸石场）和尾矿库共21000多处，堆放规模已达数亿立方米。从矿山看，一些开采时间较长的大中型矿山堆放规模可达数百万立方米，如冷水江锡矿山达800万立方米以上，郴州有色金属矿达1000多万立方米，累计堆存量已达6598.26万吨。而星罗棋布的由个体和乡镇小矿造成的漫山遍野的废石堆更不计其数，仅对162个小矿进行量算，年堆放量就达450多万立方米。目前，全省矿区废渣堆放成灾，一方面，全省矿山企业的废渣处置率低，综合利用率不超过40%；另一方面，废渣却以年产4500万吨、年排放4300万吨的速度增加，现在废渣已累计堆存5.8亿吨，占到工业废渣总量的87%。废渣问题已成为湖南两型社会建设的重要瓶颈。

（2）土地损毁严重

矿区土地损毁是一个普遍的地质环境问题，每个矿区都不同程度地存在着各类固体废弃物占用及破坏土地资源问题，以及由于崩塌、滑坡、泥石流、地面塌陷、地面沉降、地裂缝等矿区地质灾害和露天开采造成的土地资源破坏。从湖南实际情况看，以露天采场、矿区排土石场及尾矿库、地面塌陷以及矿山生产设施对土地的损毁和占用最大。最新数据显示，上述四项共损毁和占用土地6万公顷，其中在全省2100个露天开采矿山中，土地损毁面积达2.6万公顷，平均每个露天开采矿山达12公顷；在全省4456个矿山中，共分布排土石场和尾矿库21000多处，损毁土地面积8500公顷；地面塌陷843处，损毁土地面积总计达12000公顷；因许多矿山闭坑后，车间厂房基本被废弃，这种情况占用的土地面积高达13000公顷。土地损毁之处，千疮百孔，土石裸露，一片荒凉。

更令人担心的是，矿业对土地的损毁仍呈高速发展态势，如露天采场对土地损毁正以每年700公顷的速度递增；废渣土石以每年90公顷的速度侵吞着土地资源。与之相对应的是，土地复垦率只有20%，损毁的速度大大高于复垦的速度。如果近年这种状况还不能得到有效遏制，生态环境将进一步恶化，人与土地的矛盾将更加尖锐，由此引发的事件将可能影响社会稳定。

（3）局部土壤重金属污染严重

土壤重金属污染属延缓型地质灾害，污染来自采选废水和采选废渣，主要受铅、镉、汞、砷等有色重金属元素污染。污染程度与范围与该类矿床的成矿规律及矿业开发程度密切相关，按污染程度可分为三大区域：第一区域为较重污染区，主要在湘南地区，与有色金属矿的分布和矿山开采有关；第二区域为较轻污染区，主要在湘西北及湘西地区，与放射性金属矿分布与开采有关；第三区域为轻度污染区，分布在洞庭湖区的"四水"入湖地段。

湖南局部土壤重金属污染已呈现三大灾情。其一，污染范围广。据化探资料分析的结果，目前全省被污染的面积已高达2.8万平方公里，约占总面积的13%。在多个矿山区，污染由点及面连绵成片的现象较普遍，如临武县到资兴市，污染区范围达2250平方公里；郴州桂阳地区的黄沙坪矿和宝山矿，两矿相距9公里，但污染已连成一片，从沿途20多公里的河岸稻谷、菜土采样分析看，镉、锌、铅、砷等元素已高出正常值数倍至数百倍。发生在浏阳的镉污染事件，一个小小的化工厂，居然使土壤污染扩散致以其为中心的 1200 米的范围。

其二，污染程度深。据郴州市环保部门在黄沙坪与宝山铅锌矿附近取样分析，土壤中砷、铅、锰、铜、锌、镉、汞等含量比湖南省土壤背景值高出 2 倍以上，其中与矿石有关的镉、锌、铅、砷高出正常值数倍，镉更是平均高出 128 倍。在临武县至资兴市局部污染严重的地区，土壤中的砷、铅、汞、镉均值分别是正常值的 25 倍、148 倍、4 倍和 19 倍。实际上受到严重污染的地区远不止这些，在所有矿区及冶炼、化工、建材生产加工基地，都存在污染甚至严重污染问题，只是受制于检测条件的限制和群众诉求渠道的不畅，对污染状况还难以全面监测，由污染引发的事件也暂未爆发而已。

其三，污染后果严重。土壤污染对农作物和人民身体健康产生了极其严重的危害，取样分析显示，在靠近污染源头的桂阳县城郊农田已有"镉米"产出；在醴陵潘家冲铅锌银矿附近的铁山村，从 20 世纪 70 年代起就流行"骨痛病"（镉中毒典型特征）。2009 年 7 月的浏阳镉中毒事件，已致 2 人死亡、509 人尿镉超标，冶炼产生大量的二氧化硫，使树木死亡、农作物减产甚至绝收、地下排污管道全部腐蚀。同年 8 月发生在武冈的铅中毒事件，在受检测的 1958 名儿童中，已有 1354 人血铅疑似超标，占受检人数的 69%（儿童呼吸道对铅的吸收率是成人的 117 倍，肠胃对铅的吸收率及在体内滞留时间是成人的 58 倍，而排泄仅有成人的 70%，故儿童是铅中毒的高危人群）。污染已严重影响到人民群众的生命财产安全。

（4）放射性污染致病已凸显

第一，来自铀矿废料放射性污染。湖南是全国最早开采放射性元素——铀的省份，我国制造第一颗原子弹的铀即由湖南提供。自 20 世纪 50 年代，湖南相继建立了 4 座铀矿山和两个水冶厂，分别处于衡阳、益阳等地区。80 年代中期以后，一些早期的铀矿山相继关闭、退役，而这时，一些铀矿山的核污染已相当严重。90 年代，中核集团开始着力"核三废"治理，但即便如此，核辐射导致的核污染危机仍严重存在，并给当地留下了许多灾难性后果。主要表现在以下三个方面。

一是"核三废"治理存在严重安全死角。放射性元素半衰期（强度降低到最初的一半所需的时间）有其自身规律，铀的半衰期为 45 亿年，镭是 1620 年，由于半衰期特别长，目前国内治理一般用水泥防护墙将废石堆围住，将其削平降低高度十余米，选用黏度大的红土壤覆盖 50 厘米，然后植草和种植耐干旱的刺槐和小金刚树。但在实际施工中存在严重偷工减料，如对上述铀矿的废渣堆进行治理后，有些地方存在土壤覆盖层厚度远远不够，有的地方仅 10 厘米厚，用脚尖踢开一层薄薄的泥土，就露出了黑色的矿渣。已被封堵的一些坑口由于缺乏有效监管，已有色泽暗红的矿井水渗出。

二是监督管理严重缺位。发达国家在对"核三废"治理后，不仅出示安全警示牌，设立明显的隔离带，告诫人们远离，而且还长时间跟踪监管。如美国政府就要求进行为期 1000 年的监管，即使对单纯的尾矿处置场所，也要求至少监管 200 年。但湖南的 711、712、715 等铀矿，因当时开采属国防机密，开采和污染程度当地环保部门无从知晓，现在归地方管理，但地方环保部门没有任何档案资料，很多情况都无从知道，更不用说监督管理。这也就导致当地群众对核辐射认识的极度贫乏和无知，于是在已闭坑的铀矿山出现了将受到严重核污染，本应长期封存的废弃厂房又重新启用的情况，有些甚至将厂房作为生产车间，生产取水的水井直通矿洞，等于是从矿洞里直接取水用于生产；有些厂房被居民用作住房或改成养猪场；有些在核废渣堆上种菜、养鸡；有些倚靠核废渣防护墙搭建厕所、猪栏；小孩在核废渣堆上玩耍戏弄；每到干旱季节，一些村民还炸开封闭的矿井坑口，抽取井内的积水灌溉田地。一些矿区职工仍居住在建矿初期修建的工棚里，距离矿区很近，吃的蔬菜多种自周边农田或矿渣堆。凡此种种，不胜枚举。殊不知，这简直是在定时炸弹上生存，是在拿自己的生命开玩笑。而认识和监管的严重缺位，将会使污染进一步延续。

三是放射性污染已带来严重后果。放射性造成的污染极其严重，在712 铀矿停产时，地表露天堆放有 7 堆含铀、镭废石，废石堆 α 照射强度和氡子体浓度及释放率都超过国家标准 6 ~ 7 倍。715 铀矿停产时，已对当地 20 平方公里的地域造成污染，表现最为突出的是镉污染，对 32 份土壤样品抽测，镉含量平均大于 33ppm，在全国 103 个镉污染单位中属最严重者之一；715 铀矿周边的许多农田已被专业机构诊断不能再生产农作物。

放射性致病致癌的机理在于：射线穿过人体组织的细胞时，会把能量沉淀在细胞内部，一旦这个能量大到一定程度，就会导致细胞损伤甚至死亡；通过破坏细胞中的遗传物质 DNA，往往就会导致癌症的产生。目前，放射性污染仍在蚕食和吞噬着当地一些群众的身体健康。有报道，715 铀矿投产以来，给当地 6 个自然村、22 个村民组带来了种种病痛：骨痛和骨折病普遍发生，何家村两个村民组因骨折病死亡 8 人；30 岁左右的妇女患乳腺癌的高达 60%；肝脾肿大者居多，有一中学 300 余名学生中肝脾肿大者竟占 15%。以 2003 年的统计结果为例，在 712 铀矿的 4000 多名职工中，因患癌症死亡或者被确诊为癌症的已达 350 余人，癌症发病率约为 8.75%，而全国平均水平是在 1‰~2‰。在 711 铀矿附近的一个村民小组，过去 40 多年中，140 人的村庄得癌症死亡的已有 20 余人，占总数的 14.3%。更令人担心的还在于，放射性污染还可破坏遗传基因，引起基因裂变，导致后代畸形或遗传病（见表 1）。

表 1 衡东 712 矿环境及人体健康情况

废石对环境的放射强度指数	实际数	标准数
氡（贝克尔/平方厘米）	0.50~1.80	<0.24
氡释出率（贝克尔/秒·平方厘米）	5.0~6.0	<0.74
γ（伽马射线）（8~10 戈瑞）	50.0~61.2	<10.0
矿山职工健康检测项目	实际数	标准数
人年吸收放射性剂量（毫荷特）	1240	<50
人体白细胞数（个/升）	2500	4500~10000
男人血红蛋白（克）	11	14~16
女人血红蛋白（克）	10	12~14
人体肝脏肿大者（%）	90	<5
1959~1998 年矿山癌症死亡人数/死亡人数	269 人/718 人	占死亡人数的 37.47%
1959~1998 年癌症死亡标化率	5380 人/10 万人	标化率 5.38%

第二，来自石煤渣砖建房的放射性污染。湖南盛产石煤，保有储量居全国之首，是湖南重要的能源资源，目前，湖南对石煤的利用主要用于烧制石灰，用烧后的煤渣及石灰碎块压制成砖，是综合利用石煤的常见方法。但是，石煤层中含钼、镍、矾、铂及铀等放射性元素，它们的总放射强度比一般高达 873×10^{-7} 居里/公斤，20 世纪 90 年代湖南曾对石煤渣砖

进行核素测定，其中放射性元素镭（Ra）、钍（Th）、钾（K40）含量为
693.75、71.50、780.31（贝克尔/公斤），按国际建筑材料放射性标准 Ra/
200≤1 和 Ra/350 + Th/200 + K40/4000≤1 计算，分别为 3.47 和 2.45，说
明已严重超标，只能作放射性废物处理，但我们仍进行生产、用于房屋建
筑。湖南曾将石煤砖渣房屋与正常红砖房屋进行测试比较，发现前者的 γ
（伽马射线）量和氡浓度高出后者几倍到数百倍。目前，凡石煤出产的地
区，一般都利用石煤废渣制砖建房，如张家界、吉首、益阳、宁乡等周边
地区都存在这种现象。据调查，在张家界天门山以东 10 公里属同一环境的
汪家山村，是省内著名的"傻子村"和"短寿村"，应与放射性元素污染
有密切关联。如果我们不引起高度警觉和重视，不寻找有效的解决方法任
其发展，后果将不堪设想（表 4 - 2）。

表 2　石煤渣砖的 γ 照射量的氡浓度

地　点	建材类型	γ 照射量（微伦/小时）	氡浓度（贝克尔/公斤）
宁乡天井冲某宿舍	石煤渣砖	64.3 ~ 116.6	0.061 ~ 0.55
湘西某农民住房	石煤渣砖	30.1 ~ 34.3	0.034 ~ 0.47
益阳某厂宿舍	石煤渣砖	19.8 ~ 24.8	0.08 ~ 0.0134
对照点	普通红砖	14.9	0.0013 ~ 0.0008

3. 矿业引发的水体污染还很严重

矿业水环境破坏，主要指因矿业活动造成地表水、地下水污染和因采
矿活动疏排地下水引起的地下水均衡系统的破坏，属延缓型地质灾害。湖
南以煤炭企业废水排放总量最多，其次为有色金属、黑色金属和化工
企业。

（1）地表水污染

矿业废水主要包括矿坑水、选冶废水、尾矿池水等，湖南矿业废水排
放量占工业废水排放量的 35%，废水中主要污染物有汞、镉、铬、铅、
砷、化学需氧量、生化需氧量、氰化物、石油类、挥发酚、悬浮物、硫化
物等，尤以砷、铅、镉、铬等 4 种重金属污染为最，2008 年全年排出的矿
业废水约 3.5 亿吨，上述四种重金属排放量分别达到 66 吨、40 吨、15 吨、
6 吨。主要受重金属污染的水系及干支流有：湘江、沅江、蒸水、涟水、

浏阳河、西河、秧溪河、武水、酉水、潕水、藕池河等，多处水质为Ⅳ类甚至劣Ⅴ类。更为严重的还在于，有些支流甚至成为"死河"，如郴州市玛瑙山铁锰矿区每天排放矿坑水达 32 万立方米，直接汇入附近的秧溪河，由于矿坑水中硫酸根离子、硫酸亚铁和硫酸铁浓度高，使河水呈"铁锈色"，当地居民称之为"红水河"。目前，该区河段内鱼虾尽绝，水草不存，成了没有生命的"死河"。

（2）对地下水均衡系统的破坏

湖南矿山特别是以坑采方式开采的矿山，由于开采时大规模抽排地下水，造成地下水位大幅度下降，形成大范围降落漏斗或地下水疏干区，使地下水补、迳、排系统不同程度地被改变或遭受破坏，导致地下水资源枯竭，水库、山塘、井泉干枯，河、溪断流，田土失水，严重影响人们的生产、生活用水，并导致井下开采过程中矿坑突水等地质灾害的发生。据初步统计，全省因采矿共造成 896 个村 190 万人和 260 万头牲畜饮水困难，致使 1.2 万公顷土地不能正常灌溉，8000 公顷水田变成旱地；1700 余处井泉干枯。如宁乡煤炭坝矿区由于长期抽排地下水，使大成桥附近近百个泉点干枯，其中包括上、中、下洋泉等名泉，地下水降落漏斗范围已达 219.9 平方公里，其边界远至沩水河边。又如茶陵湘东铁矿抽排地下水，已使 700 余亩农田灌溉用水困难，430 多人生活用水严重不足。尽管一些矿山企业和当地政府投入了大量资金用于村民饮水工程，虽耗资巨大，仍难以解决多数人畜饮水困难问题。

4. 矿业引发的次生地质灾害时有发生

矿业活动引发的次生地质灾害主要有地面变形（地面塌陷、地面沉降、地裂缝）、崩塌、滑坡、泥石流和水土流失，是突发型地质灾害最典型的表现形式。

（1）地面变形

湖南是地面变形最严重的省份之一，其主要诱发因素为采矿活动特别是坑采，地面变形包括地面塌陷、地面沉降、地裂缝。主要发生在地下开采矿区，以湘中、湘南的煤矿和金属矿区居多。如涟源市斗笠山煤矿，在几十年采掘中，已形成大小塌陷 2520 个，影响范围为 19.1 平方公里，损坏农田 400 余公顷、山塘水库 63 座、房屋 5 万平方米，厂房车间沉陷、机器埋没，造成的经济损失达 70 万元。在茶陵县湘东钨矿，开矿至今，产生的地面塌陷坑面积达 15 平方公里，地裂缝处处皆是，最长的一条达 450 米，裂缝最宽处达 20 厘米，造成了大量农田及民房被毁，损失相当严重。上述情况在宁乡、娄底、涟源、湘潭、冷水江等县市常有发生，据统计，1954～2004 年的 50 年间，湖南累计塌陷坑总数达 18800 多处，湘中地区占总数的 91.1%，97% 由矿业活动导致。

（2）崩塌、滑坡、泥石流

湖南因矿业活动引起的崩塌、滑坡占到崩塌、滑坡总数的 1/3 以上，主要发生在湘西北以露天开采为主的建材矿区。因露天开采，对地表斜坡破坏较大，其边坡极易发生崩塌与滑坡。如浏阳磷矿露天开采场，自开矿以来已发生 10 余次较大的崩塌与滑坡，体积最大者达 30 余万立方米。在吉首市区曾因露天采矿，形成了一个高达 30 米左右的直立陡壁，岩层向坡外倾斜滑动，造成体积达 27 万立方米的滑坡。崩塌、滑坡还常见于矿山地下采空区，当采空区在造成顶板地面变形破坏时，常在斜坡上引发滑坡，如冷水江市锡矿山矿区，曾发生了一个体积为 315 万立方米的大型滑坡，破坏房屋 96 间。

矿业活动还引发泥石流，湖南泥石流主要发生在湘南金属矿区，因固体矿产资源的开发要产生大量废石、尾砂及炉渣堆积，这些往往成为一些泥石流固体物质的主要来源，故也称为尾砂废石流。较大的一次发生在郴州柿竹园，因连降暴雨，导致体积约 135 立方米的两个尾砂坝被冲溃，引起长达 11 公里、5500 万立方米左右的尾砂废石流，造成沿途三乡两镇三场 94 个村民组受灾，死亡 49 人，毁坏农田 760 公顷、房屋 17810 平方米、桥梁 7 座，损失钢材 200 多吨、水泥 1200 多吨及其他大量矿山设备和物资，直接经济损失达 1748 万元。

（3）水土流失

矿业活动因破坏了植被和山坡土体，所产生的废石、废渣等松散物质又使水土难以吸附，水土流失巨大。如浏阳磷矿水土流失面积达 200 公顷；在茶陵县岩口水库一带，由于滥采乱挖，翻动土石达数百万立方米，产生水土流失面积约 340 公顷。目前，矿产开发已成为湖南产生水土流失的一个突出因素。据调查，湖南因采矿引起的水土流失面积约 15 万公顷。水土流失不仅破坏了土地资源，劣化了土质，而且导致江河、湖泊淤塞，洪灾泛滥。据估算，全省每年约有 1.7 亿立方米的表土因水土流失被冲走，"四水"年平均流入洞庭湖泥沙量高达 2730 万立方米，大量泥沙使洞庭湖年平均淤高 3.3 厘米，湖泊面积大大缩小，而引起危害的罪魁祸首之一就是矿业活动引起的水土流失。

二 矿山生态环境治理与进程

针对持续已久且日益严重的污染问题，湖南省委、省政府高度重视，从规划着眼、从抓重点着手、从治理着力，加大资金投入和工程强度，制定了湖南近期（2003～2010 年）和远期（2010～2015 年）矿山生态环境恢复治理规划。到 2010 年底，湖南总共将投资 5 亿元对 25 个重点工程进行综合治理，力求使治理区域内"三废"达标排放、次生地质灾害得到有效治理、植被重新恢复、土地得到复垦。

1. 近期、远期治理主要规划目标

根据全省不同矿山生态环境破坏和污染程度，确定重点区域、重点工程的治理方案（见表 3）。近期治理重点区域有：邵阳—冷水江、祁东—临武和湘北。对于邵阳—冷水江地区，重点治理煤矿和锡矿山锑矿区，主要治理地面塌陷，并进行植被恢复和土地复垦，要求矿山"三废"排放达标，对该区投资 1.5 亿元。对祁东—临武地区，涉及水口山、黄沙坪、宝和矿山次生地质灾害的防治。对于湘北地区，主要治理湖南雄黄矿、湘澧盐矿和安化 715 铀矿等矿区的砷污染和冒卤危害，查明在 715 铀矿区附近土壤、水中放射性元素与重金属的质量分数（质量浓度），为进一步治理与防护提供依据；对废石、尾砂实施拦截；修建饮水沟渠，以解决污染区牲畜与群众的饮水问题。

远期治理的重点区域有两个：一是湘西区，主要涉及李梅铅锌矿、民乐锰矿等矿区，重点进行"三废"的治理、植被的恢复和矿山次生地质灾害的防治；二是湘南区，主要治理柿竹园钨矿、白沙煤矿等矿区的"三废"，并进行土地复垦和植被恢复。对上述两个重点地区各拟投资 1.0 亿元进行治理。

表3　湖南省矿山生态环境恢复治理重点区域

2003~2010年		
重点区域	邵阳—冷水江地区	祁东—临武和湘北地区
重点区域	邵阳东北部以及冷水江渣渡、娄底恩口、双峰洪山殿等地	祁东县东南部、常宁市东部、桂阳县和临武县中北部以及湘北地区
涉及的主要矿山	渣渡矿区近30家煤矿、锡矿山矿区、新邵锰矿、洪山殿煤矿、斗笠山煤矿、牛马司煤矿、群力煤矿、九龙岭锰矿、灵宫殿铅锌矿等	黄沙坪矿区、水口山铅锌矿、柳塘锰矿、宝山铅锌银矿、莲花锰矿、临武太平锡矿、鸡脚山水晶矿和湖南雄黄矿、安化715铀矿等
主要治理任务	"三废"排放达标、土地复垦及植被恢复、治理地面塌陷等	土地复垦及植被恢复、地质灾害的防治
2010~2015年		
重点区域	湘西区	湘南区
重点区域	湘西州保靖县卡棚地区—花垣县—凤凰县以及吉首市西部	耒阳市东南部、永兴县、资兴市、郴州市苏仙区、宜章县东南部等地
涉及的主要矿山	卡棚煤矿、卡棚滑石矿、李梅铅锌矿、耐子堡铅锌矿、民乐锰矿、鱼塘寨铅锌矿、小排吾铅锌矿、桐木槿矿区	柿竹园有色多金属矿区、耒阳白沙煤矿、上堡铁矿、永兴马田煤矿、资兴三都煤矿、宇字煤矿等
主要治理任务	废水、废渣的治理，植被恢复，地质灾害的防治	土地复垦及植被恢复，治理废水、废渣

2. 矿山环境治理主要绩效

经过治理，目前"双峰县坳头山硫黄矿矿山地质环境恢复治理工程"项目已修建了400米长的排洪沟、2个综合沉淀反应池，对近13万平方米的废渣堆进行了平整还绿，矿山地质环境得到了极大改善。"安化县715铀矿矿山地质环境治理"项目全面检测废石、土壤和水中放射性元素及毒性重金属元素的质量分数（质量浓度），目前正在修建居民供水管道，以解决污染区5500人的饮水问题。"湖南雄黄矿矿山地质环境治理工程"项目正在建设一座石拱桥，以解决2000多人涉砷污染河水而危害健康的问题，并在严重砷污染的5.3公顷地域范围内实施换新土复垦工程。"湘潭盐矿矿山地质环境治理工程"项目设计施工两口新井，使之与原生产井含卤层位和采空区连通，采用电动潜水泵抽汲来降低卤水水位，使卤水不再冒出地表，使数十公顷农田和1000多位居民不再受冒卤污染的危害（见表4）。

表4 湖南省矿山生态环境恢复治理重点工程

单位：万元

项目编号	项目名称	主要治理任务	投资金额
01	湖南黄金洞金矿矿山地质环境治理	回填地面塌陷，恢复地表植被，加固拦砂坝，修筑挡土墙	200
02	永州市东湘桥锰矿矿山地质环境治理	加固尾砂坝，修筑导水沟，在尾砂库内进行植被固砂	200
03	麻阳铜矿矿山地质环境治理	对原尾砂库进行钻孔灌浆加固等	200
04	双峰县坳头山硫黄矿矿山地质环境恢复治理工程	修筑排水沟、沉淀池，废渣地平整还绿	200
05	衡阳市川口钨矿矿山地质环境恢复治理与土地复垦工程	治理采空区塌陷、矿渣废石流、水土流失等地质灾害，并解决5000余人的饮用水问题	200
06	安化县715铀矿矿山地质环境治理	检测废石、土壤和水的放射性和重金属含量，为其污染的治理、防护提供依据；修建供水管道，解决5500余人的饮水问题	300
07	湖南雄黄矿矿山地质环境治理工程	修建一座石拱桥，减小砷污染河水对涉水人群的危害，复垦耕地5.3公顷等	200
08	湘澧盐矿矿山地质环境治理工程	建设两口新井，使之与原井开采层位和采空区连通，解决数十公顷农田与1000多人免受冒卤的污染危害	300
09	新邵县龙山金锑矿矿山地质环境治理	加固尾砂库，修建截水沟、拦石坝以防止废石流的发生	200
10	湖南界牌陶瓷总厂瓷泥矿矿山地质环境治理	"三废"无公害处理及资源化利用，治理塌陷、滑坡等地质灾害	200
11	湘潭钢铁集团有限公司东安石灰石矿老鸦山矿区矿山地质环境治理	土地平整还绿	200
12	洞口县石下江煤矿矿山地质环境治理	修建饮水工程以解决2000多人的生活用水问题，修筑拦石坝和载水沟工程，对水塘实施底板防渗处理	200

续表

项目编号	项目名称	主要治理任务	投资金额
13	桂东县流源锡矿矿山地质环境治理	修建砂坑冲沟拦挡坝，防止矿山废石流危害下游村庄和农田	200
14	湖南永顺县龙家寨煤矿矿山地质环境治理	废渣堆平整还绿，修建饮水工程以解决当地群众的生活用水问题	300
15	湖南省临湘市桃林铅锌矿矿山地质环境治理	加固拦砂库，修建排水沟，库内平整覆土还绿	200
16	湖南省安化县廖家坪库区金矿与煤矿矿山地质环境治理	土地平整复垦还绿，加固拦砂坝	200
17	湖南省郴州柿竹园有色金属矿区矿山地质环境治理	河道加固、清淤，修建拦石坝	200
18	湖南省宜章县瑶岗仙钨矿矿山地质环境治理	修建新的拦石坝以保护矿山重要设施，保证东江水库的安全运行，保证下游农田和人民的安全	300
19	湖南省醴陵县湘东钨矿矿山地质环境治理	加固尾砂库，修筑载水沟，在库内进行植被恢复	200
20	湖南省临武县香花岭锡矿矿山地质环境治理	修建饮水井，解决香花岭镇部分居民的生活饮水问题，新建拦石坝以保证居民的安全	200
21	湖南省茶陵县湘东钨矿矿山地质环境治理	修建拦石坝以保证下游村庄和农田的安全，修复供水渠道以解决当地居民生活用水问题	200
22	浏阳市七宝山矿区矿山地质环境恢复治理与土地复垦工程	治理地面塌陷、滑坡、泥石流等地质灾害，废石堆平整还绿	200
23	花垣县"三废"治理与土地复垦工程	废渣堆平整覆土还绿（26.7公顷）	200
24	冷水江市锡矿山矿区矿山地质环境恢复与土地复垦工程	恢复植被（33.3公顷），治理地面塌陷	200
25	桂阳县黄沙坪矿区矿山地质环境恢复治理工程	复垦土地（33.3公顷），废渣堆平整还绿	300

　　与此同时，湖南还明确规定：全省32个自然保护区、32个风景名胜区、36个森林公园、9处地质遗迹保护区、233处重点文物保护单位，欧阳海水库、柘溪水库等水源水土保持区，京广线、湘黔线等主

要铁路，107 国道、319 国道等主干公路两侧 200 米范围之内，都属禁采区（见表 5）。

在上述主要铁路、主干公路等交通干线两侧 200～500 米范围之内（限制露天开采），湘西自治州、郴州市北湖区等地质环境脆弱区、地质灾害危险区都属限采区（见表 5）。应该说，这些举措大大缓解了湖南矿业生态环境的进一步恶化。

表 5 湖南省矿产资源禁采区、限采区一览

名称	禁采或限采依据	分布范围
禁采区	省级以上自然保护区、风景名胜区、森林公园、地质遗迹保护区、重点文物保护单位	32 个省级以上自然保护区、32 个省级以上风景名胜区、36 个省级以上森林公园、233 处重点文物保护单位、9 处地质遗迹保护区
	重点水土保持区、水源保护区	欧阳海水库、柘溪水库、双牌水库、凤滩水库等大中型水库的水源保护区内
	主要铁路、主干公路等交通干线两侧可视范围内	主要铁路如京广线、湘黔线、枝柳线、石长线，主要公路如 107 国道、319 国道、京珠高速、长永高速、绕城高速、常张高速等干线公路两侧 200 米范围之内
限采区	主要铁路、主干公路等交通干线两侧可视范围内	上述主要铁路、公路干线两侧 200～500 米范围之内限制露天开采
	地质环境脆弱区、地质灾害危险区	湘西自治州、桑植县以及张家界市的永宝区，怀化市的通道—靖州，郴州市北湖区、苏仙区南部，桂阳县中南部，嘉禾县南部等地

三 矿山环境问题成因探源

"冰冻三尺，非一日之寒。"湖南矿山环境既有在冷战时期"优先发展国防"大背景下遗留的污染问题；也有在脱贫致富、"有水快流"思想影响下，对矿产无序开发引发的污染问题；还有在以保 GDP 前提条件下，"先建设后治理"产生的污染叠加问题。尽管引发污染的成因不尽相同，但从目前态势看，仍有五大因素是致污致灾的关键所在。

1. 牺牲环境保增长：仍是主流潜意识

认识决定行动，对环保认识的不足甚至缺位是导致环境持续变差的根本所在。纵观湖南：过去为了国家安全，基本没有考虑污染及生存环境，如 20 世纪 50～80 年代铀矿开采，主要考虑的是有没有、能不能开采出来的问题，对放射性污染的严重性没有足够的认识和考虑；改革开放后，以经济建设为中心成了主旋律，牺牲环境保增长成了共识，致使环境承载到了极限；进入 21 世纪，环境资源引发的社会经济矛盾已日益严重，但在保环境还是保增长的问题上，保增长仍为主流潜意识。例如，在保增长上，湖南三次产业结构由"三二一"向"二三一"的调整，预示着近年重化工业发展还将继续给环境带来压力；在环境治理上，提出的目标口号是腾出环境容量建设重大项目，这或许意味着环境污染问题近年还不可能得到根本遏制。正因如此，目前污染减排与增量的矛盾、局部生态亟待修复与结构性污染仍将持续的矛盾、环境污染社会成本高与环境消费成本低的矛盾异常突出。

2. 粗放开发：技术制约严重

矿业开发一般经过矿产开采、选冶及矿区土地修复三个阶段，从湖南全局看，矿业技术对上述三个阶段的主要影响为：在矿产开采阶段，开采方法和采选技术落后。据了解，目前湖南矿业开采大多还是采用落后的"崩塌法"，这种技术在实施过程中对围岩周边易造成震动，引发地面塌陷、崩塌、滑坡等地质灾害。同时，目前应用的采选技术不能将多组分矿石和贫矿石有效分离，只能将仍有价值的矿石作为废料处理，这就加大了固体废弃物的产生和重金属污染。资料表明，湖南目前井下开采每吨矿石要产生废石 2～3 吨，露天开采每吨矿石要剥离废石 6～8 吨。每采 1 吨原煤要排矸石 0.12 吨左右。选矿每处理 1 吨矿石可产生尾砂 0.5～0.95 吨。在有色金属矿山中，一个大中型坑采矿山，基建工程中一般要产生废石20 万～50 万立方米，生产期还会产生 6 万～15 万立方米。一个露天开采矿山的基建剥离废石量少则几十万立方米，多则上千万立方米。

在选冶阶段，综合利用技术水平低。湖南有色金属矿床大多是共生、伴生多金属矿床，这需要较高的选冶技术才能将不同的矿产提炼出来，但受技术制约，目前矿产资源回收率仅 35% 左右，比世界平均水平低 10～20个百分点。湖南开展综合利用的矿山只占可综合利用矿山的一半，综合利用指数为 50%，比发达国家低 30 个百分点，如美国、日本的铜、铅、锌、镍等多金属矿山综合利用率达到 76% ~90%。

在土地修复阶段，矿区后续治理恢复技术落后。湖南矿山土地的复垦还绿工作目前还处于低水平起步阶段，土地复垦率只有 20% 左右，还绿率小于 15%。造成这一被动情况的主要因素为技术制约。矿山地质环境恢复与治理牵涉到化学、土壤学、植物学、岩层学等多个学科，是一项多学科综合的技术性工作，但当前对这一部分的技术研究还很薄弱。就土地复垦而言，湖南对不同类型矿区复垦方法、矿区复垦规划、表土保护与回填、地形重整、尾砂库表层处理、土壤改良、植被恢复等技术的研究和推广，还远未普遍开展起来。

3. 法律抽象：环保职责难落实

目前，我国的每一部有关环境保护的法律、法规和规章几乎都有管理体制的规定，但往往规定得特别抽象和模糊。一般是先规定一个统一监督管理部门，然后再规定有关部门结合自己的职责对环境保护进行监督管理。主管部门的职责一般来说规定得还比较具体，但涉及分管部门的职责往往是一带而过。使分管部门不知道自己到底有什么职责。比如，《大气污染防治法》第 4 条规定："县级以上人民政府环境保护行政主管部门对大气污染防治实施统一监督管理。各级公安、交通、铁道、渔业管理部门根据各自的职责，对机动车船污染大气实施监督管理。县级以上人民政府其他有关主管部门在各自职责范围内对大气污染防治实施监督管理。"这里的有关部门"根据自己的职责"和"在各自的职责范围内"对大气污染防治实施监督管理，有关部门到底是哪些部门，这些部门到底有什么监督管理的职责，均不明确。这就使得统管部门想统统不起来，得不到有关部门的有效配合，而分管部门总感觉自己是处于配角的地位，面对法律不知如何履行职责，因而缺乏管理的积极性，难以启动环境执法程序。

4. 体制不顺：放纵环境成本外部化

从环保体制层面讲，政府与部门、部门与部门之间错综复杂的利益关系制约了环保行政机构监管权落实。首先，从环保部门与本级政府关系分析可知，环保局行政关系隶属于本级政府，环保局局长由本级政府提名、本级人大任命，环保局经费由地方政府负责拨付。由于环保局对本级政府负责，必然导致环保局的行为也是基于本级政府利益，并以本级政府意志为转移，当查处污染企业、阻止污染项目上马影响到本级政府政绩和当地利益时，环保部门只能选择不作为。其次，从环保部门与其他部门关系分析可知，各部门都有自身利益需求，财政部门希望增加财政收入、劳动部门希望增加就业岗位、经济部门希望看到产业发展、招商部门希望出政绩，上一个项目，对其他部门几乎都是正效益，唯独环保部门必须基于自身职责对项目进行生态环境评估，拿出明确意见。所以，环保部门严格环境监督管理行为必将遭到其他部门的联合抵制。最后，从地方政府间的关系分析可知，一方面，地方各级政府横向竞争激烈；另一方面，跨行政区的区域环境管理尚未完善，在这个背景下，地方政府作为经济人，把本行政区的环境成本外部化就成了自然的机会选择。如处于水域上游省份、上游市县对下流随意排放污染物，就是经济人环境成本外部化机会主义选择的表现。这种倾向通常表现为规避环境法规和降低环境标准、阻碍环保部门执法、包庇本地污染企业等。

5. 政策导向不力：有效激励与约束机制缺失

时至今日，湖南矿业发展基本还是沿袭"先污染后治理"的老路子，尽管近年对矿山采矿导致的环境污染问题高度重视，但在政策导向上，特别是税收政策和财政政策上，还没有形成激励和约束机制。例如，在税收种类上，缺少从环境保护和可持续发展的角度设置的税种，目前我国设置的资源税、消费税、城建税等，并不是真正意义上的环境保护税，而是调节从事资源开发的企业因资源本身的优劣条件和地理位置差异而形成的级差收入。在税收激励上，优惠品种单一。目前我国环保方面仅局限于对治理硬件的优惠，而对软件几乎没有优惠，一般只有事后鼓励，未能从源头上加以控制，难以防止和限制排污行为。在财政收费上，没有对排污形成约束。一是征收面太窄。目前只对超过排放标准的污染物征税，且实行单因子收费。二是排污收费标准过低。如对污水排放征费只有 0.05 元/吨，对超标污水中的悬浮物、硫化物等分别只收排污费 0.03 元/吨、0.05 元/吨。从利益出发，企业宁愿缴纳排污费，也不愿投资环保设施建设。三是存在污染收费漏洞。目前国家只对超标污水、废气、废渣、噪声进行收费，对新的污染源如震动、放射、玻璃反光、热污染等，没有引起高度重视。对消费者个人产生的排污行为或对自然资源的消耗，也没有要求其承担一定的经济补偿。

正因如此，使得大部分矿业在环境恢复治理上，重开发利用，轻资源节约和环境保护；重经济效益和发展速度，轻环境效益和发展质量。在发展战略与计划中，重经济项目，轻矿山环境保护项目。在项目的决策中，重经济评价，轻矿山地质环境影响评价。这直接导致矿山环境治理的速度不及环境破坏的速度。

6. 遗留问题积累：污染叠加且持续发展

湖南矿山环境破坏及污染问题，有相当大一部分是计划经济体制遗留的，没有在成本中提留治理的费用，当时核算体制是矿产品收入扣除生产成本后全部上缴财政。这实际上是把当时节省下来的矿山环境治理费用作为财政收入交给了政府。按理，在解决这些已造成严重后果并继续恶化的生态环境遗留问题时，国家应果断、快速且大手笔拿出相应资金尽快对矿山地质环境进行治理和修复，以缩小并尽快终止污染蔓延，降低社会成本和经济成本，但时至今日，资金投入仍不尽如人意。更为严重的是，遗留问题还未解决，许多地方又增添新的污染物，形成污染叠加。加之矿山地质环境恢复治理产业化尚未形成，同时缺乏通过资本市场融资的能力，使得矿山地质环境恢复治理工作困难重重。

四　保障矿山环境安全的对策

保障矿业环境安全不仅是当前建设两型社会的需要，也是保障社会稳定、人民安居乐业、经济持续健康发展的根本要求。审视湖南矿业环境安全问题，笔者认为必须从宏观和微观两个层面着眼着手、着力。

（一）宏观层面

1. 破除原有思维定势，树立环保新观念

认识决定意识，认识决定行动，要将环保意识植根于社会，在认识上要实现三大突破：一是作为决策者，要破除"重经济轻环境"的思维定势，树立"两手抓，两手都要硬"的观念。要知道，为了短期内经济发展而不惜牺牲环境的行为，不仅影响外来投资、影响本地形象，而且加剧了区域内社会经济矛盾，加大了社会成本和经济成本，从长远看，实乃得不偿失。

二是作为企业，要破除"重利轻义"的思维方式，树立社会责任感和正确利益观。企业是社会的细胞，服务于社会是它应有的职责，在市场经济条件下，企业重一己之利无可厚非，但关键是不能将自身利益建立在对公共权益的掠夺和侵害上，当污染导致群众水不能喝、谷物不能吃、空气不可吸时，就是对公共权益和社会道义的公然践踏，到头来企业不仅同样遭受污染之苦，还将失去社会的支持和受到严厉的经济制裁，可谓搬起石头砸自己的脚。

三是作为个体，要破除"事不关己高高挂起"的行事态度，树立"保护环境人人有责"的环保意识。环境好坏不仅关系到全社会公众的利益，也关系到每个人的健康安全，实则与每个人息息相关。只有每个人从自身做起，关爱环境，既严格要求自己，也严格监督社会，才能形成保护环境、爱护自然的社会风气与氛围。

2. 健全法规，完善部门环保职责及奖惩制度

针对现行环境法律法规对部门环保职责权限界定不明，对地方政府约束不强、激励不足的现实，需要从下面三个方面加大完善力度。

第一，要明确部门环保职能权限。在组织权力配置方面要正确处理好集权和分权的关系，将一部分容易受其他部门牵制的权力集中起来，交给一个合适的特定部门，同时根据环境介质的整体性要求实行综合管理的实际情况，应在相关环境法律法规中明确环境行政主管部门的法律地位，并赋予其实施统一监督管理权，同时明确其他有关部门是在环境行政主管部门的监督之下行使辅助管理的，并且应明确有关部门辅助管理的内容、范围、权限和责任，使环境统管部门统得起，分管部门管得上。

第二，要健全制度。为保障环境行政主管部门具备实现部门职责的能力，还必须健全相应的法规制度，如制定部门联合会审制度，要求各部门在制定重大经济政策、产业政策和建设重大项目时必须进行联合会审，以协调处理环境保护与经济发展中的相关问题，从而强化环境行政主管部门的权威，巩固其地位。

第三，要完善官员政绩考核体系。官员政绩考核指标对官员行为具有极强的导向作用，应在考核体系中增加环保指标，通过改变官员的效用函

数，使官员的"乌纱帽"与"污染帽"挂钩，以此遏制官员拿环境换 GDP 的现实冲动。

3. 理顺关系，强化环保部门监管职权

针对环境管理体制中存在的问题，结合环保现状，当前需要理顺以下关系。一是环保领域中央与地方的关系。需要进一步强化环保领域中央与地方政府间的财权与事权，目前，中央针对事权也将与其匹配的财权下放，如通过财政转移支付将资金用于矿山环境的治理与恢复，但力度还远远不够，不能通过中央财政支出影响地方政府行为，还不能通过转移支付减少地方政府对环境影响较大的企业的财政依赖。

二是地方政府与环保部门的关系。主要是增强环保部门的独立性和权威性。随着国家环保总局升格为环保部，湖南省环保局升格为省环保厅，各级环保部门行政地位得到大幅提升，但仅此还不够，环保部门还必须进入本级政府组成部门，并对区域的生态环境及影响具有发言权和监管权。同时要充分利用行政机构升格这一契机，对环保机构设置、运行及职权进行全面规范，以保证各级环境行政机构的独立性和权威性不断增强。

三是环保行政机构上下垂直关系。主要是削弱横向块块关系，增强纵向条条关系。具体讲，就是增强上级环保部门对下级环保部门的领导力度，而实行环境部门垂直管理是增强纵向领导力度一步到位的办法。从理论上讲，环保部门具有实行垂直管理的物理特征，即环境介质的整体性与不可分割性。实际运作中也具有垂直管理的可行性，可将市县环保局改为上一级环保部门的派出机构，通过垂直领导与赋权，提高各级环保部门的行政权威，削弱本级政府与部门对本级环保机构监管权的架空与肢解。

4. 加大中央财政转移支付力度，以解资源型省域污染叠加之急

计划经济时代造成资源型省域环境污染的遗留问题让今天的企业承担治理和恢复责任，既不公平也不合理且难以实施，从道理上讲须由国家承担。进入 21 世纪，国家也确实对这一问题非常重视，对湖南转移支付的数额在逐渐增加，但由于污染疾痼之重，对一些治理任务较大的项目，分摊到 200 万~300 万元费用实乃杯水车薪。因此，亟待加大对资源型省域环

境遗留问题的转移支付力度，尤其应重点加大对那些曾为祖国建设作出过特殊贡献的矿山的治理投入。一是加大专项转移支付力度。国家在财政预算科目中应设立资源环保与建设的财政支出预算科目，每年从 GDP 增量中拿出 1% 进入预算科目，地方每年也从 GDP 增量中拿出 1% 进入中央财政支出预算科目中，并通过转移支付办法重点解决资源型省域环境的遗留问题。二是强化财政支出管理的效益约束途径。一方面坚持生态效益、经济效益和社会效益相统一的原则，另一方面引入成本—效益对比分析机制，提高财政资源环保建设资金的合理分配和有效使用效益。

5. 完善财政政策，积极引导企业行为

环境治理与恢复落到实处是资金问题，因此，加大财政政策的正面导向，形成有效的激励和约束机制，是解决问题的关键。

其一，政府应通过立法，保证环保投资力度。政府应通过立法形式确定一定时期内各级财政环保支出占 GDP 的比例或占财政支出的比例，并在《环境保护法》中明确规定环保投资增长速度要高于 GDP 增长率。

其二，建立政府公共预算制度。通过法律形式明确财政的环保职能，并统一按照预算内资金使用管理，把环境收支纳入系统化、法制化的财政预算轨道，从而为发展环保财政提供坚实的法律和制度保障。

其三，实行积极的财政信贷政策。国家政策性银行可通过低息贷款、无息贷款、优先贷款、延长信贷周期等方式对企业进行资金支持，鼓励企业进行污染防治和清洁生产。

其四，实施财政补贴政策。为鼓励和扶植环保产业和企业，国家可对其采取物价补贴、企业亏损补贴、财政贴息、税前还贷等优惠措施。对环保企业因为改革技术工艺、改进生产设备而造成产品成本高于社会平均成本的，应给予价格补贴；对"三废"综合利用企业在前期因投资购买消烟、除尘、污水处理等环保设备而造成暂时性亏损的，给予企业亏损补贴；对企业进行生态工程、环保技术和新产品试制、开发而向外贷款的，给予财政贴息和税前还贷优惠。

其五，实施政府绿色采购。政府应通过优先采购具有绿色标志的、通过 ISO14000 体系认证的环境保护产品，影响企业的生产方向和消费者的消费倾向，鼓励企业引进环保技术进行清洁生产，消费者进行绿色消费。

6. 健全税收政策，形成有效的激励和约束机制

（1）完善资源税。主要包括：扩大征收范围。现行资源税征收范围过窄，会加剧资源的过分开采和环境破坏。应将那些必须加以保护性开发和利用的资源逐步列入征收范围。调整计税依据。把现行的以销售和自用数量为计税依据调整为以开采或生产数量为计税依据，并提高单位计税税额，对非再生性、非替代性、稀缺性资源课以重税，以限制掠夺性开采与开发。制定必要的鼓励资源回收利用、开发利用替代资源的税收优惠政策。提高资源的利用率，使资源税真正成为发挥环境保护功能的税种。

（2）适时开征环境保护税。这种做法一方面可以加重污染者的税收负担，使其外部成本内在化，促其减轻或停止对环境的污染和破坏；另一方面又可以为环境保护事业筹集资金。在设计中应适度扩大征收范围，提高征收标准，加重有效税负，拓宽调控领域，增强调节力度，使之成为真正的"矫正税"。并体现出征收范围具有普遍性，税负具有侧重点，即"谁污染谁治理""谁污染谁付费"的原则。

（3）调整税收优惠方式。改变原有单一的减免税优惠方式，实行多种形式的税收优惠，鼓励循环经济和绿色产业的发展。可适当采取加速折旧、投资税收抵免、亏损结转、费用扣除、提取风险基金等间接优惠方式，鼓励企业资金更多的用于污染防治与设备更新，大力发展环保节能和无污染产业。对符合国家环保规定和产业政策的企业，应给予一定的税收优惠政策。例如，对从事污染治理的企业，可以免征或减征企业所得税；对企业治污的固定资产，可采用加速折旧的办法；对企业购买的用于防治污染的专利技术等无形资产，允许一次摊销；对企业为治理污染开发新技术、新产品和新工艺发生的研究开发费用，除可据实列支外，还应实行加计扣除；对企业购置的环境保护设备的投资额，可以实行税额抵免等。

7. 着力科技研发，从源头上控制矿山生态环境恶化

提高科技研发水平是解决资源综合开发与利用，减少矿业污染，修复矿业环境，实现资源节约和环境友好的关键。从湖南具体情况看，一要大力发展环保产业，为保护与治理提供技术支撑。主要是着力发展超细矿渣

水泥等环保产业，建设一批先进的环保型骨干企业，从源头上控制矿山生态环境的恶化。

二要加快科技成果转化，通过示范工程来推广实用技术。建立矿山生态环境保护与恢复治理示范工程，即矿业"三废"治理示范工程、土地复垦还绿示范工程和矿山次生地质灾害综合治理示范工程等，是实现湖南省矿山生态环境保护与恢复治理目标的重要技术措施。通过上述示范工程的实施，达到将科技成果转化为生产力的目的。

三要努力提高综合利用水平，减少矿业"三废"污染。造成湖南矿业"三废"污染的重要原因，主要是采矿活动中的乱采滥挖、采富弃贫和综合利用率低等。因此，依靠新技术、新方法、新工艺提高矿产资源的开采回收率、选矿回收率和综合利用水平，降低采矿贫化率，是一条从源头减少矿业"三废"污染破坏的有效途径。

四要建立全省监测预警系统，重点监测治理矿山地质灾害。矿山次生地质灾害已构成影响湖南矿山生态环境的突出因素，因此，必须对新坑（改、扩）和闭坑（停产、转产）矿山进行次生地质灾害危险评估，尽快建立全省矿山次生地质灾害监测网站预警分析系统，以保证全省矿山生态环境保护、复修目标、治理任务的实现。

（二）微观层面

1. 建立矿山地质环境评估制度，严格矿山准入

2006 年 11 月 1 日湖南实施《矿山地质环境影响评估技术规范》以来，取得了较大成效，但有些地区仍存在未经矿山地质环境评估进行矿山开采的现象，因此，必须重申和严把入口关。凡申请开采矿产资源的单位和个人，都必须聘请具有地质环境影响评价资质的单位开展地质环境影响评价，编制评估报告，报县级以上国土资源行政主管部门审批。地质环境影响评价报告未获批准的，不予核发采矿许可证，违规者一律彻查到底。

2. 推行矿山地质环境治理备用金制度，明确治理责任

湖南在《矿山地质环境治理备用金管理暂行办法》和《关于加强矿山地质环境治理备用金管理有关问题的通知》两个文件推动下，于 2004 年底开始推行矿山地质环境治理备用金制度。文件从法律上确定采矿权人为保护和治理矿山环境的责任主体，同时明确规定了备用金的收存机关、缴存标准，对备用金的管理、返还与使用也做了原则规定。矿山环境补偿机制的实施，对保障矿山环境安全奠定了法律基础，但在实施中，还必须进一步抓落实，对拖欠、延迟上交备用金的企业，需限定时间补交，对逾期者应做出相应的经济处罚。

3. 制定矿山地质环境验收标准和办法，完善备用金制度

备用金实际上是督促采矿权人对矿山环境进行恢复治理的保证金，备用金归采矿权人所有，采矿权人履行了治理义务，备用金应予以返还。因此，及时出台矿山环境验收标准和验收办法，是完善备用金制度的重要工作。湖南根据实际情况并遵循以人为本、无害化、生态系统恢复与重建、与当地社会经济发展相适应的原则，从矿山地质灾害类、土地资源与土石环境类、水资源与水环境类以及矿山植被恢复重建四个方面，制定了验收标准和验收办法，从2007年开始实施。从目前情况看，大中型矿山对环境的治理修复要好于小矿山；从治理修复的状况看，有敷衍之态。因此，要将制度深度推进还任重道远。

4. 建立矿山地质灾害治理责任鉴定制度，保护矿区居民利益

矿山次生地质灾害频发是当前矿山地质环境中最突出的问题，也是引发矿区民事纠纷、影响矿区社会稳定的重要因素。为规范人为活动引发地质灾害的治理责任认定，为合理解决矿区纠纷，还必须进一步落实好《湖南省人为活动引发地质灾害治理责任认定管理办法》，对人为活动引发的地质灾害损害予以赔偿，调处好矿区纠纷，保护矿区群众的根本利益。

5. 开展矿区地质环境调查评价，为矿山环境保护制度建设夯实基础

湖南矿山地质环境保护工作起步较晚，基础工作薄弱，监测体系不完善，要做好矿山地质环境的有效保护和恢复治理工作，做到未雨绸缪，防患于未然，还必须对全省矿山地质环境的现状开展全面的调查与评价，建立调查数据库，开展专项评价，在此基础上，有针对性地进行矿山环境治理科技攻关，争取在较短的时间内较好地解决矿山开采带来的系列生态环境和健康安全问题。

第二节　产业安全问题分析

一　我国产业安全现状

中国产业安全问题是在我国进出口贸易迅速发展，国际对华反倾销不断扩大而为人们所关注、认识并提出来的。自1978年欧盟对我国的糖精发起首例反倾销指控以来，我国企业遭遇的国外反倾销调查已达480多起，涉及产品4000多种。有近2/3的出口企业和1/4的出口额受此影响，带来的直接损失和间接损失超过100亿美元。

（1）对华实施反倾销的国家和地区不断扩大。1988年以前对华反倾销的指控国主要是美国、欧盟、澳大利亚、加拿大等发达国家和地区，在欧美对华反倾销启示下，许多发展中国家，如墨西哥、阿根廷、南非、印度、巴西等，也加入其中，如今有近40个国家和地区对我国提起反倾销调查，说明这股势力在迅速发展。

（2）反倾销案不断增多。一是绝对个案增多。20世纪80年代对华反倾销案63起；90年代上升到301起；21世纪初来势更为凶猛，2001年达46起，创历史新高。2009年初更是案事不断，有欧盟取消在反倾销初裁阶段给予中国钼铁生产企业的市场经济地位的分别裁决、美国裁定我国车用挡风玻璃存在倾销、美国对我国球轴承提出反倾销申诉、美国公布进口钢铁201案等，可谓出口红灯不断。二是相对比例增大。20世纪80年代国际对华反倾销案只占国际反倾销总案的3.6%，90年代上升到12.3%，即每10个反倾销案中就有一个是针对中国的，中国已成为国际反倾销的主要对象。

（3）被诉商品类别不断扩大。20世纪80年代我国出口商品被反倾销指控的有46大类，主要是劳动密集型产品，如罐头、布料、鞋帽、陶瓷餐具、自行车等。到了90年代，被反倾销的商品已超过150大类，共4000多种，其中包括含有一定科技含量的产品，如彩电、微波炉、电脑等。

（4）裁定征收的反倾销税率不断上升。资料显示，20世纪80年代，国际对华反倾销简单加权的反倾销税率是45.11%，90年代则上升到

108.4%。以墨西哥为例，其对华出口产品征收 100% 以上税率的就有：家电（129%）、自行车（144%）、玩具（315%）、服装（537%）、有机化学产品（673%）、鞋类（1105%）。在如此高的反倾销税率下，我国出口必难以为继。

（5）单案金额不断攀高。20 世纪 80 年代，我国被指控的单案金额多在几十万美元，几百万美元已是大案，千万美元属特大案。90 年代几百万美元成了小案，千万美元属普通案件，上亿美元才属特大案。据统计，80 年代上千万美元的特大案只有 3 起，90 年代上升到 36 起，上亿美元的共有 12 起。

（6）越有竞争力的大宗商品越遭指控。我国出口产品的比较优势多为劳动密集型产品，体现在贸易中，顺差较大的有服装（300 亿美元）、鞋靴（90 多亿美元）、玩具礼品（200 亿美元）等，以及占世界总产量份额较大的钢（占 16%）和水泥（占 25%），而正是这些有出口竞争力的大宗产品，被反倾销续控强度都在 2/3 以上，首控后没有续控的产品仅占产品种类的 1/3。当前，美国宣布对来自包括中国在内的进口钢铁进行限制，就是因为中国钢铁产品在国际市场上有价格竞争优势，对欧美威胁很大，这也是美国一再发起对我国反倾销调查的重要原因，随着出口规模的逐年扩大，这一问题将更多地困扰我国。

（7）"多米诺效应"十分明显。纵观对华反倾销案，常常有集中出现的规律，如最近广东佛山陶瓷行业首先被印度征收反倾销税，接着墨西哥、菲律宾等国相继仿效，对我国开征反倾销税，使我国企业防不胜防，难以招架。究其原因，主要是各国往往视第一个采取反倾销调查国家的结果而联动，使一个国家的反倾销案件引起对我国出口产品反倾销的连锁反应。

二 产业安全危机分析

造成我国产业越来越多地陷入反倾销的原因是多方面的，从外因分析主要有以下四个原因。

（1）西方强权政治所致。当前，世界经济一体化是以资本主义为主导的，社会主义要融入世界经济，必然要受到西方强权的刁难与排斥。表现在国际贸易中，它们借反倾销有其经济合理性并随意惩罚非市场经济国家之实，视我国为"非市场经济国家"，适用所谓的"替代国"或"类比国"制度，造成多数倾销案件中产品的正常价值与出口价格处于事实上的不可比状态，导致我国被征收高额反倾销税或做出价格承诺、限制出口数量，从而达到限制和阻止我国参与国际竞争与交流的目的。

（2）国际霸权主义所为。主要体现在两个方面。其一，反倾销规则的制定修改权在美欧霸权国。众所周知，国际反倾销游戏规则是在发达国家各自制定的反倾销法基础上产生的，是协调发达国家法律及贸易冲突的产物，起决定作用的是美欧霸权国，发展中国家没有地位。美欧等霸权国完全控制着反倾销规则的导向，并且美国还凌驾于其上，特别规定美国国内法要高于世贸组织规定，当世贸组织多边裁决与美国《贸易法》第301条和"超级301条款"发生冲突时，美国仍可运用国内法继续制裁它想制裁的任何贸易伙伴。其二，反倾销规则代表了美欧等发达国家的根本利益。美欧等国推进反倾销的目的是既封闭进口又占领发展中国家的市场。因此，当中国劳动密集型产业与发达国家比，在劳动力和原材料上占有明显优势，以及近年中国出口产品结构有较大改善，在国际竞争中处于有利地位时，美欧等国就必然借反倾销和出口限制等措施对中国大打出手。有资料显示，美欧是对华反倾销案的主控国，在1979～1999年的20年间，其对华案占全部对华案的42%，比例之高实属罕见。反观美国，在实施反倾销与应对反倾销中受益最大，因为美国征收的反倾销税之高，居世界之首。此外，美国还是世界上运用反倾销手段来限制进口的主要国家，据统计，近年来通过反倾销而使美国进口贸易减少的比例占其进口贸易总额的30%～50%。

（3）国际贸易保护主义政策盛行，为反倾销推波助澜。近十多年来，美欧等西方发达国家的贸易逆差不断上升，而世界贸易组织成立后，传统的贸易保护做法，如配额、许可证等非关税措施受到严格约束，因而用于保护本国工业不受冲击的反倾销手段被频繁使用。这也正是发展中国家不断加入国际反倾销行列的原因。

（4）反倾销机制本身缺陷。倾销与反倾销的本质是出口国与进口国生产者之间的"博弈"，博弈规则双方必须遵循，但如果规则本身存有偏倚，就难保贸易的公平性。实际上，现行反倾销守则在实施中存在多重标准和理解上的异义性问题，甚至完全可以由某方来解释执行而不受监督，以致只要拿起反倾销这个武器便可发号施令。这种状况决定了反倾销的单向性，各国政府可随意寻找借口惩罚对方，并把反倾销当做缓冲国内产业界压力的"安全阀"和协调各种利益矛盾的"调解器"。这种状况还决定了反倾销的仿效性，导致反倾销的无限扩大和升级，使众多国家为了自身利益而纷纷效法。由此，像中国这样"入世"经验不足，不擅长博弈的国家在反倾销中处于被动就是必然的了。

从内因分析，主要有以下四方面原因。

（1）国内产业安全保障措施滞后。世界上第一个以成文形式制定的反倾销法律是 1904 年加拿大的《反倾销法》，随后欧美国家纷纷效法，有 80 余个国家不但制定了本国反倾销法，而且在 WTO 反倾销规则基础上不断翻新，不仅对游戏规则了如指掌，而且深知其中的玄机和奥秘。我国直到 1997 年以后才陆续制定了反倾销等有关条例，2001 年底才设立了进出口公平贸易局，我国对反倾销游戏规则的认识、理解和保障体系建立已落后发达国家近 100 年，就是与一些发展中国家比，也落后一二十年，使我国在遭遇肆无忌惮的反倾销之苦和饱受洋货倾销之灾时无良策应对。

（2）企业普遍不熟悉游戏规则。反倾销游戏规则尽管有缺陷，但只要掌握并善于运用，亦能为我国企业在国外的合法权益提供法律保护。实际上，经济发达的日本和韩国在经济崛起之时也都曾先后成为反倾销的重点对象，但它们多会用法律手段予以反击。目前我国的状况令人担忧，在面对国外反倾销时，我国企业最常见的做法是回避，不积极应诉。究其缘由，主要是国内企业不了解国际规则，缺乏相应的法律知识，比如在应对反倾销调查时，不知道如何出具有利于自己的价格、成本等证据，不知道用什么方式提供已获的证据材料，甚至不了解应诉的基本程序。

（3）国内无序竞争的负面效应。转型期的企业走向市场，往往只追求眼前利益最大化，缺乏长远发展规划，以致出现只要某个行业有利可图，便会一窝蜂地盲目上马，并采取相互压价降价而不是增加产品附加值占领市场。加之企业众多，行业监管和协调力度不够，使我国一些不正当价格竞争的烈火由国内市场燃到国际市场，导致反倾销指控。

（4）不良的应诉心态。企业不积极应诉，与不良心态有关，常见的主要有：一是"搭便车"心态。有些企业认为自己不是"冤大头"，没有必要去做费时、费力、费钱的应诉工作，期望借助其他企业的应诉保住自己的出口市场，坐享其成。二是畏怯心态。大部分企业不知道怎样打"洋官司"，不知道如何准备。更担心应诉费用高难以承担，一旦败诉损失更大。因此，想应诉又没有胆量应诉。三是轻视的心态。表现为应诉无准备，仓促上阵，以致面对反倾销调查时不能积极配合，甚至不能出示有利于自己的证明材料，使官司败诉；或应诉不积极，答辩书递交过去早已过了法定时限。四是攀比心态。被诉企业普遍缺乏团结合作和不屈不挠的抗争精神，缺乏全局观念和整体意识，视野狭窄，多从自身利益出发患得患失，斤斤计较，从而在反倾销指控下难以形成合力。五是"等靠"心态。我国有相当多的一些企业在面对反倾销时，不是积极寻求对策，而是习惯将眼睛盯着政府耐心等待，依靠政府想办法，认为政府总不会看着不管，从而坐失良机。

三　保护产业安全对策

面对国际贸易保护主义及对中国的歧视性政策法律导致的反倾销战，我们绝不能视而不见，更不能坐以待毙，而必须群策群力，寻求良策，共渡难关。

1. 政府层面

（1）针对西方国家对我国制定的歧视性法律和政策，加大政府交涉力度。目前，我国90％以上价格已由市场决定，但仍有许多国家无视这一基本事实，对我国借口"非市场经济国家"进行不公平贸易，为此，政府应加大工作力度。一要加强宣传力度。我国政府特别是外经贸部门要多与国际社会接触，宣传我国社会主义市场经济的重大方针政策和举措，让它们了解我国企业市场化程度，并用具体数据说明商品价格的市场化。二要加强交涉力度。政府应积极与指控国取得联系，通过协商沟通，讨价还价，甚至是针锋相对的博弈、据理力争，使事件向有利于我方的方向转变。

（2）健全反倾销及贸易保障组织机构。反倾销、反补贴、保障措施调查和裁决工作是一项法律性、专业性、时效性极强，工作量相当大的工作，为了保证调查与裁决的公正性，必须尽快健全组织机构，配备得力人员，建立一支能适应将来工作需要、高素质的反倾销、反补贴、保障措施工作队伍。目前，我国已成立了进出口公平贸易局，各省市也都加快了组建相关机构、队伍的步伐。

（3）帮助企业提高博弈的知识本领。一是营造浓厚的宣传学习氛围。利用广播、电视、报纸、杂志等媒体进行宣传，还可通过报告会、讲座等形式提高广大企业及员工的思想认识水平和自我保护意识。二是通过行业协会组织广大企业学习。行业协会是本行业公共活动的组织机构，具有一定的影响力和号召力，它们牵头组织学习可起到加强法规理解、交流经验、交换信息的目的。三是学习不能走过场。针对一些难以理解或较模糊的措辞及关键性规则，必须组织专家宣讲、咨询，使企业理解正确，把握无误，以增强应诉自信心。

（4）组织被诉企业积极应诉。针对国内企业面对"洋官司"难以形成合力的现实，政府应发挥组织引导服务的作用。可通过行业主管部门做工作，也可通过现有行业协会进行组织，还可通过加快建立并发挥民营企业行业协会的作用，将不同经济结构的企业组织起来，鼓励它们集体应诉，并指导它们收集有利的证据材料，增强自信心。当前，外经贸部门已制定了"谁应诉，谁受益"的原则，对积极应诉的企业给予奖励，对不应诉或在应诉中表现消极的企业给予处罚。随着政策的导向及企业自我保护意识的增强，相信越来越多的企业会团结应诉。

（5）尽快建立国际贸易争端预警与咨询服务机制。建立国际贸易争端预警与咨询服务机制，一方面可及时通过案例分析研究 WTO 争端解决机制在反倾销领域的实践，把握住 WTO 争端解决局对反倾销守则文本做出的官方解释。对这些权威性解释的信息收集，将有利于我们对案件主攻方向的正确判断与确定，寻找到突破口，使我国企业在遭受国外不公正待遇诉至 WTO 争端解决局时，能得到公正合理的解决，最大限度地实现我国"入世"的利益。另一方面还可加强我国对国际市场和贸易伙伴反倾销规则和动向的了解，使国内相关产业和企业尽早得知哪种商品可能被反倾销立案，以便采取谨慎措施，避免在易遭反倾销的国家和产业遭到反倾销指控。同时，了解贸易伙伴反倾销规则也有利于企业再次进入该国市场。如美国《反倾销法》中的"日落复审"制，就是给在反倾销或反补贴案败诉的企业 5 年后重新进入原来市场的一次重要机会。

建立国际贸易争端预警与咨询服务系统主要包括：一是积极与世贸组织成员国之间建立广泛的网上联系，建立以国际贸易争端监控、预警、咨询与评估服务系统为核心的 WTO 事务信息平台，及时捕捉所需信息；二是将一批世界级的 WTO 专家请进来，可聘为顾问，也可邀请其做专题报告；三是在国内行业企业间、省与省的行业商会协会间建立信息平台，互通情况；四是完善外贸中介服务协调机构，包括进出口商会、承包商会、外商投资企业协会及会计师事务所、律师事务所、各类学会、研究所等中介机构。

（6）加紧反倾销专业人才的培养。当今国际间的竞争实质就是人才的竞争，我国反倾销专业人才匮乏是不争的事实。有关资料显示，目前我国各高校的经济类毕业生总共 13 万人左右，如果全都从事外贸行业工作，5年内中国也只能培养出 65 万外贸人才，缺口至少在 100 万以上。全国目前熟悉世界贸易组织规则的谈判人才仅 10 多人，而熟悉市场的注册金融分析师（CFA）在中国更是凤毛麟角，许多应诉案我们都聘请欧洲律师承担。从一定程度上讲，加紧人才培养也是今后我国能否扭转被诉倾销这一被动局面的关键一环。培养专业人才，政府必须发挥主导作用，在政策上扶持，在资金上支持，引导科研机构、高等院校、骨干企业、中介组织培养一批精通反倾销、反补贴、保障措施业务的律师、会计师、产业专家、贸易专家，并把培养专才作为一个系统工程常抓不懈。

2. 从企业层面

（1）必须充分做好反倾销调查准备工作。为尽量减少反倾销调查给企业带来的损失，企业需做好如下工作：积极应诉，据理抗辩；领导挂帅，主持工作；组建（起）应诉工作班子；分析研究案例，确定主攻方向；制订总体应诉方案，过好调查问卷关；选准律师；健全财务制度，以准确、完备的各种数据充分举证，为自己辩护；加强国际市场调研，做到知己知彼。抓好这几条，在面对国外反倾销调查时，就能依法有理有力地与对方玩"博弈"的游戏，为企业赢取最大利益。

（2）维护公平竞争的贸易秩序。第一，必须遵循贸易规则，维护正常贸易秩序，把握我国产品出口价格的合理底线，避免行业多头对外、自相竞争、互相倾轧、抬价抢购、低价倾销的现象发生，谨防授人以柄。我国不少企业教训深刻，如欧盟对中国数百家节能灯企业的反倾销调查，就是被鼎鼎有名的荷兰菲利浦集团用低价大肆收购中国市场上的节能灯到本国市场销售，继而率先发难的，低价位则恰恰是菲利浦的反倾销证据。第二，研究国际贸易中常见的倾销陷阱形式，从而提高警惕，增强自我防范意识。第三，对国外产品在国内市场上的倾销行为，要充分利用我国反倾销法予以反击，维护国家和企业利益。

（3）主动出击，开辟新的产业基地。如何应对国际贸易壁垒是当前许多企业思考的问题，跨国公司的蓬勃发展给我们以启示：这就是主动"走出去"，有条件的中国企业应去国外投资办厂和承包工程，同国外的市场融为一体，这既绕过了贸易壁垒，避免了歧视性贸易发生，又带动了国内技术、设备、材料和劳务出口，形成良性互动。这也是许多跨国公司热衷于在境外投资的一个重要原因。中国企业"走出去"是可行的，经过多年的引进、消化、吸收和创新，一些主要工业产品产量已居世界前列，一些重要产品的技术水平已与发达国家差距缩小，大型发电设备、冶金、石化装备都已能独立生产，这些都形成了具有国际竞争力的产品、企业和产业。但企业"走出去"的目的是占领市场，因此，一定要以资金实力、技术优势和品牌效应为支撑。同时，还要学会利用当地的投资政策、资源，实现低成本扩张；学会从全球的角度选择市场的切入点、生产基地和合作伙伴。

四　产业安全发展态势

1. 维护公平贸易，保护国内产业安全的机制正在逐步形成

1994 年，我国第一部《对外贸易法》正式实施；1997 年，我国正式颁布、实施了《中华人民共和国反倾销和反补贴条例》，使我国反倾销工作有法可依；1998 年，国家经贸委成立反倾销反补贴办公室，负责反倾销调查组织和日常协调工作；2001 年，在外经贸部设立进出口公平贸易局，经贸委也成立了相应机构，系统规划和开展进出口公平贸易工作，并公布了反倾销、反补贴和保障措施三个条例；2002 年，开始实施《反倾销调查

立案暂行规则》和《保障措施调查立案暂行规则》。这预示着我国产业安全保障已向法制化、规范化、制度化方向发展。

2. 企业运用法律保护自身利益已初成共识

其一，我国企业开始拿起反倾销武器保护国内市场份额。自1999年我国首例新闻纸反倾销案裁定对原产于加拿大、韩国和英国的进口新闻纸征收反倾销税后，我国拉开了反倾销序幕，2000年裁定了3起倾销案，2001年裁定了2起；2002年前三个月立案调查或裁定的就有3起，可以预见，今后我国对倾销个案的审理将大大超过以往。这一方面说明我国贸易保障机制在逐渐发挥作用；另一方面说明我国企业正在觉醒，努力尝试用法律保护自己的市场份额。其二，团结应诉初现端倪。近两年，我国企业应诉积极性正在增强，如应诉美国热轧中厚板反倾销案、印度尼西亚钢管反倾销案、加拿大冷轧钢板反倾销案、澳大利亚草甘膦反倾销案等，都是在有关部门正确指导下，企业团结一致，共同努力的结果。尽管目前国内企业应诉率只有60%～70%，在应诉案件中，绝对胜诉率不到40%，但随着企业自我保护意识的增强和保障机制的健全，这组数字肯定会大幅增长。

3. 强势企业战略转移日益明朗

"走出去"实施战略转移，近年发展迅速。一是多种形式的对外经济合作业务稳步发展，仅2004年全年就新增各类境外企业312家，协议投资总额9.7亿美元。二是大型项目不断增多，技术含量日益提高，2001年境外投资项目平均投资额比2000年提高了29.9%。三是开拓新市场新领域取得进展，目前，境外投资已扩展到160多个国家和地区，涉及生产加工、贸易、资源开发、交通运输等多个领域。四是大型骨干企业表现突出，如中石油、中石化、海尔、华源等加快国际化经营步伐成绩显著；万向、远大空调、新希望等民营企业以境外加工贸易为切入点，逐渐成为境外投资的重要力量。

4. 有所变化的国际贸易环境

通过我国政府的多年努力，国际贸易环境有所改观，世贸成员国已经比较普遍地采取了给予中国应诉企业分别裁决待遇的做法，这对企业应诉有着积极的促进作用。特别是1998年欧盟宣布不再将中国列入"非市场经济国家"，这将意味着我国企业即使面对国外反倾销，被广泛运用的不公平"替代国"办法也将会逐渐减少。同时，由于欧盟在世贸组织中的主导地位，其态度转变也将对其他国家产生积极的影响。

第三节　欧盟民防机制的启示

最近，国务院召开了全国应急管理工作会议，温家宝总理强调要全面履行政府职能，努力提高应急体系建设和管理水平。这标志着我国自"非典"后，社会预警体系和应急机制这一曾让我们深刻反思的公共安全问题提上了议事日程。对这一问题，欧盟及其成员国为应对人为或自然灾害所建立的常备体系——民防机制及其成功运作，可以为我国正在建设中的公共安全管理体系提供某些启示和借鉴。

1. 高度共识：欧盟等 30 个国家有着共同的公共安全意识

"9·11"恐怖袭击事件给美国造成了巨大的人员伤亡和财产损失，同时也向世界各国敲响了警钟，各国政府重新制定和完善了安全政策，以应对恐怖主义威胁。尽管欧盟委员会在此前已成立民防机构，并在应对意大利中部地震、Erika 号油船沉没、多瑙河污染等系列突发危机事件中做了大量工作，但欧盟及其成员国认为还不够，还必须改善并加强民防体系建设，构建针对突发民防事件的强大机制，这种机构能加强欧盟各成员国之间的协调，整合整个欧盟的力量和资源，对事件做出快速反应。为此，在"9·11"事件 9 天后，欧盟成员国及其邻国共 30 个国家就迅速做出反应，在法律和国内事务部长理事会、研究部长理事会和卫生部长理事会等几个不同部长理事会上，要求欧盟委员会尽快制定出一套完整的战略和措施，确保欧洲国家的安全。通过欧盟部长理事会的促进，保障公共安全成了 30 个国家的共识。

2. 决议导航：明确民防机制的目的、任务和组织形式

为了使民防机制行之有效地开展工作，欧盟通过决议不断地完善它的功能。

2001 年 10 月 19 日，在欧盟的根特理事会决议中，除重申加强欧盟各成员国的协调、整合整个欧盟的力量和资源、对突发性事件及时做出应急反应这一根本目的外，决议还强调了民防机制的任务，就是制定措施以提

高欧盟成员国之间对危险的评估、预警及干预的水平，加强这方面的研究
工作，并为上述工作做好物质方面的准备。这些措施包括对传染性和有毒
物质的监测和识别，以及对生物和化学武器攻击的预防和治理。此后，又
将应对核武器与生物和化学武器并列，作为共同预防和治理的目标。欧盟
委员会还根据欧盟理事会决议迅速提出了题为"民防——预防警戒状态以
应对可能的紧急事件"的报告，重点对民防机制的组织形式进行了规定：
动员整个欧盟所有成员国的资源和力量，将各类有关政府服务部门、网络
和系统、专业人员统一于欧盟机构的协调和指挥之下。欧盟各个成员国组
成最优组合，利用其独特的结构、多国工作人员以及全方位的网络联系、
资源和政治意愿，协调运作，共享合作的成果；明确要求各欧盟成员国必
须要由官员负责本国民防工作和协调工作，欧盟委员会还任命一位负责有
关民防保护措施的协调工作官员。在欧盟系列决议文件指导下，欧盟民防
机制迅速发展，并在国际上的系列重大突发性事件中发挥了重要作用。

3. 机制架构：严谨而有条不紊的多维运作

欧盟的民防运作机制主要从以下几方面展开工作。

（1）在欧盟委员会内成立了一个监测和信息中心，全天常备，及时跟
踪事件发展情况并提供信息。随着形势的变化，欧盟委员会又与各欧盟成
员国民防官员一致达成了以应对核武器、生物和化学武器攻击为主要目标
的行政计划。该行动计划的核心内容是将监测和信息中心的功能进一步放
大：一是包括建立监测和通信中心，使欧盟委员会能够与各成员国的控制
中心保持永久联系，并使各成员国之间可以分享信息；二是搜集各成员国
有关核、生物和化学方面专家的信息；三是搜集有关血清、疫苗方面的信
息。通信中心将上述信息进行系统整理，形成各方面的专家库和共用信
息，一旦需要可随时启动救助工作。

（2）在欧盟所有成员国中进行初查，从民防系统及其他紧急服务系统
中确定紧急救援队人员的组成。

（3）对急救队人员开展培训，增强其应对突发事件的能力，改善各急
救队之间的合作关系并相互交流经验。

（4）组建评估和协调人员队伍，以便能在第一时间派往所需的地点，
同时建立各欧盟成员国与欧盟委员会相关部门之间的共用紧急事件通信系

统。欧盟民防的链环式工作机制与立体式网络信息通道，为应对突发事件和威胁构建了坚实的基础和条件。

4. 快速反应："一站式"服务彰显民防优势

欧盟民防机制的优势在于，一旦灾难来临，受灾国不必再花费时间来寻求帮助的来源，只需通过网络便可获得"一站式"服务寻求专业人员和其他资源。2004年印度洋大海啸，欧盟民防机制快速反应和应对就是印证。当得到南亚地震和海啸的消息后，欧盟民防机制便迅速启动，动员和协调欧盟成员国及其邻国共30个国家的支持和救援工作，其常设机构——监测和信息中心与受援国政府、欧盟驻受援国代表团以及已在灾害地区的联合国灾难评估和协调组、联合国驻日内瓦人道主义事务办公室，通过密切联系，协调救灾援助工作。在接到斯里兰卡等国的求援要求后，监测和信息中心旋即向泰国、斯里兰卡、马尔代夫等国派出了评估及协调方面的专家，对陆续抵达的大量援助物资进行协调、分发，并对受灾国有关救灾物资的需求进行进一步的评估。通过监测和信息中心，欧洲国家把上千名救灾人员，包括医护人员、遇难者身份识别专家、搜救人员、水净化专家以及救灾协调人员和大量的救灾物资运到了受灾国。欧盟民防机制之所以能在这次海啸中做出快速的反应，主要得益于有统一的协调机制，有一大批经验丰富、受过各种培训的专家，再加上充足的物资供应，使它能迅速启动，并在援助活动中发挥重要作用。

5. 启示借鉴：我国应急管理体系建设

虽然欧盟的民防机制主要是针对恐怖主义威胁而设立的，但最近几年的经验，特别是发生在环境、技术领域的灾难，以及自然灾害等，使得这个机制在运用方面范围更加广泛，有了新的内含，同时也取得了很大的成功。结合欧盟民防机制在南亚海啸灾难救助中的表现，我国应急管理体系的建设应有如下启示和借鉴。

（1）要树立全民防灾、抗灾的意识。我国是世界上受自然灾害影响最严重的国家之一，灾害种类多，频度高，区域性、季节性强，重大灾害频发，分布广，损失严重；重特大安全事故如道路交通、煤矿事故经常发生；公共卫生事件威胁着人民群众的生命和健康，各种传染性疾病时有发生。这些灾害不仅造成生命财产的损失，还影响社会稳定，甚至危及国家安全，对经济社会发展的全局产生重大影响。因此，各级政府和全体社会成员必须有深刻的认识，在思想上高度重视。目前，我国多数人的公共安全意识和自我保护能力不够强，因此，广泛宣传和普及公共安全知识、应急管理知识、灾害知识、防灾救灾和自救知识当是重点。要特别重视加大城乡基层的宣传力度，做好社区、农村、学校、医院、企事业等基层单位的宣传教育，使全社会形成公共安全保护意识，提高基层应对突发公共事件的处置能力、群众参与应急管理能力和自救能力。

（2）要有全国统一的常备防灾、抗灾指挥和协调系统。2006年1月，国务院通过了《国家突发公共事件总体应急预案》，规定了国务院应对重大突发公共事件的工作原则、组织体系和运作机制，对指导地方各级政府和各部门有效处置突发公共事件、保障公共生命财产安全、减少灾害损失具有重要的指导作用。许多省市已出台突发公共事件的应急预案，应该说我国统一的常备防灾、抗灾指挥和协调系统建设已经开始。但必须看到，我国人多地广，面积差不多与整个欧洲相等，但人口几乎是欧洲的2倍，全国有居委会71375个、行政村691510个，这意味着要将资源整合到欧盟民防机制那样的水平，困难将会更多，付出的努力也会更大。这就要求我们必须健全体制、明确责任，统一在党中央、国务院领导下开展减灾、防灾工作。具体说，就是要建立健全以分类管理、分级负责、条块结合、属地管理为主的应急管理体制，形成统一指挥、功能齐全、反应灵敏、运转高效的应急机制。

（3）要健全监测、预测、预报、预警和快速反应系统。从中央到各地区、部门和行业直至基层，都必须有专人负责，加强监测、预测、预报、预警，防患于未然。一旦有情况，可迅速启动，在第一时间全方位采取应急举措，将损失减到最小。同时，要加强专业救灾抢险队伍建设，加强对救灾队伍进行培训。目前，全国大部分省市正在完善各级各类应急预案，以提高抗风险能力，关键是必须认真抓好每个环节的落实。

（4）要强化法治，加快应急管理的法制建设，形成有中国特色的应急管理法制体系，把应急管理工作纳入规范化、制度化、法制化的轨道。当前，要加快对突发公共事件应急的立法。以自然灾害为例，我国已有了若干单项法律法规，但缺少领域大法，亟须制定《灾害防治法》，包括对洪水、台风、地震、旱灾、生物灾害、地质灾害等的防治。

（5）要依靠科技，提高应对突发公共事件的能力。当今世界，新挑战、新问题层出不穷且变化多端，因此，提高我国对突发公共事件的应急能力，加强突发公共事件应急中的科技应用当是重点。将高科技运用于应急管理，可以提高公共事件的监测、预测、预报、预警的准确率，增强应对和防范能力。当突发事件发生后，可以尽早准确地掌握事件发生的程度及危害。1970 年孟加拉国因热带气旋突然袭击，造成 30 万人丧生；1991 年同样的袭击，又造成 1319 万人死亡。后来，充分利用先进的卫星预警，使近年的灾害损失大大减轻。要加强科学技术运用，提高应急装备和技术水平，加快应急管理信息平台建设，形成国家公共安全和应急管理的科技支撑体系。

（6）要协同应对，快速反应。各地区、各部门要树立大局意识和责任意识，不仅要加强本地区、本部门的应急管理，落实专项预案，还要按照总体应急预案的要求，做好协同配合工作，从而健全应对突发公共事件的组织体系，确保能够有效组织、快速反应、高效运转、临事不乱。

第五章　民生就业论

第一节　人口大省劳力资源状况

湖南是人口大省，劳动力资源丰富，一方面为劳动力市场提供了源源不断的劳动力支持；但另一方面劳动力供过于求的状况也使就业压力加大。因此，了解就业发展态势，把握湖南未来就业的趋势，需要对湖南劳动力资源状况有个总体把握。

1. 总体劳动力资源丰富

按照国际惯例，通常将15~64岁的人定为劳动适龄人口，从劳动力供给角度讲，这一指标也代表着劳动力资源状况，其变化表明劳动力供给的多少。将湖南2000年第五次、2010年第六次人口普查进行比较，相隔10年，15~64岁这个年龄段的人口比重已由70.40%上升至72.62%，上升2.2个百分点，净增加人口313.79万，年均增加约31.4万。这表明，湖南总体劳动力资源仍相当充沛①。

表1　湖南总体劳动力资源变化比较

单位：万人，%

年龄　时间	0~14岁	比重	15~64岁	比重	65岁以上	比重
2000年（第五次人口普查）	1399.96	22.13	4454.80	70.40	472.66	7.47
2010年（第六次人口普查）	1157.38	17.62	4768.59	72.60	642.40	9.78

资料来源：《湖南统计年鉴》。

---

① 程子林主编《湖南民生调查报告》，中国统计出版社，2011。

2. 后备劳动力供给趋缓

后备劳动力表明劳动力储备状况和未来劳动力供给程度。这一群体人口比重过大，将增加未来就业压力；比重过小，将加剧社会老年化，因此，需要控制在一个合理的水平上。在第六次人口普查中，湖南这一群体人口比重已由 1964 年的历史最高值 39.66% 降至 2010 年历史最低值 17.62%，仅 2000～2010 年的 10 年，就减少 242.58 万人，年均减少的 24.3 万人（见表 1）。这对人口大省的湖南来说无疑值得庆幸。保持这一水平，它将直接缓解湖南未来劳动力市场供过于求的状况，使供求关系逐渐趋于相对平衡。但必须指出：如果这一指标再持续减少，将加剧湖南社会老龄化进程，社会负担加重，"人口红利"消失。

3. 人口老龄化加速

人口老龄化是社会发展的必然，对经济社会发展影响较大，不仅可直接改变劳动力供给的总量和结构，致使就业市场劳动力供给紧张，而且还将推高用工费用，增加经济成本。将湖南第五次、第六次人口普查数据比较，人口老龄化有加速之势。10 年间，湖南 65 岁以上人口比重已由 7.47% 上升到 9.78%，上升 2.31 个百分点，老龄人口净增加约 170 万，年均增加约 17 万。按照国际统计标准，60 岁以上人口比重达 10%，或 65 岁以上人口比重达 7%，就标志着这一社会进入了老龄社会。当前，湖南已由刚刚跨入老年社会（7.47%）向人口老龄化（9.78%）深度发展。更需重视的是，湖南人口老龄化的增长速度已经超过劳动适龄人口增长速度，人口老龄化呈加速之势。

4. 劳动者文化素质提高

经济社会发展对劳动者文化素质提出了更高的要求，在很大程度上，它决定着就业者的就业成败、就业层次、就业待遇。文化素质主要体现在受教育程度，湖南总体人口受教育程度在不断提高，将第五次、第六次人口普查中受教育程度比较，有两个较大的变化：其一，小学及以下文化程度人口剧减。10 年间，文盲率由 5.99% 下降至 2.67%，减少 120 万人；小学文化人口比重下降 11.49 个百分点，减少 662.63 万人，两项共计减少约 783 万人。其二，大学以上文化程度人口增长迅速，由占人口比重的 2.92% 上升到 7.59%，增加 313.69 万人。每 10 万人口中，大学以上文化程度人口由 2926 人上升至 7595 人；高中和初中文化人口所占比重都高于全国平均水平。受教育程度提高，不仅增强了劳动者的就业竞争力和学习新知识、新技术的能力，而且为创业、拓业提供了知识和智力支撑。

5. 县域劳动力流动加速

随着城市化加快和要素资源向城镇集聚，劳动力流动和人口转移也发生了变化，从湖南 88 个县市 2005～2010 年的人口流动看：一是农村向县城流动。如粮食主产区的岳阳 6 个县和益阳 4 个县，2010 年城镇常住人口比 2005 年分别增加了 21.81 万人和 22.52 万人。二是欠发达地区向较发达地区流动，其流动力度要大于前者。较典型的是长沙 4 个县和株洲 5 个县，2010 年城镇常住人口分别增加了 56.47 万人和 35.44 万人。三是民营经济较发达的地区人口向城镇集聚。衡阳、邵阳民营经济迅速发展，2010 年衡阳 7 个县民营经济从业人员已达 54.35 万人，是 2005 年的 2.7 倍；邵阳 9 个县民营经济从业人员已达 45.49 万人，是 2005 年的 2.26 倍。2010 年这两个地区的城镇常住人口分别增加了 60.1 万人和 31.89 万人（见图 1）。劳动人口流动和变化，在拉动局部消费的同时也使局部就业竞争趋于激烈。

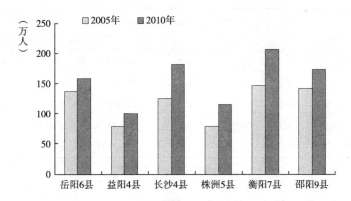

图 1　2005 年、2010 年湖南部分县市人口向城镇集聚比较
资料来源：由 2005～2010 年《湖南统计年鉴》计算而得。

第二节　民生就业基本特征概览

湖南有 88 个县市（其中 16 个县级市、65 个县、7 个自治县），尽管"十一五"时期国际经济政治环境逐渐恶化，使得实体经济发展受到影响，但在省委、省政府实施扩大就业的发展战略、努力改善民生的指示下，各县级政府积极响应，使湖南县域就业与"十五"时期相比，仍取得了较好成效。

1. 就业总量逐年刷新

为保民生、扩就业，湖南"十一五"时期各县市政府因地制宜地发展县域龙头经济、特色经济、绿色经济；积极承接珠三角、长三角产业转移，以此带动本地实体经济发展，为县域民生就业提供了大量机会；同时加大对重点工程项目及固定资产投资，充分发挥重大建设项目带动就业作用，5 年间，88 个县市城镇固定资产投资共达 12780 亿元；通过上述努力，县市从业人员总量不断增长，由 2005 年的 3091 万人增至 2010 年的 3320 万人，比重由 2006 年占县域总人口的 56.41% 上升到 2010 年的 65.63%，就业呈稳定发展态势（见表 2）。

表 2　湖南 88 个县市人口就业投资比较一览

年份	年末总人口（万人）	增长率（%）	年末从业人员（万人）	增长率（%）	县域城镇固定资产投资（万元）	增长率（%）	从业人员占总人口比重（%）
2006	5527.31	-0.18	3118.1	0.85	11651226	28.97	56.41
2007	5552.68	0.45	3167	1.57	16395530	40.72	57.04
2008	5565.55	0.23	3231.24	2.03	22370647	36.44	58.06
2009	5603.34	0.68	3275	1.35	33228856	48.54	58.45
2010	5058.47	-9.72	3320	1.37	44163694	32.91	65.63

资料来源：由2005～2010年《湖南统计年鉴》计算而得。

从表 2 可见，2006～2010 年，湖南县域从业人员增长率均超过了年末总人口增长率，尽管遭遇 2008 年国际金融危机，但在各级政府扩内需、促就业以及全社会的共同努力下，2009 年就业止跌趋稳，年末情况还好于 2006 年。尤其从业人员占总人口比重更是年年刷新，占县域总人口的 65.63%，非常不易。但从表 3 也可以看出，湖南县域从业人员增长速度在放慢，如 2010 年在总人口剧减 9.72% 的情况下，就业只增长 1.37%；同时，依靠固定资产投资拉动就业较明显，如果投资乏力，将影响就业。

2. 就业结构逐渐优化

湖南是农业大省，长期以来，大量劳动力资源主要集聚在农村，三次产业呈现"一二三"的结构，为了将第一产业富余劳动力向第二、第三产业转移，湖南加大了产业结构调整，重点发展第三产业，从表 3 可见，2005 年已形成了"三二一"的产业结构；随着工业化进程加速，三次产业结构进一步优化，至 2007 年形成了"二三一"的产业结构，2010 年第二产业比重达 45.8%，比 2005 年高 6.2 个百分点。

表 3 湖南三次产业构成比

单位：%

年 份	GDP	第一产业	第二产业	第三产业
2005	100	16.7	39.6	43.7
2006	100	16.5	41.5	42.0
2007	100	17.2	42.1	40.7
2008	100	16.4	43.5	40.1
2009	100	15.2	43.9	40.9
2010	100	14.5	45.8	39.7
2010（全国）	100	10.2	46.8	43.0

资料来源：湖南省政府信息公开发布平台，http：//www.hunan.gov.cn/；中华人民共和国国家统计局网站，http：//www.stats.gov.cn/。

产业结构变化带动了就业结构变化，从表 4 可看到，2005 年第一产业就业比重高达 48.6%，几乎占全部就业人口的 1/2，随后开始缓慢下降，至 2010 年下降 6.2 个百分点；随着第一产业就业人口比重下降，第二、第三产业就业人口比重上升，特别是第三产业就业人口比重，由 2005 年的 29.9% 上升至 2010 年的 34.6%，尽管就业结构在发生变化，但仍未改变"一三二"的就业格局。

表 4 湖南三次产业就业人员构成比

单位:%

年份	第一产业	第二产业	第三产业
2005	48.6	21.5	29.9
2006	46.6	21.6	31.8
2007	44.9	22.0	33.1
2008	44.0	22.4	33.6
2009	43.0	22.8	34.2
2010	42.4	23.0	34.6
2009（全国）	38.1	27.8	34.1

资料来源：湖南省政府信息公开发布平台，http：//www.hunan.gov.cn/；中华人民共和国国家统计局网站，http：//www.stats.gov.cn/。

从表3、表4还可清晰看出，湖南的产业结构和就业结构与全国还存在差距。产业结构中，湖南第一产业比重与全国比仍处于高位，而第二、第三产业比重偏低。就业结构中，湖南第一产业就业人口比重高出全国平均水平4.3个百分点，而第二产业就业人口比重低于全国4.8个百分点，该高的不高，该低的不低，湖南就业结构性矛盾依然突出。

3. 非公有制经济成县域就业主要载体

经济体制改革的不断深入、相关政策的出台以及经济环境的持续改善，为非公有制经济发展提供了广阔空间，城镇个体经济、城镇私营经济以及外资经济、港澳台投资经济等逐渐成为解决县域民生就业的主要载体，就业人数不断上升，就业比重逐年增长。

从表5、表6中可以看到，在湖南县域就业渠道中，国有经济就业人数从2005年的144万增长到2010年的144.94万，经过5年起伏，吸纳就业基本回到起点；城镇集体经济就业人员更是由2005年的18.17万下降到2010年的17.86万，就业规模出现负增长。与之相反的是，城镇个体经济、私营经济在政策鼓舞下蓬勃发展，不断壮大，已逐步替代国有经济成为县域就业主渠道。表6显示，2005年湖南88个县市城镇个体从业人员118.18万，到2010年已增至191.59万，增长率达62.11%；私营经济从业人员从2005年的49.09万增至2010年的100.56万，增长率高达104.85%；其他经济就业人数也由9.28万增至12.49万，增长34.59%。非公有制经济已成县域就业主渠道。

表5 湖南88个县市公有制经济主要就业人数增幅一览

单位：万人，%

年 份	在岗职工					
	从业人数	增长率	国有经济从业人数	增长率	城镇集体经济从业人数	增长率
2005	205.05	—	144	—	18.17	—
2006	210.37	2.59	146	1.39	18.71	2.97
2007	218.49	3.86	141.55	-3.05	20.11	7.48
2008	226.21	3.53	144.38	2.00	19.93	-0.90
2009	243.95	7.84	147.41	2.10	17.38	-12.79
2010	246.90	1.21	144.94	-1.68	17.86	2.76
2010年比2005年	41.85	20.41	0.94	0.65	-0.31	-1.71

资料来源：由2005~2010年《湖南统计年鉴》计算而得。

表6 湖南88个县市非公有制经济主要就业人数增幅一览

单位：万人，%

从业人员 年份	城镇个体	增长率	城镇私营企业	增长率	其他经济	增长率
2005	118.18	—	49.09	—	9.28	—
2006	117.28	-0.76	73.97	50.68	9.69	4.42
2007	128.64	9.69	84.33	14.01	9.05	-6.60
2008	176.11	36.90	88.8	5.30	12.35	36.46
2009	183.58	4.24	100.86	13.58	13.58	9.96
2010	191.59	4.36	100.56	-0.30	12.49	-8.03
2010年比2005年	73.41	62.11	51.47	104.85	3.21	34.59

资料来源：2005~2010年《湖南统计年鉴》计算而得。

从不同经济体吸纳就业总量上比较，也体现了这一发展态势。2005年包括国有、集体经济在内的公有制经济在岗职工数为205.05万，个体、私营及其他非公有制经济从业人员为176.55万，二者之比为1∶0.86，公有制经济吸纳就业好于非公有制经济；经过5年发展，到2010年，前者吸纳就业246.90万，后者达304.64万，二者之比达1∶1.23，非公有制经济就业供给已明显超过公有制经济。

4. 农村从业人员比重逐年下降

湖南是农业大省，农村从业人员占全省从业人员总数的70%，在88个县域，这一比重更高，多年来，湖南一直致力于统筹城乡就业，使农村从业人员和从事农村经济活动的人口逐步减少，从表7可见，2005年县域农村从业人数为2677.47万，占县域总从业人员比重的86.60%；尽管2010年人数达2756.48万，但所占比重在缓慢下行，由2005年的86.60%下降至2010年83.00%。但不可否认，县域农村从业人员在县域总从业人员中，比重仍然很大，甚至高出全省平均水平13.87个百分点，农村富余劳动力转移实现统筹城乡就业还任重而道远。

表7　湖南88个县市农村从业人员及其比重变化一览

单位：万人，%

年　份	从业人员总数	农村从业人员	比　重
2005	3091.67	2677.47	86.60
2006	3118.13	2678.37	85.90
2007	3167.01	2703.26	85.36
2008	3231.24	2708.25	83.80
2009	3347.69	2790.23	83.35
2010	3320.99	2756.48	83.00
全省2010年	3982.73	2753.25	69.13

资料来源：2005～2010年《湖南统计年鉴》计算而得。

5. 民生就业政策体系日臻完善

在党中央一系列促进就业和鼓励创业相关政策的引领下，湖南根据本省情况，制定了系列政策，构筑了以《就业促进法》《中小企业促进法》为代表的就业法律保证框架；以"促进就业""推动全民创业"为代表的鼓励就业创业政策框架；以"支持和引导个体私营等非公有制经济发展""加强中小企业社会服务体系建设"为代表的拓展就业渠道政策框架；以"进一步支持中小企业融资""下岗失业人员小额担保货款""高校毕业生创业专项扶持资金"为代表的融资政策支持框架；以"延长下岗失业人员再就业有关税收""对创业人员减免行政事业性收费""农村青年创业小额贷款"为代表的税费优惠政策框架。由此形成了就业保障、就业方式、就业途径、融资支持、税费优惠等全方位的就业创业政策支持体系。尤其针对湖南就业市场突出的就业群体特别设计的以"鼓励、提升、扶持、服务、托底"为核心内容的扶持高校毕业生就业政策；以解决城镇未就业军队退伍人员、"一湖四水"上岸定居渔民、关闭破产独立工矿区失业人员等群体的专项援助政策，以及建立的动态就业援助长效机制，在鼓励创业、促进民生就业中发挥了极其重要的战略作用，也是湖南率先在中部六省实现县以上城镇"零就业"家庭动态清零的目标。

6. 公共服务体系不断加强

"十一五"期间，湖南进一步加强了就业服务体系建设，已形成从省到社区较完整的五级公共就业服务体系，目前，全省14个市州和85%以上的县（市、区）建立了以人力资源市场为窗口的综合性服务场所，352个街道、2414个社区全部建立了劳动保障专门工作机构，2176个乡镇中已有2116个建立了劳动保障站，建站覆盖率达99%（含一站辖多乡情况）。信息化服务已初具规模，初步建立了以需求为导向、以应用为核心、以数据为基础、覆盖全省的基层平台信息网络系统，并再用三年时间建立起全省集中的资源数据库和覆盖省、市（州）、县（市、区）、街道（乡镇）、社区五级的信息网络体系。就业活动丰富多彩，推出了"就业援助月""春风行动""民营企业招聘周""高校毕业生就业服务月"等一批宣传力度较大的促进就业活动；同时，加强就业培训，提高劳动者素质，开展了"阳光工程""百万培训工程""农村劳动力技能就业计划""技能培训扶贫工程"等。总之，湖南已基本形成了各级政府统领，劳动和社会保障部门牵头，多部门配合，多渠道、多层次和多形式推进，涵盖信息发布、传递、就业宣传、岗位供给、就业保障、就业者素质提高等一整套较完备的公共服务体系。

7. 地缘性就业特征明显

湖南地处丘陵地带，湘中系长株潭经济核心区，湘南是"有色金属之乡"，湘北乃洞庭湖平原区，湘西是自然生态区，这种大的经济格局使分布于全省21万平方公里的88个县市，受地理区位、交通环境、资源禀赋、经济基础、气候条件及政策导向等多种因素影响，就业呈现较强的地缘性特点。总体概之，主要有五种就业模式：一是长望浏宁（长沙、望城、浏阳、宁乡）辐射带动型就业；二是冷水江、资兴、耒阳等资源开发型就业；三是南县、汉寿等农业型就业；四是凤凰、张家界等旅游型就业；五是邵东、道县等拓展和承接型就业。

五种就业模式均依托区位、资源、环境而发展，长望浏宁受益于长株潭核心区经济集聚与辐射，形成了以工程机械、现代服务、再制造、生物医药、电子信息以及鞭炮、花卉等为主体的龙头产业和基地，带动了就业发展，2010 年公有制与非公有制经济就业人数近 50 万，与 2005 年比几乎翻了一番。因就业主要依托先进制造业、现代服务业等，对就业者的观念和技术都是新的塑造和提升，因此是湖南县域就业的表率和努力的方向。

同样，依托自然风光开辟旅游业的凤凰、张家界、南岳等地，依托革命圣地开拓红色旅游业的韶山、花明楼等地，吸纳了大量从事第三产业的服务人员，仅凤凰县，2010 年就消化新增就业和再就业人员 1 万多人。旅游作为休闲服务业，具有人口密度大、就业比重高、就业门槛低、消费量大、低碳环保、产业延伸较长的特点，对有着丰富自然资源的大湘西来说，是很好的就业渠道和经济增长点。

而传承产业的邵东、汨罗，承接产业转移的道县、蓝山等就业模式，应是湖南县域因地制宜开拓就业渠道的方向。邵东的外向型拓展就业，汨罗的内敛型发散就业，都源于本地历史经济的传承。

相比较，依附于矿产资源进行粗放开采的就业模式，依附于土地自耕的小农从业模式，尽管也解决了相当多的人口就业问题，如地处矿产区的冷水江、资兴、耒阳、常宁、涟源、临湘、花垣、桂阳、攸县、永兴等县市，2010 年在国有经济、集体经济、个体经济、私营经济就业的人数分别达 20.73 万、3.53 万、33.25 万、21.97 万，比重分别占 14.3%、19.7%、17.3%、21.8%；在洞庭湖平原的南县、沅江、桃源、汉寿、澧县、湘阴、汨罗、岳阳县、华容、平江等粮食主产区，2010 年农村从业人员比重高达 84.5%。但这种粗放的落后的地缘性就业模式，因受到资源、环境制约和劳动力边际成本影响，而不具有可持续性。

8. 县域就业呈现极化

经济发展的不平衡带来县域就业不平衡，一般而言，靠近 13 个地级市，特别是靠近长株潭核心区及湘南、湘中东、湘中北的县市，经济形势好于西部，就业率也相对高于湘西、湘西北，这种格局直接导致在发达地区能够成为就业主要载体的经济体，如国有经济、集体经济、个体经济、私营经济等，在一些欠发达地区有时吸纳力几乎为零。追寻 88 个县市"十一五"就业数据，不难发现，在同一个经济类型中，不同地域吸附就业的反差较大，如冷水江市的集体经济年吸纳就业达 1.71 万人，而桑植、汝城、安仁等县吸纳就业仅 100 人；邵东县个体经济从业人员达 8.72 万人，而株洲县最低值只有 500 人（见图 2）。

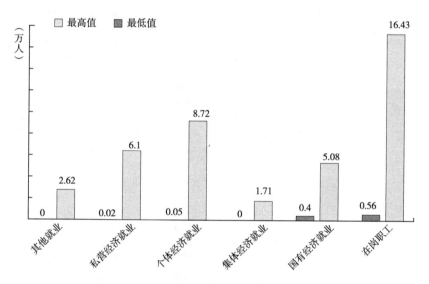

图 2 湖南 88 个县市"十一五"年就业最高值与最低值比较
资料来源：由2005～2010 年《湖南统计年鉴》计算而得。

第三节 民生就业问题成因剖析

就业是个庞大的系统工程，牵涉到人口、素质、政策、产业、结构、国际国内环境等一系列问题，上述对就业的分析与审视，只让我们厘清了湖南县域就业的主要载体、基本走势、大致变化和发展特点，但从劳动力供给与需求角度讲，供给仍远大于需求，县域就业压力仍十分突出，特别是农村富余劳动力转移还任重而道远。因此，要真正把握就业主动，还必须对影响县域就业的一些重要因素和主要问题进行剖析和研究。

1. 产业结构不尽合理，是就业矛盾依然突出的主要原因

（1）第二产业不强，对就业贡献不足。目前，湖南三次产业结构已由"三二一"调整为"二三一"，进入以第二产业为主导的工业化中期发展阶段。从全局讲，湖南第二产业虽与全国差距在缩小，但仍低于全国平均水平1个百分点，产业优势不明显，其中工业增加值不仅低于全国平均水平，也低于中部其他5省。第二产业不强特别是工业增加值低，说明湖南工业企业尤其县域的工业企业规模小、产业集中度低、辐射带动力不强，没有形成规模效应，这就很难吸附更多的劳动力就业。从湖南工业内部结构看，重化工业突出，资源性产业突出，高耗能行业比重大，如县域的矿业、冶炼、造纸、化工等，这些产业已成产业调整的对象，不可能再扩容提速创造更多就业岗位。而产业链较长、能提供较多就业岗位的生产性服务业则远远落后于市场，在县域经济中不但份额小，有些边远地区甚至鲜有发展。显然，湖南第二产业占 GDP 的 45.8% 的主导地位与其只承载 23% 的从业人员的比例不相匹配，拉动就业不足，对劳动力的隐性需求尚待开发。如果将湖南与全国第二产业占比 46.8% 和从业人员占比 27.8% 的平均水平相比，差距更大。

（2）第三产业不优，对就业的吸附有限。第三产业作为劳动密集型产业，对就业的贡献率最高，是就业潜力的拓展方向。2010 年湖南第三产业构成比达 39.7%，高出全国平均水平 3.3 个百分点，从业人员比重也达 34.6%，略高于全国平均水平，表明湖南第三产业发展势头良好。但是，与北京、广东等发达地区的 70% 以上相比，比重仍然偏低，甚至还没有达到部分发展中国家的 50% 的水平，这也说明湖南第三产业发展有着非常大的上升空间。从县域第三产业内部结构看，住宿餐饮、交通运输、批发零售等传统服务业从业人员比重较大，而信息、咨询、科技、金融等生产性服务业因受县域工业特别是先进制造业牵制，发展非常不足，在一些落后的边远地区更是凤毛麟角。按照国际常规比例，1 元现代制造业增加值相应需要 1 元以上的生产性服务业为其提供配套服务，即 1:1 的比例，而湖南仅 1:0.5，相差甚远。加之，县域服务业产品创新不足，服务质量和技术水平不高，组织、管理、营销都不具有竞争力，制约了发展。县域第三产业有待进一步扩容提质。

（3）第一产业落后，高就业、低增长态势延续。第一产业是湖南县域人口集聚的重点，为了减少并转移农村就业人口，湖南一直在努力提高农业现代化水平，但高就业、低增长的现实仍揭示了湖南农业发展的现状。2010年，湖南第一产业构成比为14.5%，高于全国10.2%的平均水平。农业比重大导致农村从业人员比重高，在湖南三次产业就业构成比中，第一产业就业人员占到42.4%，比2009年全国38.1%的平均水平高出4.3个百分点。造成第一产业富余劳动力多而价值低的原因，一是各县土地没有形成集约化、规模化经营，2010年湖南全省农业机械总动力只有4651.55万千瓦，只有河南的45.6%，小农式生产方式制约了劳动生产率的提高。二是在县域经济中高附加值的特色农副产品、优质农副产品开发缓慢，影响了农业劳动力向农副产品加工业、制造业分流。三是粮食、生猪、油料等主要农产品精细加工不足，影响了经济效益。四是县域保鲜、包装、储运、销售体系发展滞后，制约了农业产业链的延伸。五是依靠省级科技力量发展农林牧副渔不足，如牵涉到千家万户的"菜篮子"市场，省、市、县区四级都没有进行过联合攻关，以致因湖南蔬菜比不上湖北、广东和福建，市场70%被外省占领。第一产业优化刻不容缓。

2. 劳动者素质偏低及知识结构不合理，乃就业的首要障碍

从新增就业、再就业和农村转移就业三大群体构成分析，县域面对更多的是再就业和转移就业两大人群。这两个群体的共同特点是，文化水平极其有限。调查显示，城镇以初高中文化程度为主，农村则小学及以下文化程度的人占比近30%，初中文化的占50%。文化素质偏低，接受先进科学技术的能力就弱，在就业过程中，较难找到适合自己的工作，只能从事体力的高风险类劳动，如矿山采掘、建筑，以及非技术性的工作，如洗冶、餐饮、外卖配送等。随着"四化两型"战略推进和产业结构调整，一方面，高素质人才缺乏将导致产业结构调整升级过程中形成的就业要求得不到满足；另一方面，又有大量的劳动力处于找不到合适工作的隐性失业状态。

新增劳动力是湖南县域经济发展的希望，其中高校毕业生占了很大比重，但因高校相当一部分专业设置滞后于市场发展，知识结构与市场需求错位，人才产出与岗位需求不成比例，供给与需求产生结构性失衡，使市场一方面急需大量高素质人才，另一方面又有许多亟待就业的大学生因专业不对口而难以满足社会需求，知识结构性矛盾突出。

3. 就业保障不力，致就业稳定性低

一是在签署劳动合同上"打太极"。尽管湖南实施了《劳动合同法》和《劳动争议调解仲裁法》，并取得一定成效，但仍有相当一些用工单位为规避《劳动合同法》中应承担的责任和义务，对雇员尽量延长试用期或以临时工对待，千方百计推迟劳动合同签署或只签署短期合同。据湖南省劳动力抽样调查，2009 年在被调查的 1 万余名雇员中，签订一年以上固定劳动合同的仅占 9.7%。未签订劳动合同的占 53.6%，其中私营企业比重高达 41.6%。二是在改善劳动环境上打"擦边球"，民营私营企业大多劳动强度大、劳动环境差，许多要求整改的企业，总是千方百计打"擦边球"蒙混过关。三是在发放报酬时"玩失踪"。很多就业者辛苦一年，到头来工资还不能足额到手。尽管政府助力，但讨薪仍成一道"风景"。四是进城务工者在住房、子女入托就学、医保社保等方面还存在诸多问题。上述种种情况，造成就业者安全系数低，流动性大，稳定性差，隐性失业率高。这不仅影响到企业生产、整体质量和可持续发展力，也使就业陷入被动。

第四节　民生就业求解路径取向

就业是民生之本，不仅关乎每个人的生计与尊严，而且牵涉到千千万万个家庭的幸福与希望，也维系着社会特别是县域基层社会的发展、繁荣与稳定。2010 年颁布的《湖南省保障和改善民生实施纲要（2011～2015年)》（以下简称《纲要》)，是指导湖南未来 5 年民生发展的纲领性文件，领会《纲要》精神并结合县域民生就业现状，求解湖南县域民生的就业路径，我们认为必须从下述八个方面着力。

1. 坚持政策主导下多渠道就业

根据《纲要》坚持富民优先、促进就业优先、努力为每一个有劳动能力的人创造就业机会的目标，县域民生就业政策主导需从三个层面着力，

多渠道促进就业，政策主导应体现在：在产业结构调整中，应以发展第三产业为重点；在企业组织结构调整中，应重点扶持中小企业；在所有制结构调整中，应支持非公有制经济发展；在就业结构中，应鼓励非正规就业；在社会管理结构中，应侧重开发公益性事业和岗位等。它们既是县域经济的主体，也是就业承载量最大、就业最灵活、最适应市场经济发展的实体，对它们从政策上扶持和倾斜，将促使它们在做大做强中发挥吸附就业的更大潜能。要让社会需要就业的每个群体都能在政策阳光的普照下寻找到适合自己发展的就业机会和就业岗位。为稳定多渠道就业，政策主导还应体现在：完善社会保障体系，解除劳动者的后顾之忧。重点应落实劳动者权益保障、医疗保障、教育保障和养老保障，这既是就业者的愿望和目标，也应是政策主导的初衷和目的。

2. 优化教育资源，增强就业者实力

一是加强就业培训。像蓝山县一样集中教育资源，根据市场需要因地制宜地开设对口培训，如"前厂后校""校企合作""订单教学"等新培养模式，在较短的时间内提高劳动者进入市场的本领。二是发展职业教育。湖南以制造业为主，县域经济又多以加工制造相链接，因此，车工、钳工、刨工等技能型人才是市场最需要的。职业教育是培养技能型人才的摇篮，针对湖南职业教育日渐萎缩的现状，应制定中长期职业教育发展规划，从政策和经费投入上进行引导和倾斜，促进职业教育良性和快速发展。三是优化高校学科设置。应用型高校应根据市场需要调整学科设置，开设市场需要、发展前景好的课程，调整与市场不对口、毕业即失业的个别专业和课程，总之，应用型大学有责任使每个大学生走出校门都有用武之地。

3. 提高公共就业服务能力，营造良好就业环境

湖南公共就业服务体系已基本形成，下一步重点是提高公共就业服务能力与水平。首先，要使公共就业服务切实建立在制度化、专业化、社会化基础上，不因人因事降低服务质量。在国际、国内政治经济环境日趋复杂多变的情况下，需加强失业动态监控和失业调控预测预警机制建设，把握就业主动权。其次，要健全公共投资带动就业增长机制和困难群体就业援助制度，尤其当前银根较紧的情况下，需要提前布局，未雨绸缪。再

次，规范职业介绍、劳动保障事务代理、职业咨询指导、就业信息服务等机构行为。最后，健全覆盖乡镇（街道）、村（居委会）的就业服务体系，把工作的触角直接延伸到群众身边，形成省、市、县、乡、村的五级就业服务体系，通过村官将就业信息传达到村民。

4. 拓展生产性服务业，培育新的就业增长点

生产性服务业是伴随着制造业发展的需要而发展起来的，它不仅能通过系统服务提高制造业经济效益，而且能通过行业的细分细化，向生产性服务业的广度和深度延伸，创造出新的产业和新的就业增长点。县市发展生产性服务业，首先，要消除垄断，除国家法律法规禁止进入的领域，其他投资领域各类资本都可进入；同时应建立公开透明、高效规范的市场监管体制，减少和避免无序竞争造成的资源浪费。其次，要通过政策提升服务企业的专业化优势。设立生产性服务业发展引导资金，对影响大、带动作用强、具有示范效应的服务业重点项目进行贴息或补助，尤其要对生产性服务业集聚区、现代物流业、金融业、商务服务业、信息服务业等领域的重点项目进行政策倾斜。最后，要强化产业关联性，形成互动发展机制。在企业内部，应通过"主辅分离"，逐步将发展重点集中于技术研发、市场拓展和品牌运作，将一些非核心的生产性服务环节剥离为社会化的专业服务，以核心竞争优势整合配套企业的服务供给能力。在企业外部，应有针对性地吸引关联性外资服务业进入，变单纯的制造业集聚为集成制造与服务功能的产业链集聚。通过相关企业间的合作，实现社会化服务与制造环节的"无缝式对接"。

5. 调整农业产业结构，让更多的人从土地剥离

一是加快土地流转，尽快研究出台适合湖南县域地理特点的土地流转方案，将土地适度集中，实现集约化、规模化、产业化经营，让富余劳动力从土地剥离成为可能。二是大力发展养殖业。当前湖南食品消费结构正由以谷物类食品为主向以动物类食品为主转变，对动物类食品需求快速增长。但湖南畜牧业产值在农业总产值中的比重不到30%，市场空间和发展潜力非常大。因此，农业产业结构必须与社会消费结构转换趋势相适应，通过发展包括畜牧养殖和水产养殖在内的养殖业及其后延关联产业，吸纳农村富余劳动力。三是发展农产品加工业。农业作为一个完整的产业，是

生产、加工、流通等环节紧密联系在一起的产业体系，但目前88个县市还没有摆脱单一的农产品生产观念，农业生产与农产品加工和流通脱节，没有形成一个能承载更多劳动力的完整产业链。根据湖南农业特质，要加强规模食品工业建设，增强市场竞争力；要扩大以精深加工为代表的饮料制造业、食品制造业的发展，提高农产品附加值；要拓展农产品加工、储藏、保鲜、运销业，提高市场占有率。总之，通过农业现代化，将更多农业劳动人口从单纯的农产品生产中解放出来。

6. 优化矿业结构，提升产业水平

湖南以矿产资源为支柱产业的县市，都面临资源衰减而带来的就业风险与危机，导致这一局面的原因很多，其中一个重要的原因就是矿业结构不合理。要扭转这一局面，必须进行产业转型升级，关掉所有小冶炼厂，取缔选矿手工小作坊，淘汰落后产能；筛选开采队伍，进行技术升级改造；根据自身的资源优势，开展深加工技术研发，通过发展下游产业和先进制造业，大力延伸、补齐、拉长产业链条，促进传统产业高新化、高新技术产业化；积极培育战略性新兴产业，促进资源县的产业结构由资源主导向多元结构转型等，只有这样，才能化解资源县市因资源衰减带来的产业危机与就业危机。

7. 拓展大湘西渠道，构筑生态旅游就业新平台

国务院出台了《关于武陵山片区区域发展和扶贫攻坚规划》，为湖南的湘西州、张家界市、怀化市及所辖20余个县市提供了历史性发展机遇期。面对机遇，相关县市应提前布局，首先，应围绕怀化市、吉首市、张家界市找准自己的切入点，尤其应在以3个城市为支点的交通内环线和以20多个县城为支点的交通外环线上下功夫，主动对接主流交通。并从旅游产品、旅游食品、民族特产、民族风情、药材竹木等系列方面切入，主动对接主流规划，将自己打造成卫星城镇和中心城市的后花园。其次，管好水资源。打造一个山清水秀最具诱惑的大湘西，必须保护和管理好水资源。对生产、生活污水应统一处理，杜绝浪费水、污染水的现象发生，特别要对凤凰沱江生活废水污染严重，张家界的金鞭溪、仙人溪几近断流的现象引起重视，这种局面不改观，恐影响到武陵山区域规划对上述景区的新布局。最后，做好旅游服务大文章。要通过培训学习增强服务意识，端

正服务态度，提高服务质量，坚守服务诚信，维护服务秩序，整顿扰乱服务市场的行为，让"剁客""骗客""黑客""欺客"行为成为过去。

8. 依靠科技，拓展新的就业空间

县市依靠科技拓展就业，一要走产学研结合的道路，即以本县市产业优势为着眼点，主动与省内外甚至国内外科研机构和大学对接，将它们可应用的相关专业技术引用过来，通过它们的智力优势帮助本地产业的转型与提质。二是将专家请过来，进行实地科研，尤其要将需要解决的问题提出来，请专家出思路、出创意、出技术，开辟新的就业发展空间。三是着力培养自己的科技人才队伍。应将本县市优秀技术人才选拔出来，为他们创造良好的工作生活环境，使他们沉下心来着力于本地技术的创新与研发；同时可将在外工作或毕业的优秀大学生通过政策吸引回来，通过政策倾斜、财政支持、乡情召唤培育自己的人才队伍。四是省市应加大与县市科技合作力度，尤其对一些影响全局发展的共性问题，省市应主导，并与县市开展联合攻关，如攻克湖南 70% 的蔬菜市场被外省占领问题、提高农副产品附加值问题等，通过集中科技优势解决发展中的瓶颈问题，拓展市场，增加就业。

第六章　节约型社会论

第一节　基本国情与节约型社会

加快建设节约型社会，不是人们可办可不办的事，这首先是由我国基本国情决定的。我国国情复杂多变，但是，人口众多、资源相对不足、环境承载能力较弱，又处于社会主义初级阶段，则是基本国情。对这个基本国情必须有深刻的认识，绝不能因为短时的发展和一时的胜利而模糊、淡化自己对基本国情的看法。基本国情是导致我们工作能否从实际出发、能否获得成功的一种长时期起作用的基础性因素。应该看到受基本国情的决定和制约，在今后一个时期，随着经济规模的扩大、社会的发展和人口的增长，人均资源占有量少的矛盾将更加突出。能源短缺是我国经济社会发展的"软肋"，淡水和耕地紧缺是中华民族的心腹之患。这种基本国情，决定了我国必须走建设节约型社会的路子。

1. 13 亿人的庞大消费要求我国必须走节约之路

中国是世界上人口最多的发展中国家。现有 130756 万人。超过目前世界发达国家人口的总和，与欧洲英、法、德等 9 个国家人口的总和大体相当。人口问题是中国在社会主义初级阶段长期面临的问题，是关系中国经济社会发展的关键性因素。统筹解决人口问题，解决人口与供需矛盾，始终是中国实现经济发展、社会进步和可持续发展面临的重大而紧迫的战略任务。

虽然我国目前进入了低生育国家行列，但是由于人口基数大，当前和今后十几年，中国人口仍将以年均 800 万～1000 万的速度增长。按照目前总和生育率 1.8 预测，2010 年和 2020 年，中国人口总量将分别达到 13.7 亿和 14.6 亿；人口总量高峰将出现在 2033 年前后，达 15 亿左右。这么多的人口，对能源、资源的需求十分巨大。以人类赖以生存的粮食为例，从微观上看，13 亿人一人一口，就是 13 亿口，一日三餐，一年 365 天，需要多少食物；从宏观上看，有报道称，地球承载的理想人口为 20 亿。同我国国土面积大小差不多的美国，理想人口是 2 亿。那么，我们国家的理想人口就是 3 亿~5 亿。显然，13 亿的庞大数目，使我国人均资源消费相当贫乏。从发展看，我国粮食产量逐年增加，目前已达 5 亿吨高位，这是个很大的数目，但人均只有 380 公斤，仅为美国人均粮食的 22%。同时，在极其有限的资源条件下，还要保证我国每年近千万新生人口的需要，每年必须增加粮食上百亿公斤。这种人口与资源的矛盾与压力状况，用数学公式表示，就是不管多大的绝对数，被 13 亿这个大分母一除，人均数值肯定非常小；任何人均很小的数量，乘以 13 亿，绝对数都是很大。

随着经济的快速发展和居民收入水平的不断提高，我国居民消费结构处于重要转型期，消费水平不断升级，消费热点不断涌现，享受和发展性消费比重上升。住房是消费结构升级的重点，随着全面建设小康社会步伐的加快，人们对住房的档次和要求也在提高，加上城镇化步伐加快，每年转移人口在 900 万左右，城市人口增长，住房需求不断高涨，2002 年，我国房地产开发投资 7736 亿元，同比增长 21.9%；2003 年房地产开发投资 1.01 万亿元，同比增长 29.7%。这种高投入意味着资源、能源高消费和土地资源的占用。每年我国新增建设用地在 400 万亩以上，建设占用耕地在 200 万亩以上，这么大规模地开发房地产，对 13 亿这个庞大的消费群体来说仍是杯水车薪。

由于住房消费比轿车消费的价值量大，消费者实现对住房，特别是高档住房的消费，一般需要较长的积累期。因此相对于住房而言，轿车消费普及率要快得多。尤其是城市中的中产阶层成长较快，成为轿车的消费主体。有报道称，中国目前拥有私人轿车已过千万辆，这不仅带来能源压力，还带来道路交通压力。每个城市交通拥挤堵塞，乃交通工具过多，道路建设滞后所致。美国被称为"车轮上的国家"，但近年中国与美国的差距正在缩小。1970 年美国汽车保有量走上 1 亿辆台阶时，中国汽车保有量仅 20 多万辆，美国约是中国的 484 倍；而到 2004 年，美国汽车保有量为中国的 8.55 倍，说明中国汽车社会发展惊人。有人曾笑言，如果中国追求美国型消费，每两个人拥有一辆轿车，将需要两个地球的资源供中国消费。可见，13 亿人消费的压力之大。

根据马克思主义的观点，人口自身的生产和物质资料的生产，是社会生产和再生产的两种基本形式。它们之间是互相制约的。人首先是消费者，其次才有可能成为物质资料的生产者。我国 13 亿人的庞大消费，首先就对物质资料的生产构成了硬约束。更何况，我们还要加快现代化进程，全面建设小康社会，现实与目标的双重压力，要求我们必须走节约之路。

2. 严重的水资源匮乏要求我国必须节水

水资源十分重要，在我们的星球上，水以液态、固态和气态三种物理状态存在，分布于大气圈、水圈、地壳和生物机体内，进行物质循环。生命起源于水中，同样，生物的生理过程也离不开水。人类的生活和生产，乃至整个世界，一刻也不能没有水。水是社会经济发展的基础性资源，在国计民生中占有越来越重要的地位。

所谓水资源，一般是指由降水形成的能循环再生的，并有可能被利用的地表及地下径流。我国水资源匮乏主要表现在以下四个方面。

一是人均水资源拥有量少。我国虽然是一个水资源大国，水资源总量位居世界第 6 位，但人均淡水资源量只有 2200 立方米，远远低于世界平均水平，是世界人均占有量的 1/4，相当于世界人均径流量的 24.7%。

二是人均径流量不均。我国主要的淡水资源存储在河流和湖泊中。河湖的分布状况、水量积储的大小，关系到全国广大人民的日常生活和各种生产。在各大河流域中，以珠江流域情况最好，人均径流量约 4000 立方米，人均占有水资源量居全国之首。其次是长江流域，比全国平均水平略微高一点，为 2300 ~ 2500 立方米。最差的是海河流域、滦河流域，人均径流量是珠江流域的 6‰，不足 250 立方米，严重影响到人们的生产和生活。

三是水土分布不合理。中国不仅人均水土占有量小，而且资源的分布情况也十分不合理。我国水资源是南多北少，与耕地南少北多的分布状况呈相反之势。我国华北平原是小麦、棉花的集中生产地，而水资源十分缺乏，仅占全国的 6%。长江流域以北的整个地区，耕地占全国的 60% 之多，人口约占一半，占到 46%，GDP 占到全国 44% 的份额，而水资源仅占 19%。严重影响我国产粮区的农业生产。

四是季风气候影响水资源利用。我国是季风盛行的国家，水资源的时空分布极不均匀，降水年内、年际变化大，北方地区汛期4个月，径流量占年径流量的比例竟达70%～80%；南方地区汛期4个月，径流量占全年的60%～70%。因此，水旱灾害频繁发生，严重威胁社会经济的发展。同时，受全球气候变化等影响，近20年来，我国北方地区水资源明显减少。其中海河地区地表水资源量减少41%，水资源总量减少25%，北方部分流域已从周期性水资源短缺转变成绝对性水资源短缺。

我国水资源人均拥有量少，南北分布、区域分布不均，且常受到自然灾害的侵袭，一方面，水资源浪费严重，我国每年浪费的水资源在100亿立方米以上；另一方面，我国缺水的地域在不断扩大，目前，约有3亿农村人口喝不上符合标准的饮用水，农田受旱面积年均3亿亩。全国有16个省、自治区、直辖市的人均水资源拥有量低于国际公认的1700立方米用水紧张线，其中有10个低于500立方米的严重缺水线。600多个城市中有400多个供水不足，比较严重缺水的有110个。水资源已严重制约着经济发展，影响着人们的生活。缺水已成每个人必须面对的问题，节约用水迫在眉睫。

3. 日益枯竭的能源资源要求我国必须节能

温总理在讲到建设节约型社会时，特别强调，"能源短缺是我国经济社会发展的软肋"。从能源方面的国情出发走节约之路极其重要。

我国能源资源匮乏相当严重：一是人均能源储量严重短缺。我国是世界第二大能源消费国。但人均煤炭储量仅为世界平均水平的1/2；人均石油储量仅为世界平均水平的11%；人均天然气储量仅为世界平均水平的4.5%。2010年，石油对外依存度达到57%，到2020年石油进口将超过5亿吨，天然气将超过1000亿立方米，两种对外依存度将达70%和50%。[①]预计按现有开采规模，煤炭剩余可采量为900亿吨，可供开采不足100年；石油剩余可采量为23亿吨，可供开采15年；天然气剩余可采量为6310亿立方米，可供开采不过32年。现用的主要能源，不仅紧缺，而且可采储量

---

① 引自《以科学发展观统领经济社会发展全局——十一五规划建议学习问答》，中共党史出版社，2005。

将面临枯竭。

二是分布不理想。80%的能源资源分布在北方，煤炭大部分集中在华北和西北，山西一个省就占储量的1/3，而人口集中、经济相对发达、需煤量大的江南9省市储量却很少；石油资源主要集中在东北、华北、西北，水能资源70%分布在西南地区，东南沿海地区能源资源偏少，这种不合理分布加剧了能源运输和供应的紧张。

三是能源组成结构不理想。煤的比重太重，占到75.2%，水能资源次之，占到22.4%；油气仅占2.4%，油气资源比重比世界油气资源25.3%的比重要低得多。①

具体从石油资源看，我国大陆已探明石油储量255亿吨，占世界的比例为2%。② 不仅储量少，而且地质条件特殊，重稠油、低渗透及小油田和尾矿等难采石油资源量占到40%之多。从1999年起，中国原油产量已达1.6亿吨，居世界第5位，成为世界主要产油大国之一。虽然石油开采量迅速增长，但仍远不能满足经济社会发展需要。从1993年开始，中国已由石油净出口国变为净进口国。2005年，我国原油和油品净进口量为13617万吨。今天已成为居美国、日本之后重要的原油进口国。

我国未来的石油消费已引起国内外的普遍关注。中国石油天然气集团公司有关专家预测，我国未来石油需求量，2010年为2.68亿吨，2020年为3.05亿吨。国际能源机构（IEA）《2020年中国能源展望》预测，中国石油需求将以年均4.6%的速度增长，到2020年市场份额将大幅增加，年消费量可在5亿吨以上。国家计委产业经济研究所预测，到2050年，中国石油需求量将达到4.5亿吨，是目前1.6多亿吨消费量的2.8倍。目前全国可供开采的石油资源量预测为160亿吨，若每年增长5%以上，中国石油储量可持续开采的年限较短。从供需情况看，据中国石油天然气集团公司对我国石油供需平衡的预测分析，国内原油的自给率将从2000年的82%降低到2020年的60%，到2020年缺口将达到1.3亿吨。③

---

① 苗俊杰、彭涛：《中南海提升节约能源资源的战略高度》，《瞭望》2005年第27期。
② 苗俊杰、彭涛：《中南海提升节约能源资源的战略高度》，《瞭望》2005年第27期。
③ 《全国石油化工产品生产》，中粮期货有限公司网，http://zlqh.com，2006年5月15日；中新社：《中国石油安全面临的形势》，金融在线，2001年12月24日。

从燃煤资源情况看，我国是一个产煤大国。从 1988 年开始，中国的原煤产量已跃居世界第一，但占 60% 的地方煤矿回采率低，大量宝贵的煤炭资源丢失在井下。全国各牌号原煤的生产，炼焦煤占 45% 强。而在炼焦煤中，仅有约 10% 作为炼焦精煤使用，有 85% 的炼焦煤均因灰分、硫分过高或难选等问题作为动力煤使用，造成了资源浪费。而且洗选煤的比例很小，使大量原煤直接燃烧而污染环境，尤其是中南和西南地区的高硫动力煤直接作为动力燃料时，排出大量二氧化碳，空气污染严重，形成酸雨，严重破坏了生态环境。并且生产 1 吨油平均需要耗费 4 吨煤，使我国用煤代油因成本过高而不具可行性。

从矿产资源看，我国是世界上矿产资源总量较大的资源大国之一。根据《各国矿产储量潜在总值》的估算，我国矿产资源储量潜在总值为 16.56 万亿美元，居世界第 3 位。但人均矿产储量潜在总值为 1.51 万美元，人均储量大约只相当于世界人均储量的一半。其中石油、铁矿、铝土矿人均占有量分别只有世界人均占有量的 11%、44%、10%，而且人均资源数量和资源生态质量仍在继续下降和恶化。再过几十年，我国除了煤炭资源外，几乎所有的矿产资源都将出现严重短缺，其中 50% 左右的资源面临枯竭。

2005 年，我国矿产品贸易总额超过 3000 亿美元，大宗短缺矿产品的进口量继续增加。其中原油进口 12682 万吨，铁矿石进口 27523 万吨，锰矿石进口 458 万吨，铬铁矿进口 302 万吨，铜矿石进口 406 万吨，钾肥进口 917 万吨。我国 45 种主要矿产可供利用储量对消费需求的保证程度的最新研究成果表明，到 2010 年可以保证消费需求的矿产有 21 种，其他 24 种矿产将难以保证需求。现有与人民生活息息相关的主要大宗矿产中，石油、天然气、铝、铁、铜、黄金、镍、硫、硼、铀、磷、石棉、铬、钾、富锰等无法满足国内需求。到 2020 年我国短缺的矿产资源将增至 39 种，可以保证需求的矿产仅为 9 种，其他 36 种矿产将难以保证需求。特别是铁、锰、铬铁、铜、铝铁、钾盐等关乎国家经济安全的大宗矿产长期短缺，供需矛盾十分严峻。

在我国上述能源资源十分匮缺，甚至需要依靠大量进口的情况下，却呈现出惊人的浪费现象。目前我国的能源利用效率与世界先进水平相比为

33%，比发达国家低约 10 个百分点。目前占工业部门能耗 73% 的电力、钢铁、有色金属、石化、建材、化工、轻工、纺织等 8 个高耗能行业的单位产品的能耗，平均比世界先进水平高 47%。钢、水泥、纸和纸板的单位产品综合能耗分别比国际先进水平高 21%、45% 和 120%；机动车油耗水平比欧洲高 25%，比日本高 20%；目前万元 GDP 能耗水平是发达国家的 3～11 倍。国内 GDP 增长 10 多倍，但矿产资源消耗增长了 40 多倍。按我国工业部门现状及与国际先进水平比较，每年多用能源约 23 亿吨标准煤。单位资源消耗高，必然带来资源耗用量总体急剧攀升。尤其是 20 世纪 90 年代以来，国内石油消费量增长 100%，天然气增长 92%，经济社会发展对能源的依赖比发达国家大得多。① 能源消费的这种情况，说明节约空间巨大；能源储量的情况，则客观要求我们不能再这样消费和浪费下去。

4. 日益减少的土地资源要求我国必须节地

土地是国家最宝贵的资源。它包括内陆、水域和海涂。土地是由土壤、地貌、岩石、植被、气候、水文等要素组成的自然、经济的综合体，是植物生长发育的基础，是农业生产的基本生产资源，人类生活和生产活动几乎都是在土地上进行的。土地是一种几乎不可再生的自然资源。在没有任何干扰的情况下，再生 25 毫米的土表需要 300 年。这种再生速度对于迅速耗蚀的土地并没有多少补偿作用。土地不可再生的特点决定了土地资源是有限的，其重要性是无可替代的。

我国有土地面积 960 多万平方公里，居世界第 3 位，但人均耕地只有 1.59 亩，仅占世界人均耕地的 43%，以不到世界 10% 的耕地，养活着世界近 22% 的人口。广阔而肥沃的土地是粮食安全和国家稳定的根本保障，我国土地资源有以下四个基本特点。

（1）绝对数量大，人均占有量少。我国国土面积很大，为日本国土面积的 25 倍多，与整个欧洲包括附属岛屿在内的面积相当。但如此大的面积，按人均占土地资源论，在面积位居世界前 12 位的国家中，中国居第 11 位。

（2）土地类型复杂多样，耕地比重小。中国土地类型复杂多样，西高

---

① 苗俊杰、彭涛：《中南海提升节约能源资源的战略高度》，《瞭望》2005 年第 27 期。

东低，呈三级阶梯状分布。山地、高原、丘陵约占 2/3，盆地、平原占 1/3，河流、湖泊共存，一方面为农、林、牧、副、渔多种经营和全面发展提供了有利条件；另一方面，有些类型的土地难以开发利用，例如，中国沙质荒漠、戈壁合占国土总面积的 12% 以上，改造、利用的难度很大。而对中国农业生产至关重要的耕地，所占的比重仅 10% 多一些。我国人口密度为 110 人/平方公里，是世界平均水平的 3 倍。

（3）开发程度不同，带来利用难度。土地资源的开发利用是一个长期的历史过程。由于中国自然条件的复杂性和各地历史发展过程的特殊性，中国土地资源利用的情况极为复杂。不同的利用方式，土地资源开发的程度也会有所不同，土地的生产力水平也会有明显差别。

（4）分布不均，保护和开发问题突出。其一，土地资源类型分布不均。如有限的耕地主要集中在中国东部季风区的平原地区，草原资源多分布在内蒙古高原的东部等。其二，人均占有土地资源分布不均。不同地区的土地资源面临着不同的问题。中国林地少，森林资源不足。可是，在东北林区力争采育平衡的同时，西南林区却面临过熟林比重大、林木资源浪费的问题。中国广阔的草原资源利用不充分，畜牧业生产水平不高，然而，在局部草原又面临过度放牧、草场退化的问题。①

我国土地呈现的这些特点，加上近年一些主客观因素，使我国土地资源面临以下几个问题。

其一，水土流失加剧。中国每年流失土壤达 50 多亿吨。黄河每立方米水中含泥沙 37 公斤，为世界第一。水土流失是自然因素与人类活动综合影响的结果。不合理地开发土地资源是主导因素。长期以来无休止的滥垦滥伐、陡地开荒、过度樵采、过度放牧等违背自然规律的掠夺式生产方式，是水土流失加剧的主要原因。在有原始植被的土地上，树木和荒草抵挡住了暴风骤雨的袭击，凋落的残枝败叶覆盖着整个地面，保护水土不易散失，并提供给土壤微生物以丰富的食料，因而生物与土壤相辅相成，形成土地肥沃、生物繁茂的生态学景象。但是，水土流失以后，生态环境就发

---

① 参见中央政府门户网站（http://www.gov.cn）2005 年 7 月 27 日引用《中国统计年鉴》数据编辑的《国土资源》。

生了根本变化：稀疏的作物遮挡不住暴雨对土壤颗粒的冲击；缺少植被的裸露地表因日晒风吹而损失掉它的水分和表层沃土，导致土地肥力减少，品质恶化。

其二，土地荒漠化。土地荒漠化是全球性的环境灾害，它已影响到世界六大洲的 100 多个国家和地区，全球约有 1/6 的人生活在这些地区。中国荒漠化土地主要分布在西北大部、华北北部和东北西部，包括新疆、甘肃、宁夏、青海、陕西、内蒙古、山西、河北、辽宁、吉林、黑龙江及西藏等省区的全部或部分地区。荒漠化土地约占国土面积的 1/3。在中国，因风蚀形成的荒漠化土地面积已超出全国耕地面积的总和。

其三，土壤污染。由于工业排放废物直接污染农田土地，造成农作物减产和农产品品质下降。土壤受污染的途径很多，工业粉尘的沉降、废气交换、废水流入、废渣堆放等，都可以将废物输入土壤，这种趋势仍有增无减。造成土壤污染的直接原因，是现代农业对土地的压力。据 1990 年进行的全国农业环境质量调查统计，全国受"三废"污染的农田面积达 1 亿多亩。据不完全统计，1980～1989 年，全国平均每年发生农业环境污染灾害事故 1000 多起。

其四，熟耕地减少。一方面人口在增加，另一方面耕地面积在减少，加剧了人口多、耕地少的矛盾。以 1994 年为例，中国大陆人口净增 1300 多万人，耕地面积却减少 1071.7 万亩。其中国家集体建设和个人建房占用耕地占 19.3%；自然灾害毁地占 17.3%；农业结构调整占 63.4%。我国土地资源中，山地、高原多，平地少，且耕地后备资源不足，容易开发的土地已经很少。但是土地浪费现象十分惊人，特别是在"开发区热""房地产热"中，一些地方出现了多占多用、占而不用、闲置搁荒的现象，造成了耕地资源的严重浪费。直接影响到粮食的产量和农业的稳定。① 可利用土地特别是耕地的面积在日益缩小，已威胁到我国生存安全。

其五，海水入侵陆地。近年海水与沿海城市争地的现象不断涌现。大连市海水入侵面积达 220 平方公里，还有 200 平方公里属轻微入侵；山东寿光市海水入侵使 2000 公顷耕地变成盐碱地；青岛市 600 公顷农田遭遇侵

---

① 参见中新社北京 2006 年 7 月 4 日电《中国国土资源部部长田凤山新闻发布会发言》。

蚀，10 个村庄 3 万人吃水困难；烟台市供水水源地水质已遭海水破坏。专家称，沿海许多城市再不注意节地节水，将会变成"海水托城"。

总之，上述人口、水、能源、矿产、土地等资源，是经济社会可持续发展的物质基础和保障。这种资源国情状况，使中国人在大步迈向小康社会之时，电荒、水荒、油荒、资源匮乏接踵而至，不少"危机"已成为人们心头抹不去的阴影。未来发展资源需求压力的加大，还会加重资源短缺的苦涩。面对这种基本国情，虽然党中央、国务院早就提出要转变经济增长方式，各地方、各部门也做出了努力，取得了一定成效，但由于种种原因，问题并没有从根本上得到解决。目前，我国单位国内生产总值（GDP）能源、原材料和水资源消耗大大高于世界平均水平。生产、建设、流通、消费领域浪费资源的现象相当严重。一些城市建设贪大求洋，汽车消费追求豪华型、大排量，住房消费追求大面积、高标准，有的产品过分包装，一些活动讲究排场和大吃大喝，不仅造成资源供求矛盾日趋尖锐，而且使煤电油运紧张，环境污染加重，导致一些重要矿产资源对外依存度不断上升，资源难以支撑这种粗放的经济增长方式。中央明确提出要建设节约型社会，在社会生产、建设、流通、消费的各个领域，在经济和社会发展的各个方面，切实保护和合理利用各种资源，提高资源利用效率，以尽可能少的资源消耗获得最大的经济效益和社会效益。努力转变生产方式，加快建设节约型社会，是唯一正确的选择。

建设节约型社会，是一项浩大的系统工程，涉及社会的方方面面。但具体到每一个人来说，就是从我做起，就是细节的节约。温家宝总理曾说，"天下大事必作于细"，资源、能源是关乎国家发展的大事。但资源、能源又与每一个人的生活息息相关，生活中的衣、食、住、行，每一样都离不开资源，从这个角度讲，节约资源又需要从小处着眼、从小处着手。节约在于细节。如果每一个单位都从细节抓起，每一个公民都从小事做起，节约一度电、一滴水、一颗螺丝钉，就会积少成多、聚沙成塔、聚水成河。节约在于细节，关键在于人人都要增强节约意识，养成节约的习惯。早在战争年代，毛泽东同志就号召，为了战争和革命事业，节约每一个铜板。今天，我们建设节约型社会，仍然需要提倡"节约每一个铜板"的精神。我们常见，在一些单位和部门长明灯、长流水；电脑、打印设备、传真设备 24 小时不关；酒桌上浪费、挥霍，这些看似小事，但积少成多，天长日久，浪费是巨大的。从经济学角度讲，节省成本就是提高效益，节约就是增效，浪费就是减收。要常算成本账，常算节约账，人人养成节约的习惯，这对我国具有战略性意义。

第二节　科学发展与节约型社会

加快建设节约型社会是科学发展观的必然要求，这就要求我们对科学发展观的精神实质、丰富内含、本质要求等有深入的了解。只要把握了科学发展观，这个问题才不难理解，才知道按照这种"必然要求"去实践，对发展才是高屋建瓴，才能事半功倍。

以胡锦涛同志为总书记的党中央，高举邓小平理论和"三个代表"重要思想伟大旗帜，深入贯彻党的十六大和十六届三中、四中、五中全会精神，提出了"以人为本，全面、协调、可持续发展"的科学发展观。这个发展观是根据马克思主义辩证唯物主义和历史唯物主义基本原理，深刻总结了国内外在发展问题上的经验教训，吸取了人类文明的进步成果，站在历史和时代的高度，进一步指明了新世纪、新阶段我国现代化建设的发展道路、发展模式和发展战略，进一步明确了我国要发展、为什么发展和怎样发展的重大问题。科学发展观是对马克思主义、毛泽东思想、邓小平理论和"三个代表"重要思想的继承和发展，是一种重大的理论创新，是我们推动经济社会发展、加快推进社会主义现代化建设必须长期坚持的重要指导思想。

在建设节约型社会过程中，要始终坚持以科学发展观来指导我们的工作。必须从理性上和历史经验教训中，深刻理解科学发展观的精神实质。我们要的发展，是经济的发展，是社会的发展，是生态的发展，是人的全面发展，是可持续的发展，只讲其中一项，或者丢掉其中任何一项，都是片面的。对其中任何一项缺乏科学定位，都不能正常发展，对其彼此如何互动不明确，也不能正常发展。

过去走传统工业化道路，粗放的生产方式是导致当前生态破坏、环境污染、资源枯竭的根源。发展不能污染环境，破坏生态，耗尽资源。这个问题的解决从总体上说，是人、发展、环境、资源的关系要妥善处置，人和自然要和谐相处。这其中一个关键问题，是用新型工业化道路替代传统工业化道路。在信息科学、高新技术迅猛发展，科学技术正酝酿新的革命的今天，在新的经济形势下，我们也应该有条件地探索一条新的工业化路子。现在中央已明确提出要走科技含量高、经济效益好、资源消耗低、环境污染少、人力资源优势得到充分发挥的新型工业化道路。我们的工业化道路要加快转轨，不断创新，一改传统工业化的老路。

科学发展观的第一要义是发展。它对建设节约型社会有着强烈的内在要求。这种内在要求突出地从发展观相互联系、相互影响的三个基点上充分表现出来。

1. 科学发展观的核心"以人为本"，要求高度重视"建构节约型社会"这一关乎人民生存和发展的重大问题

科学发展观要求坚持以人为本，并以此为核心。这里的"人"是指人民群众，这里的"本"是指发展的根本宗旨。以人为本就是要以实现人的全面发展为目标，从人民群众的根本利益出发谋发展、促发展，不断满足人民群众日益增长的物质、文化需要，切实保障人民群众的经济、政治和文化权益，让发展成果惠及全体人民。

吸取过去的经验教训，我们发展的视野绝不能不首先关注人，不能不关注人的利益和要求，绝不可缺失人的全面发展。离开了人，发展就失去了目的。应该看到，经济的发展、社会的发展、生态的发展不等于人的全面发展，忽视人的全面发展，是一种不科学的片面发展。在资本主义国家，由于其制度的原因，没有也不可能把人的全面发展作为其发展目标，虽然它们也强调发展教育、提高国民素质和维护人权，但由于阶级原因，都有其局限性，从出发点到具体做法再到结果，与人的全面发展的要求有所不同。在社会主义国家，很长一段时间总觉得人的全面发展是将来共产主义社会的事，再加之温饱问题尚未解决，首先要解决温饱问题，因此在发展的视野中，没有人的全面发展的位置。缺失了人的全面发展，其他的发展就失去了应有的意义，发展就在根本的价值观上有所缺失。科学发展观中的"以人为本"与西方提出的以人为中心有着质的不同，那种以人为中心，虽然强调人的权利和地位，具有一定的进步意义，但是在资本主义制度下，不管有什么样的发展理念，都不可能改变资本主导的利益格局。其发展成果不可能造福全体人民。我们的科学发展观，必须一切从人民的利益出发，时时刻刻关心人民的困难和疾苦，使发展惠及人民群众。现在人民的生产和生活遇到诸多亟待解决的问题，如呼吸不上新鲜空气，喝不上水，没有能源，耕地不断被改作他用，有的资源紧缺面临枯竭，一些矿产资源靠进口依赖于外国，浪费相当严重等。人民的生存和发展沿着老路走，将无法顺畅地前行，面对这样的情况，必然要促使人们去思考应对。现在越来越明确，解决的根本办法就是走建设节约型社会的路子。所以建设节约型社会成了科学发展观的内在要求。

从实践来看，把握这个核心，对落实科学发展观，走节约之路，解决发展中面临的能源、资源短缺问题至关重要。过去我们的工作为什么常常做得不理想，出现这样或那样的问题？这里面有多种原因，但一个重要的原因就是以人为本做得不好，有违这个"核心"。

大量的情况显示，我们在加快建设节的型社会中，贯彻"以人为本"，必须把握好下列几个方面。

（1）建设节约型社会的目的是维护、实现、发展人民的利益，也就是实践我们党全心全意为人民服务的宗旨。在平日的发展中，从根本上反对为发展而发展、为政绩而发展、为个人名利地位而发展和那些缺乏历史责任感和使命感的发展观。强调发展是实现目的的手段，不能混淆与颠倒目的与手段的关系。同样，在今天建设节约型社会过程中，不仅要反对那些为局部利益不顾整体利益的做法，也要反对那些敷衍塞责和形式主义的做法，反对那些以此为个人作秀的做法，一句话，要反对违背建设节约型社会目的的思想和做法。目的从总体上规划和制约了工作的方向、动力、标准、进程。

（2）建设节约型社会的主体是人民群众。只有人民才是创造历史的根本动力。建设节约型社会必须十分明确，要千方百计地宣传群众，动员群众，组织群众，武装群众，依靠群众，使之变成亿万群众的自觉行动，充分发挥群众的积极性和主动性。

（3）建设节约型社会的得失要看人民的评价。一切均以人民满意不满意、高兴不高兴、赞成不赞成为衡量的标尺，不能自我的主观认定。人们常说，工作得失要由历史来评论，实际上历史的评价就是人民的评价，是人民创造历史的实践做出的评价。

（4）建设节约型社会的规划必须建立在人民群众所处历史地位的科学判断基础之上。建设节约型社会要以只争朝夕的精神尽快工作，那种缺乏紧迫感、拖拖拉拉的做法不可取。但是那种不顾条件，只按主观愿望，只凭主观意志的做法也不可取，发展是一个漫长的过程，只能分步骤不断推进。要清楚地看到我国处于社会主义初级阶段，按照三步走战略，前两步已经圆满实现，现在跨入第三步，第三步头20年是最好的机遇期。工作中，我们要充分利用所处的机遇期，去凝聚力量、提高认识、鼓舞斗志，去推进工作。

（5）建设节约型社会是理想不断现实化的过程。发展要处理好人民的理想与人民所处现实的关系。建设节约型社会同样要处理好理想与现实的关系。人民总是有着崇高的理想，向往一个理想的节约型社会，过上全面小康的美好生活，这是一个民族和国家生生不息、不断进取的根本动力，理想是一种伟大的精神力量。但是理想要靠发展一步步实现，理想与现实总是有差距的，二者不能混同。这就一方面要宣传好我们的理想和实现理想取得的成绩，以调动激情，鼓舞斗志；另一方面又要防止把理想等同于现实，对为实现理想做出的努力和取得的成绩不能准确告知，就会把人们的胃口调得太高，产生负面效应，不利于工作的推进。

总之，以上诸点，一方面说明每一个环节都是在建设节约型社会中不可忽视的；另一方面充分体现了科学发展观核心"以人为本"对建设节约型社会的制约和指导作用，渗透在实践的全过程，是我们在建设节约型社会这样关系国家前途和命运的大事中办任何事情都应该遵循的。

以人为本是唯物史观在新形势下解决发展问题所强调的一个核心问题。它从世界观、方法论的高度，使我们看清建设节约型社会的重要性和必要性，也从根本上指导我们去认识和对待实践中所遇到的问题，正如温家宝总理在《关于制定国民经济和社会发展第十一个五年规划建议的说明》中所强调的："以人为本、执政为民，是我们党的宗旨的本质要求。必须坚持把人民群众利益放在第一位，把改善人民生活作为发展经济的出发点和归宿。从最广大人民的根本利益出发谋发展、搞建设，切实保障人民群众的经济、政治、文化权益。随着经济的发展和社会财富的增加，要不断增加城乡居民收入，拓宽消费领域，优化消费结构，提高消费水平和生活质量，着力解决涉及人民群众切身利益的突出问题，使全体人民共享改革发展的成果，过上更加宽裕的小康生活。"[1]

2. 全面协调的基本要求，特别是统筹人与自然的关系，使建设节约型社会成为一个突出的议题

（1）统筹人与自然的协调发展，在全面协调中或整个统筹中有它特有的地位和作用。全面协调是科学发展观的基本要求。只有全面协调，才能快速、高效、持续的发展。全面协调关键是要善于统筹各方面的关系。统筹是为了兼顾，统筹是为了整合，统筹是为了协调。科学发展观特别强调了"五个统筹"。这些统筹，不管是统筹城乡协调发展，还是统筹区域发展，不管是统筹经济与社会的发展，还是统筹国内发展和对外开放，都是一种物质利益的调整，而任何物质利益的调整都深深植根于自然资源之中，包含着自然，联系着自然，没有离开人与自然的关系。所以，"统筹人与自然"对其他统筹的制约影响，对全面协调的影响不可忽视，有它特有的地位和作用。

人与自然关系这个古老的命题，在今天该如何科学回答，则有着不同一般的重要性和紧迫性。科学发展观则把"统筹人和自然"专门列出加以强调。强调人类不能肆无忌惮地掠夺自然，挥霍浪费自然资源，应该节约自然资源，珍爱和保护自然，使二者协调发展，强调应该使自然不仅能够支持人们今天的发展，而且能够支持人们今后的持续发展。所以科学发展观关于"统筹人与自然"的协调发展，不仅内在地要求建设节约型社会，而且对我们建设节约型社会规定了重要的指导原则。

（2）人与自然的冲突对抗，这一需要高度重视和解决的难题，呼唤走节约之路。自从自然孕育了人类，就产生了人与自然的关系问题。人类发展初期，生产力水平极低，几乎处于单纯适应自然的原始态度，随着生产力水平的逐步提高，人类进入农业文明时期，不仅能适应自然，而且能改

---

[1] 温家宝：《关于制定国民经济和社会发展第十一个五年规划建议的说明》，《人民日报》2005 年 10 月 19 日。

造自然。以后又转入工业文明时期，发明了蒸汽机、纺织机等大机器，改造自然、征服自然的能力就异常强大了。现在则跨入了信息文明时期，简直是上天入海，呼风唤雨，重造山河，无所不能，核武器竟可以把整个地球毁灭60次之多，改造、征服自然的能力是过去无法比拟的了。

不同文明时期人与自然关系凸显的问题不同，特点不同。但存在一个共同的问题，就是在人与自然对话、处理人与自然关系时，强调"天人相分"、主客对立，逐渐逐渐形成"以人类为中心"的对话格局。这种对话格局就是只重视探索自然、征服自然、索取自然，形成人与自然的对立。

在对立中，常常一方面只看到人的独立性，看不到人对自然的依存性；只强调人的需求，丝毫不考虑自然同不同意、能不能满足这种需求；只注重提高人类征服自然的能力，不注意自然的承载能力；只为人的欲望得到满足而兴高采烈，根本不管自然被破坏。另一方面则对江河泛滥、海啸地震等的狂肆缺乏对人的生命财产的关怀；对自然演变听之任之，不注意如何使之向有利于人类发展的方向发展。总之，对人与自然的关系不能正确对待。正因为如此，人与自然的对抗已经达到相当严重的地步。

现在地球的承载早已亮出"红牌"，人类赖以度日的家园难以为继，人类的生存出现了危机，逼着人类要改变那种传统的无视一切的自我中心论，重新审视那种只顾索取的理论，正确处理好人与自然的关系，珍爱自然，节约资源。走节约型社会之路，已成了一种世界的呼声。全世界关于建设节约型社会大会的召开，说明人类发展已经步入了这种历史的必然。

（3）统筹人与自然协调发展，最根本的就是要转变生产方式，建设节约型社会和环境友好型社会。一是统筹人与自然和谐发展，首先要看清统筹的核心关键所在。人与自然关系纷繁复杂，关系众多，如何去统筹？从实质上讲，就是要处理好经济建设、人口增长、资源利用、生态保护这四者的关系，四者缺一就不可能统筹好。要通过妥善处理四者关系，去推动整个社会走上生产发展、生活富裕、生态良好的文明发展道路。我国人口众多，资源相对缺乏，生态环境承载能力弱，这种基本国情在经济快速增长和人口不断增加的情况下，能源、水资源、土地资源、矿产资源等方面的相对短缺将更加严峻。如果对上述四者关系缺乏高度重视，或者处理失当，将会威胁到可持续发展，使全面建设小康社会的重要目标难以实现，它关系到中华民族生存与长远发展的根本大计。

二是统筹人与自然的和谐发展，必须做到四个坚持，即坚持计划生育、保护环境和保护资源的基本国策；坚持经济社会发展与环境保护、生态建设相统一，既要讲求经济效益，也要重视社会效益和生态效益；坚持资源开发与节约并举，把节约放在首位，在保护中开发，在开发中保护，坚持统筹规划，加大投入，标本兼治，突出重点，有步骤地进行环境治理和建设；坚持依靠科技进步推进环境保护和治理，推进资源开发与节约，依法严格保护环境与生态，坚持深化改革，创新机制，实行政府调控和市场机制相结合，从体制和机制上鼓励生产建设和环境保护，促进可持续发展。

三是统筹人与自然的协调发展，要大力发展循环经济。促进资源利用由资源—产品—废弃物线性模式向资源—产品—再生资源循环模式转变，在经济发展中充分利用资源，提高资源利用效率，实现资源利用最大化、排放废物最小化，保证经济社会的可持续发展。

四是统筹人与自然协调发展，最根本的是要致力于转变生产方式，建设节约型社会和环境友好型社会。当前我国增长方式的粗放性是造成人与自然不协调的主要原因。粗放的增长方式带来资源、生态、环境等诸多方面的严重问题。如我国工业废弃物排放水平大大高于发达国家，单位产值的废水排放量比发达国家高 4 倍，固体废弃物排放量比发达国家高 10 倍，全国七大水系仅有 38% 可作为集中饮用水源，75% 的湖泊出现富营养化现象。粗放的增长方式在许多方面显示出超过了国内资源和环境的承载能力，只有从根本上转变增长方式，使我国高消耗、高污染，高投入、低产出的粗放型生产方式转变为低消耗、低排放、高效率的集约型生产方式，加快建设节约型社会才是治本之策。

3. 持续发展的基本原则要求走节约之路，否则发展将无以为继

所谓可持续发展，就是发展的进程必须是持久性、连续性和可再生性的。现在发展由于造成环境污染、生态破坏、资源枯竭、人口爆炸等诸多情况，使发展面临危机。可持续发展的问题尖锐地摆在世界各国人民面前。特别是像中国这样拥有 13 亿人口的大国，人均资源短缺，如何才能坚持走生产发展、生活富裕、生态良好的文明发展道路，不仅要保证今天的发展，而且要保证今后的发展，保证一代接一代地能永远持续地向前发展，实践一再昭示，必须坚持走建设节约型社会的道路。

总之，我们上面从科学发展观的核心，从科学发展观对协调人与自然关系的要求，从科学发展观关于可持续发展的基本原则这三个不同视角，具体剖析了科学发展观与建设节约型社会的内在联系和要求，它促使我们深刻认识加快建设节约型社会的重要性和必要性，极大地激发了我们在这方面的自觉性和积极性。事情正如温家宝总理所强调指出的："加快建设节约型社会，是贯彻科学发展观的必然要求。科学发展观是我们党对我国现代化建设指导思想的重大发展。贯彻落实科学发展观的一个重要方面，就是要处理好经济建设、人口增长、资源利用、环境保护的关系。在节约资源、保护环境的前提下实现经济较快发展，促进人与自然和谐相处，提高人民生活水平和生活质量。在发展经济的同时，加强环境保护和治理，让人民群众喝上干净的水、呼吸清洁的空气、吃上放心的食物，在良好的环境中生产和生活。"①

第三节　小康社会与节约型社会

现在全国上下齐心协力奔小康，但是在我们全面建设小康社会时，必须有一种清醒的认识，即随着我国全面小康社会建设的推进，经济规模进一步扩大，工业化不断推进，居民消费结构逐步升级，城镇化步伐加快，市场化和国际化进程加快，我国进入了能源、资源消耗的快速增长阶段，资源供需矛盾和环境的压力将会越来越大。如果我们不重视这个矛盾，不未雨绸缪，不善于处理这个矛盾，那就会遇到意想不到的障碍，美好的理想就难以实现。实践已经证明，还将不断证明这个矛盾会从多方面表现出来。

1. **经济规模扩大加剧了发展与能源、资源短缺的矛盾，呼唤走节约之道**

经济是小康社会的物质条件和基础，没有经济的发展，生存问题都解决不了，根本谈不上小康。我国在奔小康过程中，始终坚持以经济建设为

---

① 温家宝：《高度重视　加强领导　加快建设节约型社会》，《湖南日报》2005 年 7 月 4 日。

中心。经济规模扩大，既是奔小康的必然结果，也是奔小康成果的伟大体现。新中国成立以来，特别是改革开放以后，我国经济持续快速的发展，规模不断扩大。2003 年朱镕基总理在任期结束时的政府工作报告中宣布，5 年来国内生产总值从 1997 年的 7.4 万亿元增加到 2002 年的 10.2 万亿元，按可比价格计算，平均每年增长 7.7%。2003 年"国内生产总值比上年增长 9.1%，达到 11.67 万亿元；人均国内生产总值突破 1000 美元"，跨上一个重要台阶。

　　温家宝任国务院总理后，在以胡锦涛为总书记的党中央领导下，又取得了可喜成绩。2004 年，国内生产总值达到 13.65 万亿元，比 2003 年增长 9.5%；2005 年国内生产总值达到 18.23 万亿元，比 2004 年增长 9.9%。

　　从总体上看，"十五"期间国内生产总值由 2000 年的 99215 亿元上升到 2005 年的 182321 亿元，平均每年以 9.5% 的速度递增，比"九五"时期平均增速高 0.9 个百分点。其中，第一、第二、第三产业增加值分别达到 22718 亿元、86208 亿元和 73395 亿元，平均增长速度分别为 3.9%、10.7% 和 9.9%。"十五"期间成绩可观，当时"预计 2005 年我国的经济总量将超过意大利、法国和英国，跃至世界第 4 位，我国国内生产总值占世界的份额也将提高到接近 5.0%。人均 GDP 则由 2000 年的 7858 元（949美元）提高到 2005 年的 13985 元（1707 美元）。人均 GDP 步入 1000 ~ 3000 美元的新的发展阶段，在向中等发达国家水平挺进的道路上迈出重要一步"。[①]

　　"十一五"期间规模进一步扩大，使本来紧缺的资源变得更为供给紧张。《国家中长期科技发展规划纲要》中称："根据国家发改委能源所的分析预测，2020 年，我国一次能源的需求在 25 亿 ~ 33 亿吨标准煤之间，将是 2000 年的两倍；2050 年，我国为实现达到目前中等发达国家水平的目标，人均 GDP 将达到 1 万美元，届时我国能源需求量约为 50 亿吨标准煤。未来，我国能源将面临更大的挑战。根据预测，2020 年我国石油对外依存度将超过 55%，天然气的进口依存度为 25% ~ 40%。2020 年后，我国国

---

① 引自国家统计局资料《"十五"时期我国经济社会发展取得巨大成就》，中央政府门户网站，http://www.gov.cn，2006 年 3 月 13 日。

内能源供应缺口将进一步扩大。"① 显然，将经济规模扩大所需要的资源支撑建立在依靠别国供给的基础上是行不通的，我国 13 亿人口的特定国情，决定了物资需求量特别大，没有哪个国家能够承载，如 2004 年我国消耗钢材 31 亿吨，世界没有哪个国家能为中国生产如此多的钢材。同时，依赖进口，就丧失了主动，就必须委曲求全，牺牲自己的利益。因此，解决经济发展与资源硬约束矛盾，只有靠节约，走资源节约型内涵式发展道路。

2. 工业化的推进加剧了发展与能源资源短缺的矛盾，呼唤走节约之道

工业是国民经济的主导，工业化是现代化的主线。离开了工业的发展，经济就会缺失支撑和内容，奔小康也无法实现。在建设中我们始终重视工业的重要作用，致力于国家的工业化。从新中国成立到今天，我国工业化经历了三个不同的发展阶段：①改革开放前（1949～1978 年）。在计划经济体制下，实行了优先发展重工业的赶超战略，以农业为基础，农轻重并举。为此走了高积累、高投入、以追求数量扩张为特征的外延型工业化道路。②1978～1996 年党的十六大前，在市场经济的指引下，以建立现代企业制度为改革目标，在卖方市场转换为买方市场的推动下，虽不断调整结构，但仍按照传统工业化道路向前发展。未能从根本上改变以高投入和追求数量为特征的外延型工业化道路。在不到 20 年的时间里，我国的经济总量翻了两番，三次产业的结构由 1978 年的 28.1：48.2：23.7 提升到 19.7：49.0：31.3，居民消费水平由 1978 年的 184 元增加到 1995 年的 2311 元，创造了令世界瞩目的经济奇迹。③十六大（1995 年）以后，总结过去的经验教训，面对经济全球化、中国加入 WTO、高新科技迅猛发展的新形势，重新审视我国工业化发展道路，提出了"坚持以信息化带动工业化，以工业化促进信息化，走出一条科技含量高、经济效益好、资源消耗低、环境污染少、人力资源优势得到充分发挥"的新型工业化道路，使工业化进入了一个崭新的阶段。

几十年工业化的不断推进，成绩巨大。工业快速增长致使国民经济在 1988 年比 l980 年翻一番的基础上，用 7 年的时间又翻了一番，从而使国民

---

① 《聚焦国家中长期科技发展规划：战略研究破题在即——访能源、资源与海洋发展科技问题研究组组长王大中》，《科技日报》，http://www.xjtust.com，2004 年 6 月 5 日。

生产总值原定的 2000 年比 1980 年翻两番的目标提前 5 年实现。从最近 5 年工业增长的统计情况来看,形势十分喜人。2001 年是 43581 亿元,2002 年是 47431 亿元,2003 年是 54946 亿元,2004 年是 66210 亿元,2005 年是 76190 亿元。

但是工业如此迅速的增长,主要是依靠高投入支撑,"六五""七五""八五""九五"和"十五"头 3 年,每增加 1 亿元 GDP 所需要的固定资产投资分别为 1.8 亿元、2.15 亿元、1.6 亿元、4.49 亿元和 4.99 亿元(其中有些不可比因素)。[①] 虽工业和国民经济成绩可喜,但生产方式走的是一条粗放式道路,成绩是以高能耗、高资耗、高污染、低效益换来的。

据统计,在"八五"期末,我国单位国民生产总值消耗的能源是世界平均水平的 4 倍,是发达国家的 6 倍,创造的 GDP 仅相当于世界的 4%;从单位 GDP 产出能耗看,我国与发达国家的差距非常大:以日本为 1,则意大利为 1.33,法国为 1.5,德国为 1.5,英国为 2.17,美国为 2.67,加拿大为 3.5,而我国则高达 11.5。我国的耗能设备能源利用效率比发达国家普遍低 30% ~ 40%,每 1000 美元 GDP 排放的二氧化硫,美国为 2.3 千克,日本为 0.3 千克,而我国则为 18.5 千克。水资源循环利用率比发达国家低 50% 以上。[②] 2003 年,我国的原油、原煤、铁矿石、钢材、氧化铝和水泥的消耗量分别约为世界总消费量的 7.4%、31%、30%、27%、25% 和 40%。[③] 不仅能源消耗高,而且其他矿产等资源的消耗也高,据统计每单位国民生产总值消耗的主要原材料是日本的 6 倍、美国的 2 倍。[④]

我国经济总量已经达到很高的水平,2002 年的 GDP 总量已经达到 10.2 万亿元,人均接近 1000 美元,如果按照世界银行的购买力平价(PPP)计算,我国的经济总量已经跃居世界第 2 位;2005 年又达到 18 万亿元之多。并且规划到 2020 年比 2000 年要再翻一翻。这样大的经济总量和这样多的人口,按照过去 20 年的增长方式,能源、资源耗量之大,对环境承载力的要求之高,更会进入一个新的阶段。特别是目前我国工业已进

---

① 马凯:《科学的发展观与经济增长方式的根本转变》,《求是》2004 年第 8 期。

② 齐建国:《警惕"新结构危机"与"生态环境泡沫"》,《光明日报》2004 年 2 月 16 日。

③ 马凯:《科学的发展观与经济增长方式的根本转变》,《求是》2004 年第 8 期。

④ 陈锦华主编《第八个五年计划期间中国经济和社会发展报告》,中国物价出版社,1996。

入重化工业阶段，从改革开放初期到 20 世纪 90 年代中期，我国工业的发展一直是以轻纺工业为主要推动力，90 年代中期以后，重工业增长的速度开始超过轻纺工业，成为经济增长的主要动力。进入 21 世纪，不管专家学者们如何指责不该迈向重化工业阶段，重工业加速增长的趋势更加明朗，中国迈向重化工业阶段，已经是不争的事实。据统计，2000～2003 年，我国重工业增长速度为 140%，高出轻工业 28 个百分点。与之相应，重工业在工业中的比重从 62.5% 提高到 64.3%。[①] 不管是根据数量指标，还是质态指标，均已跨入发展的加速时期。加速时期除了意味着经济必将持续增长、国民经济结构将急剧变化，一个重要的问题，是资源消耗大增，社会成本上升。

我国再一次进入重化工业发展期不是偶然的，是建设和实现小康社会需要经历的一个经济发展过程。小康社会的一个重要标志，就是人们生活进入现代化，进入较高的物质生活状态和水平，而住宅、汽车、电子通信、城市基础设施建设等终端消费，既是小康社会建设的主要内容，又是小康社会的主要载体和实现形式，而这些产业的发展，就带动了具有中间投入性质的钢铁、有色金属、建材、机械、化工等重化工行业的扩展，特别是住行产品和城市基础设施，对中间产品的需求很大，产业关联系数很高，对中间投入性行业的带动作用非常突出。经济是一个环环相连的有机整体，终端和中间投入性行业的发展，又共同拉动了能源、交通等基础产业的发展，而能源、交通的发展又加大了对中间产品的需求，彼此关联，相互促进。所有这些产业联系的变化，集中起来，就是推动机械制造、冶金、化工、建材等重化工业重新加快发展。重化工业的这些产业有几个特点：一是建设周期长；二是投资规模大；三是产业联系复杂。因此，重化工业方面带来的短缺现象短期难以消除，有关产业一旦启动，惯性很大，带动面广，对经济回升的推动比较持久，一旦出问题，造成损失，就非同一般，代价会很高。从国际经验来看，一个国家工业化阶段能耗强度呈倒"U"形走势，也就是说，在工业化进程中能耗强度逐渐攀升，进入重化工业阶段，能耗强度达到最高，到了工业化后期和后工业化阶段，能耗强度

---

① 苗俊杰、彭涛：《中南海提升节约能源资源的战略高度》，《瞭望》2005 年第 27 期。

不断下降。目前，我国在加速小康社会建设中，出现重化工业导致资源、能源的高消耗矛盾，要在建设节约型社会思想指导下，从优化产业结构中寻找突破口，这就是限制一些高能耗行业的盲目投资和低水平扩张，努力从传统工业化道路向新型工业化道路转变，从粗放的浪费资源的生产方式向集约的节约资源的生产方式转变。毕竟，这是一个关系经济能否持续发展的关键问题。

3. 居民消费结构升级加剧了发展与能源、资源短缺的矛盾，呼唤走节约之道

居民消费是一个十分重要的问题，既是生产目的体现以人为本的反映，也是生产运行中一个不可或缺的环节，更是拉动内需，促使经济持续、快速发展的一个重要方面。居民消费结构能够不断升级，既反映了人民生活的改善，又说明了奔小康形势喜人。

随着我国经济社会的发展、居民收入水平的不断提高和国家各项消费政策的出台，我国城乡居民消费结构快速升级，城乡居民恩格尔系数逐年下降。国家统计局统计公布，"十五"时期城乡居民生活不断得到改善。城镇居民人均可支配收入由2001年的6860元上升到2005年的10493元；农村居民人均纯收入由2001年的2366元上升到2005年的3255元；城镇居民家庭恩格尔系数从2001年的38.2%下降到2005年的36.7%；农村居民家庭恩格尔系数从2001年的47.7%下降到2005年的45.5%。2003年我国人均GDP超过1000美元，2004年我国人均GDP达到了1200美元，达到总体小康水平。我国城镇居民恩格尔系数也从2000年的39.4%下降至2004年的37.7%，这一系数虽然与发达国家30%以下的水平仍有距离，但已经接近日本，其中，北京、上海、广州等地居民恩格尔系数已降至35%以下。

居民从基本的衣食消费正在向高一级的住行消费转移，我国居民在经历家电产品全面普及的万元级消费后，正进入一个以教育、购房、买车为主要内容的新"三大件"消费时期，我国私人汽车拥有量从600多万辆增加到1500万辆左右，城镇人均住宅建筑面积从20平方米增加到近25平方米。以往城乡居民千元级、万元级消费正在向十万元级甚至百万元级消费快速转变，购房、买车等十万元级以上的消费逐渐进入寻常百姓家，教

育、购房、买车已经成为中国百姓生活的重要组成部分。我国消费结构升
级步入"加速跑"阶段。不仅城市消费形势好,而且农村消费也日渐红火
起来。农村居民恩格尔系数从 2000 年的 49.1% 降至 2004 年的 47.2%。不
少农民生活方式已变为小康型。

商务部的调查报告显示,2004 年,山东、江苏、浙江三省农民人均年
消费支出超过 3500 元,其中浙江农民人均年消费支出超过 4600 元,农村
基本生活需求支出占整个消费支出的比重明显下降,提高生活质量的通
信、娱乐、医疗、交通等支出比重明显提高。三省农民家庭拥有电视机、
手机、电脑、生活用汽车的比例分别超过 50%、35%、3.1% 和 2.6%,有
购买电脑、手机、生活用汽车等意向的农民比例分别达到 11.5%、7.8%
和 7.3%。

目前,我国珠三角、长三角、环渤海地区大约有 2 亿人口的人均 GDP
为 2000~3000 美元,上海人均 GDP 在 2001 年就已经超过 4800 美元。[①] 消
费能力空前强大,消费结构迅速提升。预计这种消费升级状况还会进一步
持续。据 2005 年中央经济工作会分析,在拉动 2005 年经济增长的三驾马
车中,相比高速增长的贸易顺差和固定资产投资,消费增长相对滞后。数
字显示,2001 年以来,我国固定资产投资年均增长率高达 22.5%,与此同
时,消费仅增长了 10.7%,投资与消费对 GDP 增长的贡献率极不和谐。
中央对此给予足够重视,明确提出:扩大内需是我国经济发展的长期战略
方针和基本立足点。要努力调整投资与消费的关系,把增加居民消费特别
是农民消费作为扩大消费需求的重点,不断拓宽消费领域和改善消费环
境,"烧旺"消费市场。[②] 在中央扩大内需政策推动下,2006 年以来消费
形势更加喜人,南京市对全市调查显示:"按限额以上贸易企业统计,上
半年实现汽车类零售额 41.4 亿元,同比增长 50.4%;实现石油及制品类
零售额 22.64 亿元,同比增长 34.3%;家具类商品零售额 1.06 亿元,增
长 35.6%;家用电器类商品零售额 25.32 亿元,增长 33.5%;实现通讯器

① 新华社:《我国居民消费结构快速升级 恩格尔系数逐年下降》,引自中国政府门户网站,
http://www.gov.cn,2005 年 9 月 25 日。

② 中央政府门户网站,http://www.gov.cn,2005 年 12 月 4 日。

材类零售额 8.91 亿元，同比增长 30.5%。"①

居民消费火爆，不仅生产各种消费产品需要资源，而且生活消费必然带动相关部门和行业企业的发展，带动生产的消费，生产的消费又迅速加大对相关资源的需求。消费资料生产与生产资料生产相互影响，相互促进，规模不断扩大，必然使资源的供需问题凸显，加剧资源短缺。这种情况下，迫使我们走节约之道，动员全社会参与节约。上海市算过一笔账，如果夏天把空调温度调高 1℃，全市 480 万户家庭每天可减少 24 万千瓦左右的用电负荷；据计算，如果"全国的白炽灯都转为二极管节能灯，所节省的材料相当于两座三峡电站的发电量"。上海市这笔账清楚地告诉我们，如果全社会在消费结构升级时都提倡节约，讲究生活消费的合理和适度，将会对减少能源、资源的消费产生巨大的作用。

4. 城镇化加剧了发展与能源资源短缺的矛盾，呼唤走节约之道

城市对经济发展有着重大的核心作用、集散作用、带动作用、辐射作用、促进作用。马克思早在 100 多年前就曾经指出"现代化的历史是乡村城市化的历史"。从城市发展史可以清楚地看到，体现现代社会的各项指标都是在城镇化过程中实现的。城镇化是从农业文明转向工业文明，从工业文明转向现代文明的必经之路，也是衡量一个国家和地区工业化、现代化的重要标志。

"从世界上一些发达国家实现现代化的历程来看，无论是英、美，还是日、韩等国，都主要得益于空间高度集中的城镇化进程。特别是日本、韩国在 20 世纪中叶或末期，分别用 20~25 年的时间，以年均 1~1.5 个百分点的城市化率，加速了城市化进程。据联合国《世界城镇化展望》预计，2005 年世界城镇化水平为 49.2%，其中发达国家为 74.9%，欠发达国家和最不发达国家分别为 45.8% 和 27.7%；到 2007 年，世界城镇人口比重将会超过 50%，人类将从此进入城市时代。当前，经济全球化正在深刻影响城镇化进程，培育具有全球竞争力的大都市区已经成为各国城镇体系发展的战略目标，也是一个国家参与全球竞争的战略性节点，特别是一些经济发达国家，以大都市为核心的城镇密集区域日益强化。如美国以纽

① 新华网江苏频道，http://www.js.xinhuanet.com，2006 年 7 月 20 日。

约等 5 个国际大都市为核心的城镇密集区域已经拥有 54% 的全国人口，日本三大都市圈人口占全国的比重达 681%。韩国首都圈人口占全国的比重超过了 50%。当今世界，城市生产力的发展水平和城市经济的发展，直接体现和反映了一个国家或地区的生产力发展水平，没有一个国家的现代化能游离于城镇化进程之外。"①

我国十分重视城镇化建设。党的十六大明确指出：加快城镇化进程，是全面建设小康社会的重大任务和必然趋势。我国城镇不发达，如果不加快城镇化，奔小康就无法实现，因为城镇与市场是紧密相连的，城镇建设差，市场经济就不发育，市场经济就兴旺不起来，整个经济社会就活不了、富不了。经济不快速发展，建设全面小康社会就缺乏物质基础，就成了空中楼阁。首先，我们要从小康社会的经济基础这个角度深刻认知城镇化是建设小康社会的必然趋势。其次，只有城镇化才能使信息、交通方面的建设迅速发展。而交通的便捷是现代经济社会运转的基础和前提。而信息网络的发达，对经济社会的重要性正如一个人有无灵敏的神经一样。奔小康必须把信息、交通条件打造好。最后，城镇化能使各路人才聚集起来，奔小康是人才智谋显现的过程。没有人才，将无以为继。

改革开放以来，我国城市迅速发展，小城镇也蓬勃兴起，城镇化水平稳步提高，城镇体系不断完善，城市经济实力显著提高，城镇基础设施明显加强，城镇人居环境大为改善。据国新办、建设部 2004 年介绍："1978 年至 2002 年，中国城镇化水平由 17.92% 提高到 39.1%，提高了 21.18 个百分点，年均增长 0.88 个百分点，是前 31 年中国城镇化速度的 3 倍多，是世界同期城镇化平均速度的 2 倍多。我国城镇化发展进入了全面加速的阶段。到 2002 年底，中国设市城市达到 660 个，建制镇 2.06 万个，城镇总人口达到 5.02 亿人。"②

城镇化，总的说来是大中小并举，形成以大城市为龙头、大中小结合的城市群。但是如何以战略思维、全局思维和世界眼光谋划城市的建设和发展，是一门大学问。对于城镇化，我们高兴地看到珠江三角洲、长江三

---

① 罗海藩、童中贤、韩未名：《省域城镇化战略》，社会科学文献出版社，2006，第 6 页。
② 引自新华网，http://www.xinhuanet.com，2004 年 5 月 18 日。

角洲、环渤海地区城市群的出现，它们已形成对内地经济发展巨大的带动和辐射作用，只要进一步加强区内城市的分工协作和优势互补，这些城市群必然迅速增强整体竞争力，在奔小康中发挥举足轻重的作用。除了三大区域城市群，当然还要继续发挥经济特区、上海浦东新区的作用，推进天津滨海新区等条件较好地区的开发开放，带动区域经济发展。同时，在有条件的区域，以特大城市和大城市为龙头，通过统筹规划，形成若干用地少、就业多、要素集聚能力强、人口分布合理的新城市群。即使人口分散、资源条件较差的区域，也要重点发展现有城市、县城和有条件的建制镇。促进城镇健康发展，实现中国特色的城镇化道路，对全面繁荣经济、全面实现小康具有十分重要的战略意义。

关于城镇化，还有一个问题必须单独提出加以强调，我国农村广大，小城镇建设是一个不可忽视的问题。从 20 世纪 90 年代起，我国小城镇发展进入了一个新阶段。2002 年，建制镇数量达到 20601 个，镇区人口达到1.6 亿，占城镇总人口的 32%。由于我国农业富余劳动力和农村人口数量非常庞大，没有城镇化，农村劳动力就难以转移。"据有关方面预测，按城镇化每年以 1 个百分点递增计算，到 2020 年，我国需转移的农业富余劳动力和农村人口分别为 2 亿人和 3 亿人左右。如果仅依靠现有的 676 个城市来吸纳，这显然是不现实的。"① 因此，中国加速的小城镇建设意义非同一般，如何走出一条符合国情的大、中、小城市和小城镇协调发展的城镇化道路，值得很好的探索。

总的来看，当前中国正处于城镇化加速发展时期。这个时期必然会给资源供需带来一系列新的矛盾。

城镇化的发展，带来城镇居民住房、商店等民用建筑，政府、人大、政协、武警四大块及公园、图书馆、文博馆等公用建筑，交通、通信、供电、供气等基础设施的发展。而民用、公用建筑及基础设施发展，必然增大对钢铁、水泥、玻璃及其重化工业产品的需求，促使重化工业发展。而重化工业发展，必然迅速增加对能源及有关矿产资源的需求，从而加剧本已存在的资源供需矛盾。比如我国人均可耕地仅为 1.41 亩，相当于世界平

---

① 引自新华网，http://www.xinhuanet.com，2004 年 5 月 18 日。

均值的 1/4，每年城乡建设新增用地大致为 4000 多平方公里，导致耕地的减少，如何办？建筑用能在我国能源总消费量中所占比例已从 1978 年的 10% 上升到 2003 年的 27.5%，且仍将继续增长，能源供应如何解决？建设领域中的建筑业和住宅产业是资源消耗大户，据计算，钢材消耗约占我国钢材生产总量的 20%，水泥消耗量约占我国水泥生产量的 20%，玻璃消耗量约占我国玻璃生产总量的 15%，[①] 这些耗材哪里来？城镇化带来的新矛盾，迫切要求我们走节约资源之路。千方百计地减少自然资源条件和环境承载能力，合理利用土地、水、能源等重要资源。

总之，以上经济规模扩大、工业加速发展，城镇化迅速推进，居民消费结构升级，是我们奔小康的必经之路，也是奔小康成绩和大好形势的反映。在这个过程中出现能源资源供需的新问题是绕不开的。资源供给与需求矛盾越来越大，环境面临的压力也日益突出。出路何在？唯一的办法就是转变生产方式，走节约资源之路，加快建设节约型社会。正如温总理所说，"加快建设节约型社会，是全面建设小康社会的重要保障。我国在全面建设小康社会进程中，经济规模将进一步扩大，工业化不断推进，居民消费结构逐步升级，城市化步伐加快，资源需求持续增加，资源供需矛盾和环境压力将越来越大。解决这些问题的根本出路在于节约资源。加快建设节约型社会，既是当前保持经济平稳较快发展的迫切需要，也是实现全面建设小康社会宏伟目标的重要保障"。[②]

第四节　经济安全与节约型社会

在今天全球化、信息化的新形势下，经济安全和国家安全就被凸显出来，成为大家十分关注的问题。在我们现代化事业的推进中，有一个情况必须引起高度的警醒，这就是对外的依存度问题。我国对外开放，加入 WTO，扩大外贸，重视国际交往和合作，必然会产生对外依存度问题。但是我们推进现代化事业的着眼点和立足点必须放在国内。这既是做好工作

---

① 《解读国家中长期科技发展规划纲要》，《人民日报》2006 年 1 月 12 日。
② 温家宝：《高度重视　加强领导加快建设节约型社会》，《人民日报》2006 年 7 月 3 日。

的根基和保证，又是工作的目的所在。现在对于科技的对外依存度，核心技术受人控制、技术空心化已引起高度重视，国家把自主创新提到首要的战略高度加以对待。但是拿资源对外依存度的问题来说，并没有引起普遍的重视，有些问题也并没有统一认识。不少人总认为能源、资源可以引进，从国际市场上获得。其实，由于我国国情的特殊，解决现代化建设所需要的资源，如果思想不首先把着力点放在国内如何想办法解决问题，而是一心立足于如何依靠国际市场来解决问题，那就不仅难以取得成效，而且是一件十分危险的事。近年我国出现的对外资源依存程度显著上升和遭遇的安全问题，就向我们敲响了警钟。

1. 能源五大安全问题呼唤立足国内，走节约之路

能源的安全已引起党和政府的高度重视。中共中央 2006 年第 23 次集体学习主题就是"全面做好能源资源工作 优先抓好节约能源资源"。据国家发展和改革委员会网站能源局子站 2006 年 1 月 23 日介绍，早在第十届全国人大常委会第十九次会议上，曾培炎副总理就专门就"当前我国能源形势与能源安全问题"做了报告。明确指出：保障能源安全，包括影响能源稳定、经济、安全、清洁供应的各个方面，是维护经济安全和国家安全、实现现代化建设战略目标的必然要求。他强调当前和今后一段时期，我国能源安全面临的形势十分复杂，尖锐地提出能源的五大安全问题。

（1）能源需求持续增长对能源供给形成很大压力。我国正处于工业化、城镇化进程加快的时期，能源消费强度较高。随着经济规模进一步扩大，能源需求还会持续较快地增长，对能源供给形成很大压力，供求矛盾将长期存在，石油、天然气对外依存度将进一步提高。

（2）资源相对短缺制约了能源产业发展。我国能源资源总量不小，但人均拥有量较低。资源勘探相对滞后，影响了能源生产能力的提高。同时，我国能源资源分布很不平衡，大规模、长距离的运输煤炭导致运力紧张、成本提高，影响了能源工业的协调发展。

（3）以煤为主的能源结构不利于环境保护。煤炭是我国的基础能源，富煤、少气、贫油的能源结构较难改变。我国煤炭清洁利用水平低，煤炭燃烧产生的污染多。这种状况持续下去，将会给生态环境带来更大压力。

（4）能源技术相对落后影响了能源供给能力的提高。我国能源技术虽然已经取得较大进步，但与发展的要求相比还有较大差距。可再生能源、清洁能源、替代能源等技术的开发相对滞后，节能降耗、污染治理等技术的应用还不广泛，一些重大能源技术装备自主设计制造水平还不高。

（5）国际能源市场变化对我国能源供应的影响较大。我国石油、天然气资源相对不足，需要在立足国内生产保障供给的同时，扩大国际能源合作。但目前全球能源供需平衡关系脆弱，石油市场波动频繁，国际油价高位振荡，各种非经济因素也影响着能源国际合作。这要求我们统筹国内开发和对外合作，提高能源安全保障程度。[①]

曾培炎副总理从当前实践中遇到的矛盾概括出五大安全问题。如果我们把着眼点从当前再往前推，放到整个"十一五"期间，甚至放到 2020 年之前这个经济发展的整个机遇期，就会看到情况更为复杂严峻。据国土资源部能源局子站 2005 年 5 月 22 日提供的材料，国务院发展研究中心在调研后提出了一些很有见地的看法，认为"十一五"及 2020 年我国能源产业面临如下主要挑战。

一是能源供应面临较大压力。目前，我国的人均能源消费为 1.3 吨标准煤，仅为世界平均水平的 55%，即使到 2020 年如果我国的一次能源消费总量为 30 亿吨标准煤，人均消费量也只有 2 吨标准煤左右，接近目前世界的平均水平。由此推断，我国的人均能源消费将持续快速增长，即使到 2020 年也远未达到峰值。就国内资源状况而言，我国的人均能源可采储量远低于世界平均水平，2003 年人均石油、天然气、煤炭可采储量分别为世界平均值的 10%、5% 和 57%。以资源相对丰富的煤炭为例，其探明程度依然很低。目前，在尚未利用的煤炭精查储量 618 亿吨中，可供新建大中型矿井的精查储量只有 300 亿吨；考虑到 2020 年要新增产能 10 亿吨，需要精查储量 1000 亿吨以上，缺口依然巨大。与以往出现的能源约束不同的是，20 世纪 80 年代中期，以及 90 年代初期曾出现的能源短缺，主要原因是能源生产能力不足，而今后将受制于国内能源资源不足。

---

① 曾培炎：《当前我国能源形势与能源安全问题》，在第十届全国人大常委会第十九次会议上报告，2005 年 12 月 28 日。

二是进一步提高能源效率的难度加大。我国的经济社会发展对能源的依赖比发达国家大得多。2001 年，我国终端能源用户能源消费支出为 1.25 万亿元，占 GDP 总量的 13%，而美国仅为 7%。从能源利用效率来看，我国 8 个高耗能行业的单位产品能耗平均比世界先进水平高 47%，而这些行业的能源消费占工业能源消费总量的 73%。按此推算，与国际先进水平相比，我国的工业每年多用能源约 2.3 亿吨标准煤。虽然我国有较大的节能潜力，但真正把节能活力变成现实的任务艰巨性要远大于过去的 20 年。据测算，1980～2000 年，全国每年节约或少用的能源中，有 70% 以上来自因产业结构和产品结构的调整带来的节能效果。而当前出现并可能持续较长时间的重化工业新阶段、居民消费结构升级以及国际制造业转移等情况，是我国在节能方面遇到的前所未有的巨大挑战。

三是环境保护将面临巨大压力。我国是世界上少数几个能源主要依赖煤炭资源的国家，2003 年煤炭占一次能源消费比例达到 68%，高出世界平均水平 41.5 个百分点。烟尘和二氧化碳排放量的 70%、二氧化硫的 90%、氮氧化物的 67% 来自燃煤；此外，机动车快速增长所带来的污染也在不断加剧。从环境容量看，要使全国大部分城市的空气质量达到国家二级标准，全国二氧化硫排放量必须控制在 1200 万吨左右；氮氧化物的控制量 2010 年、2020 年分别为 1800 万吨、1600 万吨。目前已经存在着环境"透支"。如果按照目前的趋势发展，到 2010 年、2020 年，二氧化硫的排放总量将可能分别达到 3100 万吨、3900 万吨，氮氧化物产生量分别达到 2800 万吨、4000 万吨，届时将远远超过环境容量。2020 年我国二氧化碳排放量在 13 亿～20 亿吨，人均碳排放水平在 0.9～1.3 吨，接近世界的平均水平。要求我国减排和限排温室气体的国际压力将越来越大，2020 年以后我国将难以回避温室气体排放限制的承诺。

四是能源安全尤其是石油安全问题愈加严峻。在 1993～2002 年的 10 年间，我国石油消费量年均增长 5.11%，远远超过同期世界年均增长 1.37% 的水平，以及 OECD 国家年均增长 1.06% 的水平。机动车燃油消耗将成为推动我国石油消费持续增长的主要因素，与 2000 年机动车燃油消耗占石油消费总量的比例仅为 1/3 左右相比，到 2010 年、2020 年占当年石油消费量的比例将上升到 43% 和 57%。自 1993 年我国成为石油净进口国之后，我国石油对外依存度从 1995 年的 7.6% 增加到 2003 年的 34.5%。到 2020 年，石油对外依存度有可能接近 60%，接近 2003 年美国 66% 的水平。届时，我国石油供应的一大半将依赖国际资源，这一方面将对国际石油市场的供求关系产生一定影响，另一方面将使我国的石油安全问题变得十分突出。超级大国对油气资源的争夺空前激烈，已形成了全球主要的油气资源被超级大国和产油国控制的格局，我国石油企业"走出去"面临极大的困难和十分复杂的环境。由于我国的经济增长对石油的依赖程度高，按汇率计算，我国单位 GDP 的石油消费是 OECD 国家平均水平的 2.35 倍，国际石油价格的持续大幅度上涨对我国经济的伤害将大于 OECD 国家。

五是能源产业还未建立起基于市场的稳定发展机制。在我国，能源产业一方面存在着行业自然垄断、企业代行政府职能、市场竞争不充分的问题；另一方面也存在着政府直接干预，政府职能"缺位"和"越位"的问题。特别是"越位"问题严重干扰了市场机制发挥配置资源的基础性作用。能源产业发展存在着周期性的大起大落，而且越是计划性强的产业，波动的幅度越大。这样的发展机制已严重制约了经济的持续、稳定发展，已到了非改不可的程度。① 上述看法虽然不完全是从安全角度着眼，但诸多挑战如果不认真研究，及早对策，必然影响到整个能源的状况和发展态势，在实践中最终导致能源的安全。几大挑战实质上是从宏观上、深层上、发展上说明对能源的安全，不可等闲视之。

到 2020 年中国实现经济比 2000 年翻两番。按照预定规划，届时中国的人均 GDP 将超过 1 万美元。这一时期是实现工业化的关键时期，也是经济结构、城市化水平、居民消费结构发生明显变化的阶段。反映到能源领域，必然是能源消费量快速增加和能源结构快速变化。中国的特殊国情，再加上经济全球化和环保被日益重视和强调的国际大背景，未来 20 年中国能源问题形势将十分严峻，能否顺利渡过难关，现在大家已逐步认识到，关键就在于能否有效地加快节约型社会的建设。

2. **石油过高的对外依存度呼唤立足国内，走节约之路**

在能源中石油有诸多特点、优点，是工业化的主要燃料，从某种意义

---

① 国务院发展研究中心调研报告，2005 年 5 月 22 日。

上说，可以说工业化的过程就是石油燃烧的过程。石油是世界各国特别是发达国家采用的主要能源。国际上所谓的能源争夺，实际上是对石油的争夺。

"中国炼油工业经过 50 年的发展，整体上已步入世界炼油大国行列。据统计，2001 年世界原油加工能力主要集中在亚太、北美、欧洲和前苏联地区。世界原油加工能力排列前 4 位的国家分别为美国、中国、俄罗斯、日本，其加工量计 11.7 亿吨，占全球总加工量的 33.8%，每个国家均超过了两亿吨，占 6% 以上。但是中国是世界石油进口量最大的三个国家之一。石油进口量最大的国家分别为美国、日本和中国，其中，美国为 4.454 亿吨，占 27.0%；日本为 2.12 亿吨，占 12.6%；中国为 0.603 亿吨，占 3.6%。目前中国主要自中东、亚太和西非地区进口原油。预计未来 10 年间世界原油流向仍将保持目前的态势，即世界原油进口量最大的地区分别为亚太、北美和西欧，进口量最大的国家分别为美国、日本和中国。"[1] 石油安全问题严峻，主要是对外依存度"快速增加"，从 1993 年开始，我国结束了"石油净出口国"的历史，进口从 1995 年的 7.6% 增加到 2003 年的 34.5%。进口数量连续多年上升，而且跨度大，比如 1999 年净进口量 4000 万吨，2003 年猛增至 8000 万吨。据商务部市场运行司监测，2006 年上半年对外依存度又比 2005 年提高 44%。具体来说，石油净进口 8236 万吨，同比增长 21.3%。石油对外依存度已上升到 40%。而且根据预测，在未来 10 年，中国石油的净进口需求仍将按年均 10% 的速度增长。到 2020 年，石油对外依存度有可能达到 60%。[2] 前面我们说了，石油是能源中具有诸多优点被各国广泛采用的能源，因此，从当前和长远的观点来看，所谓"能源问题"，可以说就是石油问题。现在，几乎所有国家都把石油置于能源战略的核心位置，十分重视石油的安全。其中对外依存越高就越不安全，可能带来的损害程度就越大。我国当前经济对石油的依赖程度不断增加，这种过高的依存度使安全问题具有很大的严重性。

---

[1] 《中国炼油工业经过 50 年的发展，整体上已步入世界炼油大国行列》，《中国经济时报》2003 年 11 月 17 日。

[2] 《中国炼油工业经过 50 年的发展，整体上已步入世界炼油大国行列》《中国经济时报》2003 年 11 月 17 日。

（1）石油带来的安全问题表现之一：油价飞涨，影响经济正常运转。最近 8 年间油价涨了 6 倍，承受 1979 年第二次石油冲击后，油价以当今币值计算曾经涨到每桶 80 美元左右，不少国家一度"晕倒"。油价近期飞涨的原因相当简单，石油需求正在以每年 2% ~ 3% 的速度增长。石油价格飙升给经济运行带来安全威胁。石油这种许多产业的主要能源，涨价必然加大成本，使产品缺乏竞争力，带来利润减少，甚至增产不增收，出现亏损。由于产业的关联性，环环相扣，一个环节出问题必然波及另一个环节，负效应不断增大，影响经济的安全运行，以致人们提出高油价考验中国经济的尖锐命题。高油价已经影响到我国许多产业的发展，新华社《瞭望》杂志曾为此做过如下一些具体的报导：从油价高涨对运输业的影响来看，20 世纪 90 年代以来，我国交通运输业的快速发展使石油的消费量不断增长，从 1990 年的 1683 万吨增加到 2005 年的 8000 万 ~ 9000 万吨的年消费量，占全国石油总消费量的比重也从 1990 年的 1/6 增长到 2005 年的 1/4，成为仅次于工业的第二大石油消费行业。从石油消费的增量看，过去十几年全国石油消费的净增量中，仍来自交通运输业不断增长的燃油需求。而燃油消耗在交通运输业的运营成本中占近 20% 的比重。油价的上升必将导致交通运输业运营成本的上升，尤其是运输企业的成本上升，从而导致企业竞争力的下降。同时，高油价和石油的短缺必将对交通运输业的整体发展形成压力，尤其是对民航和公路运输的健康发展将产生较大的压力。尽管高油价对交通运输业"20%"的影响"传导"到整个国民经济会逐渐减弱，但 20 世纪 90 年代以来，我国经济增长的主要优势是低成本及市场广阔承接大量国际产业转移。在从资源地进口生产原材料的过程中，交通运输的作用十分巨大。油价飞涨将提高各行各业交通运输的成本，从而拉高我国承接国际产业转移的成本，以成本优势吸引国际产业转移将受到极大的影响。交通运输产业的一个特殊性在于它与绝大多数产业的生存发展密切相关。油价攀升还将对冶金、建材等产业产生非常显著的影响，引起其运营成本提高和效益下降；同时，对某些大城市服务业，如出租服务业、旅游业、物流配送等，也将产生非常明显的影响。

从高油价涨对外贸的影响来看，一是增加了企业的出口成本；二是导致进口产品价格上涨，增加外汇支出。与石油相关性较强的一些出口行业，很值得担忧。作为基础产品，石油价格的上涨将带动下游产品和相关产品的价格上涨。2004 年以来，石油的下游产品——化学纤维价格平均上涨 30% 以上，并拉动棉花等相关产品涨价。其他下游产品如塑料、高强度纤维产品价格也一路高涨。而这些石油下游产品恰是我国出口产业如服装、玩具等的上游产品，随着价格上涨效应的扩散，这些产品的出口必然受到相当大的影响。此外，成品油价格猛涨也直接提高了交通运输业的成本，进而增加产品的出口成本。

对进口的影响则比对出口的影响更直接。以进口依存度高达 40% 的石油为例，中国 2004 年一共为上年多支付 100 多亿美元以上，这多支付的 100 亿美元主要是价格上涨因素造成的。"石油现在已是中国单一商品最大的逆差项目"，仅原油一项造成的逆差 2005 年就高达近 400 亿美元。此外，由于油价上涨，带动相关进口品如塑料、化工原料等价格的上涨，将使中国在进口环节上 2005 年比 2004 年多支出 150 亿~160 亿美元。

从油价高涨对纺织业的影响来看，油价造成纺织业"增产不增收"。高油价对纺织业既有直接影响，也有间接影响。最直接的影响是纺织原料成本的上升。在纺织业中，原料成本中化纤原料占 63%，这其中由石油提供的化纤原料又占到 86% 的比重。石油价格上涨，受到影响最大、最直接的是化纤业。因为化纤对石油的依赖度极高，其主要原料 PX、PTA、MEG 等都来源于石油，高油价对化纤业的影响之大，甚至可以说是灾难。化纤原料价格增幅超过石油，2005 年上半年石油价格平均上涨 20%~25%，而 PX、PTA、MEG 等原料的上涨幅度却达到 60%~70%。2004 年 1100 万吨原料价格为 97 亿美元，由于原料价格上涨，化纤行业多支出原料成本 372 亿元。石化产品下游的化纤行业价格却涨势甚微，2005 年上半年化纤成品价格涨幅只有 5% 左右，纯利润下降了 43%。化纤企业的利润空间因此而大大缩减。高油价除影响纺织业的原材料外，还大大提升了其运输成本。运输成本在整个纺织业中的比重约为 5%，仅 2005 年上半年，运输成本就上升了 50% 左右。目前我国的纺织业处于"买方市场"阶段，这就使得下游产业涨价很困难，因原料涨价所增加的成本只能靠企业内部消化，很多企业因此出现了"增产不增收"的"悲惨式增长"现象。

从石油涨价对农资的影响来看，石油价格使农用薄膜、柴油价格上涨。2005 年以来，我国农资价格出现全面上涨的趋势，其中某些农资的上涨与其重要原料石油价格的变化是密切相关的，如农用薄膜、化肥等的生产成本以及农用机械设备的燃油价格。由于石油是农用薄膜的主要原料，受原油价格的影响，价格涨幅就较大。在农用机械方面，由于农用机油价格不断上升，农机作业成本加大，粮食生产受到一定程度影响，在一定程度上削弱了惠农政策带给农民的实惠。化肥作为重要的农业生产资料，在农民的生产支出中占有相当大的比例，而在传统的化肥生产中，石油是一种重要原料，由于原油的价格在近几年不断上升，以石油为原料的化肥生产企业不断亏损。

从石油涨价对建材的影响来看，石油价格高涨使建材业成本加大。石油涨价带动了其他相关能源产源产品如煤炭、天然气等价格的全面上扬，这对高能耗的建材行业来说影响严重。首先是化学建材，如塑料型材、管材等，大量使用 PE、PP、PVC 等化工品作为生产原料，由于其所使用的这些原料价格直接与油价相关，油价上涨，必然导致这些化工原料价格上扬。从建材的玻璃行业看，从 2005 年开始，国内玻璃行业进入第四个低谷。有关统计资料显示，2005 年 1～5 月，整个玻璃行业效益下滑了 52%。平板玻璃的生产主要依赖重油、纯碱等与石油有关的化工品，重油、纯碱占玻璃生产成本的 50%。石油涨价导致成本大幅上升。从建材的水泥行业来看，石油价格的上涨带动了煤、电价格的上升，而煤、电是水泥生产的主要燃料和能源。水泥行业是典型的高能耗行业，以先进的新型干法水泥生产工艺为例，每吨熟料（水泥半成品）煤的消耗量在 130～150 公斤，电的消耗量在 100 千瓦时左右，煤、电二者的合计消耗成本的占水泥生产成本的 50%，因此由油价上涨导致的煤、电价油价上涨，使建筑业成本大幅增加。同时，建材不同于其他产品，从原材料的采集到最后成品往往不会在同一个地方进行；并且，由于建材的体积与重量普遍较大，需要大量的运输。因此，油价上涨所造的运输成本上升必然使促使建材价格的上涨。[①]

---

① 对各行业影响主要统计数据及情况来自黄蕙《高油价如何影响我国诸产业》，《瞭望》2005 年第 35 期。

上述行业遭遇石油能源冲击较大，反映出经济正常运行正面临着一种新的威胁。

（2）石油带来的安全问题表现之二：突来的冲击，将带来极大的被动。自从中国成为石油的进口国，原油价格一路上升，使我们不得不为进口支付越来越高的成本。这方面所受的损失，我们在现实生活中深切地感受到了。应该清醒地看到，在今天复杂的国际环境中，还有一种潜在的危险在威胁着我们，那就是供应短暂中止所带来的冲击。这种危险可能是因为局部地区战争使石油生产国无法正常生产，可能是因为战争运输通道受阻、中断，也可能是因为政治、经济或其他原因导致蓄意紧缩供应及完全终止供应。在这种情况，依存度越高，就越被动。

现在一些发达国家根据自己对外依存的情况，采取石油储备的办法，以调节缓解外来的冲击。各国的经验证明，建立战略能源储备是保障能源安全的必要措施。美国是 70% 的石油进口，日本是 100% 的石油进口，对外依存度很高，都曾凭借石油战略储备安然渡过了难关，美国用此对付了1973 年开始的石油冲击；日本在本轮石油的上涨行情中，也因为储备充足，受到的经济影响远远小于中国。对比美国和日本，我国尚未建立石油储备调节的机制。现在国内油价与国际市场油价直接挂钩，国际油价飙升，冲击就很大，完全可以说，油价涨，中国蒙受的损失远比发达国家大。除了这种损失，前述潜在危险一旦转为现实，那遭受的损失就更为惨重了。石油战略储备不但调整经济增长方式，还可以起到一种威慑作用，使人为的供应冲击不至于发生或频繁发生。在石油生产出口国集团欧佩克交替实行"减产保价"和"增产抑价"的政策时，战略储备能够使进口国的经济和政治稳定不至于受到以政治或经济动机为出发点的人为石油供应冲击的影响。从国际经验看，我国建立石油战略储备刻不容缓。我国为了改变一方面依存度高，另一方面又无储备的状况，已确定建立石油战略储备，准备分三期用 15 年时间完成。目前，位于浙江镇海的国家石油战略储备基地，总投资约 37 亿元，有 52 台储罐，储备能力为 520 万立方米，将在 2006 年 8 月底全部建成。它是我国第一期石油战略储备基地中规模最大、工程进度最快的一个。其建成投产意味着我国酝酿了 10 年之久的战略储备体系已破题。战略储备体系中的一期项目，除了镇海基地，还有黄岛

（山东省青岛市）、岱山（浙江省舟山市）、大连（辽宁省大连市）。预计至 2008 年，其他三大石油战略储备基地将陆续竣工。四大基地建成后，总共能形成约 10 余天消费量的石油战略储备能力。如果以 2006 年前 5 个月我国原油消费量平均 701 桶/天标准计算，一期战略储备需要达到 7010 桶。第二期石油战略储备基地已经选址，总之，我国的石油战略储备工作，从 1993 年就已经开始酝酿，自 2004 年正式得到批复，分三期完成，预计总投资将超过 1000 亿元。[①] 石油战略储备虽然已经启动，但必须看到建设的过程性，在其完成前无法充分发挥应有的功效，我们对石油的安全隐患不可能没有。

（3）石油带来的安全问题表现之三：危机爆发，就会遭受毁灭性打击。由于战争、外交等多种原因，突然发生石油来源受阻，能源无法供给，会造成经济社会无法运转，这就带来了严重的安全问题。

当前油价飞涨，已跨过 70 美元门槛，叫苦声不断，而美国著名投资家罗杰斯先生在美国和新加坡发表观点：2006 年内，国际石油价格将会突破每桶 80～90 美元，甚至超过 100 美元。由于原油还派生出汽油、燃料油等下游产品，原油的价格走势也将在一定程度上主导石油系列产品的价格走势。所以，关注原油的价格走势，仍将是对石油系列产品价格走势研判的风向标。如此涨价，有人担心会不会是危机的先兆。很多专家认为虽然油价飙升，但不会出现第四次石油危机。在历史上，曾经发生过三次石油危机。每一次危机爆发时，国际市场上都出现了石油日产量减产几百万桶及供应大幅度减少的状况，而目前的供求关系与上述几次石油危机相比，有着本质的区别，因而不会导致石油危机的爆发。理由有三：一是近期中东地区不会爆发大规模的战争；二是全球经济对石油的刚性需求已转变为弹性需求；三是全球石油战略储备量达到历史新高。当前没有出现危机，但是谁能断言，危机永远不会出现呢？谁依存于国际市场，对危机都必须高度警醒，危机对外依存度高的国家就是一场严重的灾难。看看历史上三次石油危机造成的后果：第一次石油危机

---

① 刘荣华：《第四次石油危机不会爆发油价还将出现中期下调》，人民网，http://www. people. com. cn，2006 年 8 月 14 日。

（1973～1974 年），国际市场上的石油价格从每桶 3 美元涨到 12 美元，上涨了 4 倍。石油价格暴涨引起了西方国家的经济衰退，美国经济学家估计，这次危机使美国国内生产总值增长下降了 4.7%，使欧洲的增长下降了 2.5%，日本则下降了 7%。第二次石油危机（1979～1980 年），伊朗爆发革命而后伊朗和伊拉克开战，使石油日产量锐减、国际石油市场价格骤升，每桶石油的价格从 14 美元涨到了 35 美元。第二次石油危机也引起了西方主要工业国的经济衰退，美国政府估计，美国国内生产总值在第二次石油危机中大概下降了 3%。第三次石油危机（1990 年），当时爆发了海湾战争。专家形容海湾战争更是一场石油战争。时任美国总统的老布什表示，如果世界上最大石油储备的控制权落入萨达姆手中，那么美国人的就业机会、生活方式都将蒙受灾难。对美国而言，海湾石油是其"国家利益"。当时油价一路飞涨，3 个月的时间石油从每桶 14 美元涨到突破 40 美元。不过，这次高油价持续时间并不长，与前两次危机相比，对世界经济的影响要小得多。[①] 三次危机后果，警示着我们过高对外依存度带来的隐患。

以上三次石油危机的表现，充分说明了石油对外依存度高给经济和国家安全带来的威胁。我国石油对外依存度已超过 40%，反映我国石油消费和生产关系的严重失衡。在过去 10 年间，中国的石油消费量年均增长 6.66%；而同期中国石油的产量年均增速仅为 1.75%。2002 年，中国石油的产量为 1.68 亿吨，而石油消费量达 2.45 亿吨。而且这一趋势仍在增长之中，据商务部市场运行调节司数据和预测，2005 年中国石油的进口量超过 1 亿吨。而未来 10 年，中国石油的净进口需求仍将按年均 10% 的速度增长。贸易往来和贸易互补原属正常，但在全球原油生产能力主要集中在欧佩克成员国，而中国石油消耗居高不下的双重背景下，过高的外依存度所引发的风险是显而易见的。石油对外的高度依赖远非造成能源贸易赤字那么简单。按国际通常标准，当一国的石油进口超过 5000 万吨时，国际市场的行情变化就会影响该国的国民经济运行。当进口量超过 1 亿吨以后，就要考虑采取外交、经济、军事措施以保证石油

[①] 《三次石油危机》，人民网，http://www.people.com.cn，2006 年 8 月 14 日。

供应安全。我国石油产品的对外依存度问题，既非"一时之急"，更非"一业之忧"。[①]

3. 某些矿产资源对外依存度高也呼唤立足国内，走节约之路

国内资源短缺，我国石油、矿产等重要资源进口越来越多，重要资源对外依存度不断攀升。2004 年，35% 的铁矿石、46% 的氧化铝、60% 的铜资源、41% 的原油依赖进口。[②] 2005 年我国矿产品贸易总额超过 3000 亿美元，大宗短缺矿产品的进口量继续增加。其中原油进口 12682 万吨，进口石油占国内消费总量的 45%；铁矿石进口 27523 万吨，铁矿石进口量超过国内需求的 50%；锰矿石进口 458 万吨；铬铁矿进口 302 万吨；铜矿石进口 406 万吨；钾肥进口 917 万吨；10 种有色金属生产所需原材料进口的比重达 43.8%。据陈从喜、张新安《我国矿产资源安全问题与对策研究》测算：到 2010 年，我国多数矿产资源供需形势严峻，短缺矿产对外依存度进一步上升，石油、铁矿石、铜、铝和钾盐的对外依存度分别达到 50% ~ 54%、55%、75%、63% 和 83%。而多数优势矿产由于勘察不足，其优势正在减弱，可利用储量难以保障 2010 年的消费需求，如钨、锡、锑、英石、重晶石、高岭土等，其可利用储量对 2010 年需求的保证程度分别仅为 45%、43%、49%、28%、33%、78%。[③] 资源对外依存度高已为我国经济社会发展埋下了隐患。

此外，还有一种特别令人担忧的情况，即主要矿产资源查明储量下降，2004 年初，45 种主要矿产，除了铀矿以外，一半查明资源储量减少。2004 年铁矿石查明资源储量比 2003 年减少 1.4%；10 种有色金属储量下降 0.7%，除铝以外，铜、铅、锌、镍、锡、锑、汞、镁、钛等的查明资源储量都有所下降；稀土矿的查明资源储量也下降了 0.6%。2004 年全国石油新增探明可采储量 1.73 亿吨，与采出量基本持平，按当时生产水平计算，我国石油可采年限也仅为 15 年，远远低于世界 51 年的平均水平。加之，2/3 的国有骨干矿山进入中晚期，400 多座矿山生产因资源逐步枯竭而

① 徐京跃、黄全权：《三分之一对外依存度发出哪些信号》，新华网，http：//www. xinhua-net. com，2005 年 9 月 9 日。

② 《解读国家中长期科技发展规划纲要》，《人民日报》2006 年 1 月 12 日。

③ 据中国矿业联合会 2006 年统计数据。

难以为继。[①] 一些重要矿产资源出现了"入不敷出"的情况，储量增长赶不上产量增长，产量增长赶不上消费量增长，供需形势严峻：一方面是储量减少；另一方面经济发展又带来需求扩大，到 2020 年，即使达到"能源翻一番，GDP 翻两番"的目标，一次能源的需求量也要达到 29 亿吨标准煤。随着资源供需缺口增大，这种后备资源储量严重不足的情况已经危及矿产资源的可持续供给。在今天世界各国为利益争夺重要资源，竞争日益激烈的情况下，过多地进口资源，不仅会耗费大量资金，而且会加剧国际市场供求矛盾，还会带来一系列经济、政治、外交方面的问题，并且将直接影响到经济和国家的安全。

总之，石油产品的紧迫形势只是国家整个能源高耗与能源紧张状况的一个缩影。几十种矿产难以保证需求，特别是一些关系国家经济和安全的大量需求的矿产将短缺，是矿产领域亮出的黄牌。所有的信息都指向了一点：继续高消耗，能源、资源将无以为继。我国经济增长将失去能源、资源的支撑力。能源和矿产资源二者是经济和国家安全的基础，没有能源，就没有动力，一切都无法运转；没有资源，就是无米之炊，一切都成空白。现实逼迫中国必须走经济效益好、资源消耗低的节约型社会之路。这是唯一的出路。[②] 胡锦涛总书记在中共中央政治局第 23 次集体学习时就强调："能源资源问题是关系我国经济社会发展全局的一个重大战略问题。既积极做好开源工作，又优先做好节约工作，应该成为解决我国能源资源问题的基本思路。"温总理在强调要重视加工快建设节约型社会时也明确指出："加快建设节约型社会，是保障经济安全和国家安全的重要举措。解决我国现代化建设需要的资源问题，着眼点和立足点必须放在国内。近年来，我国石油、矿产等重要资源进口越来越多，对国外市场依赖程度越来越大。过多地进口资源，不仅耗费大量资金，而且会加剧国际市场供求矛盾，带来一系列经济、政治、外交方面的问题。加快建设节约型社会，控制和降低对国外资源的依赖程度，对于确保经济安全和国家安全有着重

---

① 中国矿业报：《一些重要矿产资源出现了"入不敷出"的情况》，产经网，http：//www. sina. net，2006 年 05 月 03 日。

② 徐京跃、黄全权：《三分之一对外依存度发出哪些信号》，新华网，http：//www. xinhuanet. com，2005 年 9 月 9 日。

要意义。"我们要高度重视能资源相对紧缺的情况，特别是其中存在的对外依存度高的问题。为了保障能源的安全，努力控制和降低这种对外依存度高的状况。我们要按照中央的指示精神，立足国内，开发与节约并重，节约优先。首先强调全面推进能源节约，这是缓解能源供应压力的紧迫任务。要千方百计地改变以高消耗、高投入、低效益为特征的粗放型增长方式。1997 年我国颁布了《节约能源法》，1978～2004 年我国以年均增长4.8% 的能源消费支撑了年均 9.4% 的经济发展速度，1990～2004 年中国每万元 GDP 能耗下降了 45%；制定了《节能中长期专项规划》，提出了《关于做好建设节约型社会近期的重点工作》和《关于加快发展循环经济的若干意见》。我们的目标是到 2010 年，单位国内生产总值能源消耗比"十五"期末降低 20% 左右。强调要从以下几个方面推进能源节约：积极调整和优化产业结构；大力开展节能降耗工作；淘汰高耗低效的落后生产能力；广泛开展全民节能活动。当前，节能法、节能日、节能舆论、节能科技、节能措施、节能活动纷纷出台，在神州大地刮起了一阵阵节能的飓风。特别是国家发展和改革委员会在钢铁、有色金属、煤炭、电力、石油石化等 9 个行业中，重点组织 1008 家年能耗在 18 万吨标准煤以上的企业开展"千家企业节能行动"于 2006 年 7 月 26 日全国节能工作会议上，受国务院委托，与 30 个省、自治区、直辖市人民政府，新疆生产建设兵团和14 家中央企业签订了节能目标责任书，使目标责任分解落实，节能出现了崭新的形势。使"节能是解决我国能源问题的根本途径"的思想得到较好的张扬和落实。实践使我们深刻地认识到建设节约型社会的重要性，这是解决能源问题带来的威胁、保证经济和国家安全的重要举措。

上面四节使我们清楚地看到建设节约型社会势在必行。但是建设节约型社会是对中华民族节约的继承和发展，它由传统的节俭节省，发展为强调依靠科技的支撑；由一般的倡导节省，发展为生产方式从粗放型向集约型转变；由个体、集群行为发展为有组织的全民行为；由中华美德的倡导，发展为重美德同时又重视规章制度的约束和法律的规定；由生活生产中办事的要求，发展为建设一种新型社会的要求。这种继承和发展，对节约的目的、内含、规定、要求、手段、方法都有了新的界定，要求我们的思想认识能够与时俱进，按照形势的新发展、时代的新特点来研究和对待当前面临的建设节约型社会这个伟大的系统工程。

第五节　意大利建筑节能的启示

意大利是世界七大工业国之一，其钢产量居欧洲第 2 位。但自然资源特别是矿产资源相当贫乏，除水力、地热、天然气、大理石、汞、硫黄等资源外，基本没有其他资源，能源和原材料基本依赖进口。正因如此，意大利人特别注重管理与创新，尤其擅长将新技术、新材料、新色彩、新形式、新美学观引入建筑设计，使其建筑始终处于世界前位，引领世界潮流。随着资源环境的世界性危机凸显，意大利又不失时宜地将建筑节能理念引入其中，使建筑彰显节能、环保、资源储备等功能，这对正在城市化的湖南，特别是建筑在城市化建设中占有很大比重的湖南，无疑具有启迪、教育和借鉴意义。

一　意大利建筑节能理念

1. 将建筑舒适性与能效利用有机结合，彰显节能理念

建筑特别是民用建筑一般都将舒适性尽量放在设计思考的首位，以满足人们对空间、视角、光线的需求。于是我们常常看到，窗户越开越大，越开越高，落地式窗户、飘窗等能增加空间感觉、增加视角效应的窗户应运而生，这种设计确实能给人以大气、豪华、舒适之感，但鲜有人能站在节能的角度，对这些改变进行深入思考。

以意大利为代表的欧洲建筑尤其民用建筑则与我们建筑的取舍恰恰相反，它们窗户一般都开得非常狭窄，而且外面都带有一副百叶窗，是名副其实的双层窗户。这种设计在浩大的建筑墙面给人以小气神秘之感，但正是这种别具一格蕴涵了建筑节能的新理念。

大窗尽管会使房间通透性好，但因为玻璃的保温效果远不及墙壁的保温效果好，温度损耗大，尤其在寒冷的冬天和炎热的夏天，需要靠更多的能源消费来达到温度适中效果来满足人们的舒适性要求，从节约能源角度讲，这显然是一种无形的浪费。

意大利窄窗因窗体面积小，受外部环境和温度影响相对要小，大面积

墙体能较大程度地阻隔外部环境对室内的影响，达到保温节能效果。同时，意大利窄窗的高度并没有降低，室内仍阳光充足。加之意大利窄窗窗外都带有百叶窗，向下的百叶片不仅能有效抵挡和反射紫外线，降低室外温度对室内的影响，还能迫使室外风、雨、灰、尘沿着向下百叶片飘落户外，在保证室内空气流通的同时，最大限度地减少风雨灰尘向室内的漫延。

这种窄窗＋户外百叶窗的设计模式，虽只是在一般窗体上进行了微小的变革，但因注入了舒适与节能有机结合的高立意，在彰显人性化的同时，也最大限度地提高了房屋建筑能效利用和能源消费利用。目前，意大利还将新技术、新材料不断运用于建筑，如将屋顶和墙壁用能量损耗较少的特殊砖瓦或稻草隔热，使用高效隔热玻璃，屋顶、墙面安装光伏板（即太阳能发电设备）或小型风力发电机等，尽量降低建筑能耗。

2. 将建筑实用性与再利用性有机结合，凸显环保理念

意大利铁路、公路高架桥的桥墩没那么粗，桥身不显得那么庞大，远没有中国的固若金汤之感，这难道也能承重载荷？意大利的建筑千姿百态，相隔上千年的不同文明建筑，同屹一市，比比皆是，甚至一幢住宅建筑的单元与单元之间，层与层之间也各有风骚。这些表象让人好奇和诧异，深入了解，不禁感叹意大利善于创新、乐于创新的精神，更感动于他们将环保理念注入建筑领域的执著。

19 世纪中叶人类发明钢筋混凝土后，几乎所有的工程都用到它，以增强建筑的抗压抗拉应力。但由于混凝土稳定的矿物结构，以及它具有 60 年后强度仍能增长的特性，使其作为后建筑物时代的垃圾在自然状态下很难降解，这就加大了环境的压力。意大利在工程建筑中充分考虑到这一重要因素，在工程设计、气候温度、抗压系数、材料标号、施工管理等一些方面着眼、着手、着力，如在使用相同标号水泥时，尽量选择富余系数大的水泥，以增加混凝土强度，提高抗压应力；在相同强度时选择需水量小的水泥，以降低水泥用量等。总之，在保证质量和安全的前提下，尽量减少混凝土的使用，这也就是他们的高架桥比中国显得精致精巧的关键所在。

不仅高架桥如此，几乎所有的建筑也都彰显着这一理念。在意大利，建筑是不能随便拆除的，不管年代多久，都要求维护维修，尽量延长建筑

的使用寿命和再利用价值，以减少建筑垃圾特别是难以降解的混凝土垃圾的产生。在意大利，想要拆除一幢建筑非常困难，需要有充分的理由，要经历申请、申报、市政调查、环境评估等系列监管，只有获得市政批准才能执行。这可能也是意大利历史文化遗产保存完好的原因所在。在威尼斯，政府甚至明文规定不准拆除任何建筑。我们曾见到，废弃的厂房只能将外部加以维护、内部结构稍加改造和装饰，再作为民宅或写字楼用，简直不可思议。反观我们，建筑平均寿命 25～30 年，只有欧洲建筑 1/4～1/5 长，却消耗了全世界 40% 的水泥钢材，每年产生的建筑垃圾达 4 亿吨，资源浪费和环境污染到了难以复加的地步。

3. 将建材消费与资源储备有机结合，凸显代际公平理念

走进意大利环境、领土与海洋部的负一楼会议室，让人惊讶的不是它的豪华，而是简洁甚至简陋，这里没有电梯，地面与负一楼是用一个简单的钢制铁梯焊接连成，铁梯涂着防锈漆；铁梯——这种只在中国工厂的车间里见到的上下连接便道，活脱脱出现在代表着一个国家形象的政府部门，让人不可思议。这种不解在随后的意大利科研楼所、民宅、学校等建筑中频频再现，为什么在十分讲究建筑艺术的意大利会设计这般既不美观也不协调的钢制铁梯？进一步深入调研，原来这是他们将建材消费与资源储备有机结合的一项举措。

意大利资源贫乏，因此，意大利人有着很强的危机意识，不仅将节能环保等功在当代、利在千秋的举措用于现代建筑，更将资源的代际公平消费理念引入建筑领域，通过增加建筑中钢结构材料比重，将钢产量居欧洲前列这一唯一的工业优势，转化为最直接、最经济的矿产资源储备——我们所见的钢制铁梯。这一战略设计，既保证了当代的就业与发展，更兼顾了后代对资源的消费需求，体现了代际资源消费的公平公正，尽可能保障发展的可持续性。

不仅如此，意大利森林覆盖率只占国土面积的 20%，但在意大利许多现代建筑物的顶层，常见用传统的粗大原木做的顶梁和横梁，并且不加装饰，让原木纵横交错、原汁原味地裸露在房屋顶层上空。这种追求，既让人们享受到田园般生活，又直接将木材——这种上百年甚至数百年才能成材的资源储备起来，真可谓一举两得。

湖南全省森林覆盖率高达 50%，远高于意大利，但现实生活中，感觉被钢筋混凝土包围着，很难在建筑里再见到这种给人以亲和力的传统建筑方式了，难道是林木紧张？答案是否定的，在湖南大型造纸厂，堆积如山的木材被用来造纸，相比于意大利，湖南也该转变点什么。

二 欧盟及意大利建筑节能管理

1. 欧盟建筑节能的战略推进

促使欧盟率先发起节能环保的是其特有的地理条件和资源禀赋，欧洲地域空间极其有限，国家云集，资源环境承载压力巨大，这使他们最早认识到资源环境对可持续发展的威胁与危机。建筑能耗在欧盟成员国能源总消耗中占 41%，其中又以采暖和空调能耗为主。因而，降低建筑能源消耗，实现建筑的可持续乃至资源环境的可持续发展，就成了欧盟的一大要务。

为推进建筑节能，20 世纪 70 年代初，欧共体就率先在内部推行节能，先后颁布了 160 余条与能效相关的指令和决议，总体上讲，主要从两个方面推进：一是立法；二是落实。

立法层面，颁布了《建筑能源性能指令》（2002/91/EC），[①] 这是统领欧盟建筑，提高建筑能效的最高法令和最主要法律文件。这个指令主要由五个方面构成：一是关于建筑用能表现的联合法律文本；二是认证书；三是设备审查的基础信息；四是计算用能整体表现的方法和指南；五是计算成本效率的方法。该指令几乎覆盖了建筑采暖、热水、制冷、通风、照明等多层面建筑用能环节，在保证人们基本舒适性前提下，建立起了一套完整、详细、综合的提高建筑能效的法规框架。在 2002/91/EC 指令中，确立了建筑最低能效标准制度，要求所有建筑都要根据建筑能耗性能计算方法确定建筑能效最低标准，从入口把握建筑节能这道关；同时确立了建筑能效标识制度，它以建筑能耗性能证书的形式表现，如建筑的供热、制冷的能耗、形式、保障年限等，都必须完整、真实地公布出来，便于人们掌握和了解；在确立的建筑运行管理制度中，欧盟还特别成立了节能指导委

①　呼静、武涌：《〈欧盟建筑能源性能指令〉对建立我国建筑节能法律法规体系的启示》，《建筑经济》2006 年第 10 期。

员会，指导各成员国制定系列建筑物用能系统节能技术导则，促使锅炉检查制度、空调系统检查制度的落实。可以说，欧盟 2002/91/EC 指令中的系列法规开了国际建筑节能制度之先河。

而指令中最具亮点的是其确立的建筑节能监管制度。欧盟要使 27 个成员国步调一致，共同实施其指令决议，必须加强监管，通过监管强化各项制度落实。因此，在建筑节能监管制度中设立了独立专家制度，以独立第三方身份行使监管职能。同时要求进行逆向评估，即通过专业委员会，对欧盟指令在实施中的情况进行评估，提出改进意见和建议。监管制度中的建筑节能信息服务制度，则通过及时准确地发布节能环保信息，达到宣传和推广节能产品、营造节能社会氛围、提高民众认识水平和鉴别能力的目的。

为落实指令，欧盟在 2006 年颁布了《能源效率行动计划》，① 在这个计划中，提出了诸多落实能源效率提升的措施。如行动 2，对建筑物性能提出了要求，即要求能耗非常低的建筑，亦称为被动式节能房屋，并明确被动式节能房屋概念（见表1）。在行动 5 中，还提出面向中小型企业和能源服务企业推动能效投资所需的融资。行动 7、行动 8 则提出了有条理地使用税负工具和提高能源效率意识等。

表 1 被动式节能房屋

1	形式紧凑、隔热良好
2	朝南，处于阴凉位置
3	高能效窗玻璃和窗框
4	气密型建筑围护结构
5	被动式预热新鲜空气
6	通风与高效热回收之间达成平衡
7	所需的空气流通足以传播空间加热所需的热能
8	使用太阳能或热力泵提供热水
9	节能型的家用电器

资料来源：根据意大利帕多瓦大学罗伦佐尼教授在"生态管理：战略与政策"第八期高级培训班上的讲座《通过能源利用减缓气候变化：节能》整理。

---

① 根据意大利帕多瓦大学罗伦佐尼教授在"生态管理：战略与政策"第八期高级培训班上的讲座《通过能源利用减缓气候变化：节能》整理。

随后，欧盟又颁布了《能源最终使用效率和能源服务指令》（32/2006）。指令要求各成员国的公有部门均应在能源使用设备、能源服务及其他能源效率改进措施的投资、保持和其他开销方面树立良好的榜样；要求公共部门应努力在公共采购招标程序中使用能源效率条件；并强调在2015年实现9%的节约目标。32/2006指令为清除阻碍最终能源使用效率的现存市场障碍和缺陷提供了必要的指示性目标以及机制、激励、制度、财政和法律框架，为推动和发展能源服务市场创造了条件。

在落实指令中，欧盟特别注意渐进式推进，如对一些客观条件尚不具备、缺少有资质专家的成员国，欧盟给予2~3年的延期，但成员国必须将情况如期上报并给出实施指令的时间路线图。同时，欧盟还将原则性与灵活性紧密结合，既要求成员国不打折扣地实施指令，同时又允许各国在坚持欧盟总体标准基础上，制定适合本国实际的国家标准或地区标准，将整体推进与区别对待相结合，较好地实现了建筑节能的战略安排。如今，欧盟的建筑节能目标已由单纯应对能源危机转变为提高能效、保护环境、改善生活质量和改善公共关系；节能意识已由要我节能转变到我要节能的认识高度；节能手段已由单纯依靠行政管制转变为以法律法规和标准体系为主、以激励政策为辅的规范化引导。

2. 意大利建筑节能的现代管理

意大利是欧盟主要成员国，是建筑节能的积极倡议者和指令的忠实执行者，在执行欧盟建筑节能指令中，紧密结合自身实际，确立了一套行之有效的管理方式。

（1）建筑节能立法先行

要在意大利实行欧盟《建筑能源性能指令》（2002/91/EC），需要有本土化色彩，2005年，意大利以 D. Lgs. nr192/2005 号法令形式核发了2002/91/EC 指令全部内容和条款；[①] 2006年，经过一年实践，在对D. Lgs. nr192/2005 号法令进行修改和扩充基础上，又颁布了 D. Lgs. nr311/2006 号法令。这两个法令连同2008年意大利颁布的115/2008号法令（即核发的欧盟《能源最终使用效率和能源服务法令》），构成了意大利落实欧

---

① 李庆：《意大利建筑减排的能效立法》，《中外建筑》2011年第11期。

盟《建筑能源性能指令》（2002/91/EC）的基本法律框架。这个框架主要
从三个方面对建筑节能进行了强化：第一，针对新建筑和需进行大修的既
有建筑，设立了建筑用能最低表现要求；第二，建立评估检查建筑能效制
度；第三，实施建筑用能表现认证。2009 年，意大利又以国家指南的形式
颁布了 59/2009 总统令。这个法令主要在四个方面进行了规定：其一，对
建筑供热系统、建筑围护结构设立了用能表现计算方法；其二，明确了建
筑最低用能表现要求；其三，50% 的新建建筑、20% 的历史城镇街区建筑
的热电能必须来自可再生能源；其四，对一定距离的建筑供热提出了安装
太阳能光电系统的要求。上述法令规定了意大利在建建筑和既有建筑翻新
改造的节能方向和方法。

对于法令的时效性问题，意大利法律还规定，地方政府有权根据各自
的实际情况调整法令，但必须将报告递交中央政府备案，并且须经地方委
员会批准后才能上报国家和地区政府审批。这就为一些预见到自己短期不
能达到国家目标的地区能适时根据自身条件确立建筑用能最低标准和建筑
用能认证制度创造了条件，同时也使国家法令与地区实际有机结合，让意
大利相关法令落到实处。

（2）建筑用能计算跟进

对不同气候条件、不同规模、不同功能、不同时期的建筑用能规定不
同的能耗要求，是将意大利 192/2005 和 311/2006 等系列法令落到实处的
第一步。为了保证建筑用能计算结果的准确性，意大利建筑用能表现计算
工具主要为两种：一是 CNR-ENEA 机构针对既有建筑物用能表现开发的计
算工具；二是意大利热技术委员会针对暖通空调行业开发的计算工具。为
达到欧盟对建筑物节能"综合标准"水平的要求，意大利将全国按不同建
筑物功能和气候条件划分为六个区，按照不同采暖度日数和体型系数，计
算出了各区域内居住建筑每平方米/千瓦时的一次能源消费限值和非居住
建筑每立方米/千瓦时能源消费限值，使不同区域的居住建筑和非居住建
筑都有非常明确的用能目标。

同时，意大利在 311/2006 号法令附件中，还对维修改造超过 1000 平
方米使用面积的既有建筑设立了改造工程参数，即应用玻璃的面积不超过
30% 的表面。参数呈 2006 年、2008 年、2010 年三个渐进发展阶段，2010

年1月实施的参数，规定了六大区域围护结构的窗、屋面、地面、实体墙面的传热限值，例如，在 A 类气候区，窗户的传热限值为 4.6W／（m² · K）（意为在稳定传热条件下，围护结构两侧空气温差为 1 度，1 小时内通过 1 平方米面积传递的热量不得超过 4.6W）；而在 F 类气候区，窗户的传热限值只有 2.2W／（m² · K）（见表 2）。

表 2　2010 年使用的传热系数限值

气候区	窗	屋面	地面	实体墙面
A	4.6	0.38	0.65	0.62
B	3	0.38	0.49	0.48
C	2.6	0.38	0.42	0.40
D	2.4	0.32	0.36	0.36
E	2.2	0.30	0.33	0.34
F	2.2	0.29	0.32	0.33

不仅如此，为评估计算能源节约价值（CEC），意大利还针对建筑行业的 90 项能效措施进行了详细的估算，通过计算，得出不同建筑物节能数据、节能成本贴现和偿还时限（见表 3）。

表 3　建筑节能能效表现

措　施	公寓楼		
	配备中央供热和独立制冷设备		
	节能	节能成本 5% 贴现率(%)	偿还（年）
1　使用双层玻璃替代单层玻璃	5.8	135	2.5
2　平天花板隔热（低隔热等级）	2.5	138	3.7
3　墙壁外部隔热（低隔热等级）	6.8	286	7.7
4　使用新型双层玻璃木窗替代单层玻璃窗	3.5	326	8.6
5　墙壁外部隔热（高隔热等级）	8.5	418	11.0
6　太阳能板、平板、实现卫生用水、自然循环	1.7	455	9.7
7　使用双层玻璃 PVC 窗替代单层玻璃窗	3.3	806	21.5
8　带温度调节阀的热工系统和热测量系统	1.7	859	13.9

　　资料来源：根据意大利帕多瓦大学罗伦佐尼教授在"生态管理：战略与政策"第八期高级培训班上的讲座《通过能源利用减缓气候变化：节能》整理。

意大利政府正是通过用能表现计算，不仅让建筑商和消费者了解并把握了不同气候区和不同功能的建筑、新建建筑和既有建筑改造的用能限值，还为达到这一限值要求提供了节能建筑的能效表现和选择途径。

（3）建筑能效认证制度紧随

计算出建筑用能表现后，关键是要将用能限值推广至每一幢建筑、落实到每一个环节、体现到每一幢建筑中。为此，意大利在 192/2005 法令中要求实施强制认证制度，并由经济发展部、基础设施和交通运输部、环境部、地区事务和地方自治部以及 CNR、ENEA、CNCU 等技术机构，联合组成长期协调委员会即第三方认证机构，负责协调各方关系，检查督促推行制度，以及对建筑的建设、交付、转让、10 年到期建筑的能效重新认证和再审核。考虑到地区差异和适应性，制度呈渐进式推进，时间跨度达 3 年，由 2007 年初在所有新建建筑和实施大修改造面积超过 1000 平方米的既有建筑中推行，到 2009 年已延伸至包括单身公寓在内的所有建筑。意大利能效认证主要包括：建筑物、电器设备、设计师、建筑师和业主的基本情况；图表展示用能表现；提供年一次用能表现报告和可再生能源利用比例报告；建筑用能级别及计算方法；能效标识认证等。此外，法令还明确规定，能效认证必须公示，同时还必须展示建筑能效提升的潜力；除宣布为低能效建筑外，所有建筑必须出示能效证书；能效证书时效只有 10 年，凡到期或再翻新的建筑，必须进一步调整和提升能效标准，并且需要进行能效再审核。

能效认证基本将建筑用能状态和节能路径通过证书和公示真实地反映出来并告知于社会，既保证了每幢建筑节能性能的可比性和辨识度，又提高了公众建筑节能的自觉性和主动性。

（4）税收政策积极引导

建筑节能的成效是建立在新材料、新技术、新发明等较高研发投入基础之上取得的，因此，一般要达到建筑用能限值，需要较高投入，这就加重了建筑商和业主的经济负担，加大了建筑节能的阻力。意大利通过财政支持和税赋减免，大尺度鼓励建筑节能。这一政策开始于 2007 年初，与建筑能效认证同步推进。政策规定，获取财政和税收支持的建筑，必须具备两个先决条件：其一，建筑必须获得能效认证书；其二，必须以提高能效为目的进行既有建筑节能改造。政策还规定了减税幅度——55%，但同时对建筑改造投资金额提出了数额要求：一是既有建筑节能改造投资达 10 万欧元及以上；二是墙体、外围护和窗节能改造投资达 6 万欧元及以上；三是太阳能面板安装投资达到 6 万欧元及以上；四是锅炉更新投资达到 3 万欧元及以上。大幅度的税收减免极大地调动了人们建筑节能的积极性和社会热情。

特别值得一提的是，意大利政府对开发太阳能这一可再生能源的财力支持政策。早在 21 年前，意大利全民公决否定了核能发电，在自身能源贫乏还要实现 50% 新建建筑、20% 历史城镇街区建筑的热电能必须来自可再生能源的要求，只有开发以太阳能为代表的清洁能源。2005 年，意大利颁布了能源鼓动基金计划，到 2011 年能源鼓动基金计划已 4 次修订，每年用于太阳能发电补贴的资金将达 60 亿～70 亿欧元。除太阳能光伏电站根据不同装机量获得不同上网电价补贴外，用户还可以通过安装小型屋顶太阳能，在满足自身能源需求的基础上，将多余的电上网以获得电价补贴和太阳能使用补助。目前，在政策的强有力推动下，意大利太阳能发展已居世界领先地位。

（5）ESCO 发展提供有力保证

众所周知，建筑节能改造升级最大的困难在于资金制约，ESCO 则以筹措并承担资金风险达到建筑节能目标这种全新方式进入市场。ESCO 全称为 Energy Service Company，意指能源效率服务公司，[①] 这是当今世界建筑节能中一项新兴事业。ESCO 以能实现既有建筑大楼空调、住宅小区采暖的节能为切入点，以运用节能技术并借助第三方融资进行投资为运营方式，以利用能源节约来偿还投资成本获取利益为最终目的，其营业收入完全来自能源节约，没有节能就没有收入。通过签订合同（EPC 能源效益合同），ESCO 在负责使客户的能源使用效率达到一定水平的同时，承担了大部分相应的技术和财务风险。ESCO 带给客户的只有一项义务，就是对节约额度进行测量并在合同期限内向 ESCO 提供其应得的份额。ESCO 集保障

---

① 根据意大利帕多瓦大学罗伦佐尼教授在"生态管理：战略与政策"第八期高级培训班上的讲座《通过能源利用减缓气候变化：节能》整理。

建筑改造的能源效果，提供从节能诊断、设计、施工到改造后的运行管理，资金筹集、调度，财务分析等所有服务于一身，为意大利建筑节能提供了强大的技术支持与资金保障，促进了意大利建筑节能呈常态式发展。

三　对湖南建筑节能管理的启示

1. 树立建筑节能环保理念

资料显示，中国钢铁增长是美国的 20～60 倍，美国最高年份增至 100 万吨，中国最高年份增至 6000 万吨；中国每年生产的水泥可绕地球一圈，年产 16 亿吨。[①] 这两组数据不仅反映了我国建筑业发展的速度，更凸显的是钢筋混凝土使用的强度。这种现状与我们缺失建筑节能环保理念紧密相关。理念是靠教化和塑造潜移默化形成的，要自觉地在建筑中注入节能环保理念，必须加大资源环境的忧患意识和危机意识教育，这种只管当代不顾后代、只管本届不顾下届的掠夺式发展必须终止。理念形成的关键在政府，除加大宣传舆论教化力度外，政府必须在建筑指导原则中，突出节能的思想，并将这种思想作为理念融入具体措施。

2. 健全建筑节能法律法规

意大利建筑节能之所以成效显著，与健全的法律法规规范人们的行为和取向密不可分。我国关于建筑节能的法律法规尚属空白，没有法律依据，没有法规约束，建筑的豪华奢侈之风愈演愈烈就在所难免。因此，在补充、修改和完善我国现有的相关节能法律法规基础上，尽快增列建筑节能的相关实质性法规，以适应迅猛发展的城市化需要。同时，要注重法律法规的统一性、协调性和配套性，形成有机的整体。地方政府应主动与国家上位法有机对接，在国家法基础上制定出适合本地具体情况的地方建筑节能法律法规体系。

3. 提高建筑节能监管力

欧盟和意大利建筑节能的成功不仅在于有完备的法律法规，还因为有具体细化的制度和不折不扣的执行力和监管力。从欧盟和意大利的经验及

---

① 根据中国社会科学院数量经济和技术经济研究所副所长齐建国教授在"生态管理：战略与政策"第八期高级培训班上的讲义《促进中国绿色经济的发展》整理。

我国情况看，监管应抓关键环节：首先，抓规划的龙头作用，明确主管部门在建筑质量和建筑节能规划环节的主要职责；其次，重点对设计、施工、监理、验收四个关键环节进行质量和节能控制；再次，建筑在运行和使用中，必须确定重点管制对象，优化运行管理制度；最后，实施制度创新，如实施能耗统计、能效审计公示、建筑能效测评标识、公共建筑用电管理、用能系统维护管理等制度。总之，应立足于精细管理、科学管理、严格管理和奖罚分明的机制建设，通过强化监管实现建筑节能的目标和效益。

4. 整合建筑节能管理资源

目前我国建筑节能管理体制尚未理顺，建筑节能管理机构分散，没有统一的归口管理单位，相关行政部门、建筑单位，及电力、能源、供水、供气等行业，似乎都有管理的职能但又不甚明确，这就造成了谁都可以管谁都可以不管、有利就管无利不管的状态。整合建筑节能管理资源，应变多头平级管理为梯级归口管理，从管理资源配置能力上讲，建设行政主管部门应是建设节能管理的主体，与此相关的供能单位、物业管理、建筑业主等为从属，通过立法形式明确它们在建筑节能中的法律地位和职能职责，避免制度形成虚设。

5. 建立长效节能机制

建筑节能是一项约束资源消费力度很大的制度行为，要获得社会的广泛认同与参与，形成政府和社会良性互动并成为人们自觉的行为选择，必须在以下方面着力：一是应对建筑节能研发、建筑节能改造、新建节能建筑、节能产品消费进行一定幅度的财政补贴、税收减免和低息贷款，引导和激励人们的节能减排行为；二是定期推出低能耗、绿色环保建筑，让人们看得见摸得着，进行感官体验教育；三是推出一批优秀的建筑节能服务组织，尽可能地实现建筑节能的标准化、产业化生产；四是不断提升建筑节能服务的知识营销、文化营销、品牌营销和网络营销等创新理念和建设水平，将建筑节能深入人心。只有形成建筑节能长效激励机制，才能使当前以奢侈为荣的建筑价值理念转变为以节能减排为追求的建筑价值理念。

后　记

——心路

　　自古忠孝难两全，当需要做出选择时，我与大多数有志之士的选择背道而驰，义无反顾地选择了后者。也许这是胸无大志、没有抱负的体现，但我本就是一棵无名的小草。在历经漫长的劳累、焦急、无助和窘迫后，我送走了我生命中最敬爱、勤劳、善良、正直、无私、坚强，且受尽生活磨砺和病痛折磨、瘫痪在床 11 年的母亲。我得到了丰厚的回报——心安。

　　回头发现，我的青春、年华，甚至健康、婚姻已与我渐行渐远。消沉、颓废，抑或振作、奋起，我又选择了后者。拿着国家的俸禄、拿着纳税人支付的薪金，我没有理由，也没有资格不振作、不努力，我必须尽我绵薄之力有所报答，求得心安。

　　湖南工业化、城市化浪潮感染和激发了我的思考与热情，曾经的工作经历养成了我高度的责任感与使命感，责任感使我对从事的事业不敢松懈和怠慢，使命感让我凭良知审视和分析问题。在致力于湖南经济社会发展研究的过程中，我尝到了耕耘的艰辛与痛苦，这种艰辛来自获取第一手资料的艰难，来自撰写的压力与能力的制约；这种痛苦源于坐冷板凳的清贫与价值落差。但我同时也收获了成功的喜悦。与同事共同撰写的研究报告，不仅获得省委书记、省长、常务副省长的重要批示，而且观点还被纳入国家和省的"十二五"规划。在省有关领导的关心支持下，在相关部门的帮助下，还开辟了《湖南城市蓝皮书》《湖南县域绿皮书》两个研究平台，陆续推出了五本皮书。

　　在这一过程中，我常常被别人感动：感动于我的所长刘助仁研究员勤奋高产且关心他人比关心自己还重要的高尚品格；感动于我的搭档、所长童中贤研究员的科研创造力，以及他的善解人意和孜孜不倦的追求精神；

感动于我的搭档陆福兴博士拼搏进取和乐于助人的高尚品质；还感动于我的前辈、原湖南省人大常委会副主任罗海藩首长一直以来对省域经济社会发展研究的关心和支持。他们让我知道了人间真、善、美和生活的真谛。

我也常常被自己感动，多少次被困难和挫折击中，多少道坎几乎无力跨过，但积极向上的精神支撑着我跌跌撞撞迈了过来。这背后有我的汗水、泪水、健康的付出和努力与坚持，但更倾注着杨建文、闵群芳、袁准、肖君华、李中标、何家翔、邓可吾、余小平、贺培育、贝兴亚、王晓天、邱素峰、李平菲、李吾秋、屈莉萍等领导和同事的关心，是他们一个电话、一条短信或见面的问题，抑或一个难题的帮助，让我感觉生活是多么美好。

在我工作的四十多年间，在我即将退休之际，我还想借此感谢陈善章、胥亚、李宏江、张胜祖、卢汉桥、汪晓燕、尹晓兰、周协民、胡亚文、邢亚莉、付佑平、刘灿熙、袁新民等领导和同事，他们在我曾经的学习、工作和生活中给予了我无私的帮助，让我不能忘怀。

我还要特别感谢童中贤先生和邓泳红女士，没有他们的鼎力支持、帮助与劝导，这本书难以付梓。

最后，我要感谢我的亲人——舅舅舅妈、姨父姨姨、兄弟姐妹，以及胜似亲人的陈仕斌先生，他们总是在我最困难的时候，给予我精神上的安慰和物资上的支持。我还要特别感谢我的儿子，是他帮我抚平创伤，用他的智慧让我开心、给我信心，并勇敢地保护着我。

《钢铁是怎样炼成的》的主人公保尔有句名言："人的一生应当这样度过：当他回首往事的时候，不会因为虚度年华而悔恨，也不会因为碌碌无为而羞愧。"回首过去的几十载，我没有气馁，因而无愧无悔！

图书在版编目（CIP）数据

科学发展导论：基于省域经济社会发展的理性审视/
韩未名著.—北京：社会科学文献出版社，2013.3
ISBN 978－7－5097－4302－7

Ⅰ.①科…　Ⅱ.①韩…　Ⅲ.①区域经济发展－研
究－中国②社会发展－研究－中国　Ⅳ.①F127

中国版本图书馆 CIP 数据核字（2013）第 027824 号

科学发展导论
——基于省域经济社会发展的理性审视

著　　者／韩未名

出 版 人／谢寿光
出 版 者／社会科学文献出版社
地　　址／北京市西城区北三环中路甲 29 号院 3 号楼华龙大厦
邮政编码／100029

责任部门／皮书出版中心（010）59367127　　　责任编辑／陈　帅　王　颉
电子信箱／pishubu@ ssap. cn　　　　　　　　 责任校对／杜若佳
项目统筹／邓泳红　　　　　　　　　　　　　　 责任印制／岳　阳
经　　销／社会科学文献出版社市场营销中心（010）59367081　　59367089
读者服务／读者服务中心（010）59367028

印　　装／北京季蜂印刷有限公司
开　　本／787mm×1092mm　1/16　　　　印　　张／20
版　　次／2013 年 3 月第 1 版　　　　　　　字　　数／317 千字
印　　次／2013 年 3 月第 1 次印刷
书　　号／ISBN 978－7－5097－4302－7
定　　价／69.00 元